国家社会科学基金青年项目
"卢卡奇对黑格尔哲学的研究与批判"（项目号：16CZX009）

都岩 著

卢卡奇的黑格尔哲学批判

中国社会科学出版社

图书在版编目（CIP）数据

卢卡奇的黑格尔哲学批判 / 都岩著 . —北京：中国社会科学出版社，
2022.8
ISBN 978 - 7 - 5227 - 0813 - 3

Ⅰ.①卢… Ⅱ.①都… Ⅲ.①卢卡奇（Lukacs，Georg 1885 - 1971）—哲学
思想—研究②黑格尔（Hegel，Georg Wilhelm Friedrich 1770 - 1831）—法哲学—
马克思著作研究 Ⅳ.①B515②A811.21

中国版本图书馆 CIP 数据核字（2022）第 158302 号

出 版 人　赵剑英
责任编辑　田　文
责任校对　杨沙沙
责任印制　王　超

出　　　版　中国社会科学出版社
社　　　址　北京鼓楼西大街甲 158 号
邮　　　编　100720
网　　　址　http://www.csspw.cn
发 行 部　010 - 84083685
门 市 部　010 - 84029450
经　　　销　新华书店及其他书店

印　　　刷　北京君升印刷有限公司
装　　　订　廊坊市广阳区广增装订厂
版　　　次　2022 年 8 月第 1 版
印　　　次　2022 年 8 月第 1 次印刷

开　　　本　710 × 1000　1/16
印　　　张　17.5
插　　　页　2
字　　　数　278 千字
定　　　价　95.00 元

目　　录

导　言

一

卢卡奇作为"西方马克思主义的鼻祖",多年来一直是马克思主义发展史的重点研究对象。卢卡奇几乎见证了整个 20 世纪西方哲学的发展。在他的思想形成和发展过程中,德国古典哲学、生命哲学、精神哲学、实证主义、存在主义等都发挥了重要的作用。在众多的学术资源之中,对卢卡奇理解并接受,进而发展马克思主义哲学来说,影响程度最深、范围最广的,当属黑格尔哲学。在对黑格尔哲学的研究和批判过程中,卢卡奇逐渐克服了新康德主义二元论哲学的影响,并最终扬弃了黑格尔哲学本身,走上了对马克思主义理论独特理解的道路。系统地阐述卢卡奇接近、研究黑格尔哲学,而后运用马克思主义批判黑格尔哲学的过程,有利于完善对卢卡奇思想的整体认识并深化对马克思主义本身的理解。

卢卡奇在西方马克思主义发展史中的地位可谓当之无愧。首先,卢卡奇锲而不舍地追寻马克思主义的理论渊源,他认为马克思的思想之所以艰深,是与其德国古典哲学的理论传承相关的。特别是对黑格尔哲学的继承和超越,使得马克思的思想成为了时代精神,引领了社会发展。自此,无论是跟随卢卡奇的步伐继续挖掘马克思主义中的黑格尔哲学因素,还是期望到希腊时期的前辈,或者是马克思同时代的思想家中寻找马克思思想的发源地,研究者们开始历史地看待马克思主义,试图将其纳入思想史的发展历程中。其次,卢卡奇提出了西方马克思主义的许多基本范畴:历史辩证法、总体性、阶级意识、物化、实践、社会存在本体论等。虽然西方马克思主义论域宽广,但是大致来说也并没有脱离对异化问题的讨论、对总体性问题的研究（即便是反对卢卡奇的阿尔都塞的结构主义马克思主义的研究对象也是社会整体问题）等，因为真正的思想家必然要直面时代问题，而卢卡奇率先抓住了他所处时代的问题，并用马克思主义的观点来分析以及尝试解决这些问题。这就为与卢卡奇同时代的我们提供了认识和改造社会的一把钥匙。

对卢卡奇思想进行研究的方式有很多种，例如，对卢卡奇一生的思想历程进行详细的解读，对其某个特定时期的理论或某本著作进行研究，专注于研究其思想中的某一个部分（概念），将其与其他思想家进行比较研究等，可以说每一个领域的研究都有丰富的成果。其中，如何将卢卡奇的思想进行归类有极大的分歧：有学者认为自成为一个马克思主义者以后，卢卡奇一生都是黑格尔主义的马克思主义者；但有学者指出，卢卡奇根本就是一个黑格尔主义者；另有学者却视卢卡奇为一个坚定的马克思主义者；其他人并不满意于仅将卢卡奇与黑格尔或马克思相联系，他们认为卢卡奇是费希特主义的、韦伯主义的、浪漫主义的，或者，卢卡奇就是卢卡奇本人，不是谁的影子。众说纷纭之下，卢卡奇到底是谁？是马克思主义思想的优秀继承人？还是试图将黑格尔的、韦伯的、浪漫派的唯心主义偷渡到马克思主义中的阴谋家？

找到一条可以正确评价卢卡奇的理论的道路对我们认识西方马克思主义，甚至是认识马克思主义本身都有很大的帮助。在以上争论中可以看出，问题的关键在于卢卡奇作为一名马克思主义者，是如何与黑格尔哲学发生关联的，这就亟须深入细致地对卢卡奇的黑格尔哲学批判过程进行全面系统的发掘。

根据对卢卡奇著作的分析研究，卢卡奇确实在转向马克思主义之前受到过许多不同思想的影响，受教于西美尔和狄尔泰的经历使他的《心灵与形式》等早期著作充满了对悲剧性生活的资本主义根源的揭示，但是，此时支持其理论的哲学基础是新康德主义的二元论。他认为，现实是不可抗拒的，悲剧是不可避免的，故《心灵与形式》亦被戈德曼评价为"预示了20世纪的存在主义"。不过，不满于这种支离破碎的现实生活，企图找到拯救西方文明之路的卢卡奇在之后的《小说理论》中开始了"从康德向黑格尔的转变过程"。对黑格尔的研究又进一步促使卢卡奇重新开始研读马克思的著作，之后，卢卡奇写出了其惊世之作《历史与阶级意识》。如此复杂的思想转化过程留下了一个同样复杂的卢卡奇。写出《心灵与形式》的卢卡奇实际上已经文史留名，而转向了黑格尔之后创作的《小说理论》也成为文学理论研究中绕不开的文本，接受了马克思主义之后创作的《历史与阶级意识》更是使卢卡奇在哲学领域掀起了风暴。之后，卢卡奇的每一部著作，无论是研究黑格尔耶拿时期思想的《青年黑格尔》、批评萨特等人的存在主义思想的《存在主义还是马克思主义》、对非理性进行毁灭性批判的《理性的毁灭》和更新马克思主义的《社会存在本体论》，都引起了广泛的关注与讨论。

无论是继承、批判、交流还是交锋，卢卡奇博采众长，受到其他众多思想家的影响是毋庸置疑的。但是其中，卢卡奇对黑格尔思想的研究对其理论的进展起到了异常重要的作用。因为对黑格尔思想的研究作为卢卡奇进入马克思主义的前站，同时作为他经历了康德、西美尔、韦伯等思想洗礼的最后一站，为其提供了理解马克思主义的理论视角，也为其日后的马克思主义理论创新工作提供了思想资源。无论是接受、拒斥还是具体分析黑格尔的思想，都对卢卡奇思想的变化产生了显著的影响。所以，理清黑格尔哲学在卢卡奇思想发展过程中的影响对界定卢卡奇在马克思主义理论研究领域中的地位和贡献有着非凡的意义。讨论马克思与黑格尔思想的承继关系一直是马克思主义理论研究的一项基础性工作，因为对黑格尔哲学的扬弃正是马克思创建新的世界观的桥梁。德国著名学者费切尔曾经套用过费希特的话说，"告诉我你是怎样确定马克思与黑格尔之间的关系的，我就能告诉你选择了哪一种马克思主义"。

正如我们一次次地回到黑格尔，是为了一次次地重识马克思一样，研究在马克思主义理论研究工作中功勋卓著的卢卡奇与黑格尔思想的纠葛，意在探索对马克思主义理论发展的可能性路径。卢卡奇作为 20 世纪西方马克思主义理论研究的一面旗帜，影响力如此之大，可以说他的思想是否是对马克思主义的继承与创新，这关系到整个马克思主义理论发展的方向。通过分析卢卡奇对黑格尔哲学的批判，有助于深入对马克思主义理论的理解，继而为马克思主义理论今后的发展廓清道路。不过，重点研究黑格尔对卢卡奇思想的影响并不意味着忽视卢卡奇思想发展中所受到的其他理论影响，反而可以以黑格尔作为一个审视卢卡奇思想发展的辐射点，更好地理解卢卡奇复杂的理论内涵。

　　当然，脱离了实践、跟不上现实的理论研究充其量不过是自娱自乐。不管是对卢卡奇的研究，还是对黑格尔的批判，归根到底，目的是要发展马克思主义。因为马克思主义不是圣经，不是标本，它必须永远是当代的理论，它的生机与活力来源于不断发展创新。而理论的更新来自于实践的要求。中国现时代的社会发展离不开马克思主义理论的指导，原因就是解决我们当前面临的主要问题的方法只能从发展着的马克思主义中寻找。总的来说，人与自然、人与人、人与自身的矛盾今天依然是我们实现人的解放过程中需要不断解决的问题：生态文明建设卓有成效，但依旧任重道远，需要常抓不懈；创造公平的社会环境，促进全体人民共同富裕是中国共产党人的系统工程和长期任务；百年未有之大变局亦带来思想文化相互激荡和社会观念的深刻变化，个人与社会的精神状况跟上时代的变革，引领时代的发展是精神文明建设的当务之急。而马克思主义关于人化自然的理论、关于资本与劳动关系的理论、关于人的全面发展的理论等恰恰是针对现时代的问题提出的解决途径。具体到本书的研究内容，可以说卢卡奇是马克思主义研究中最早提出马克思主义需要根据现实需要进行理论创新的思想家。早在创作《历史与阶级意识》之时，卢卡奇就在与"正统的马克思主义"作斗争，认为马克思主义不是僵死的教条，它是指明当前任务与历史过程的总体的关系的永远警觉的预言家。他的一生都在为"更新马克思主义"而孜孜不倦地工作。他批判"物化"的社会现象，试图为人类社会挣脱物的统治、迈向自由的道路提供方法。所以，他研究辩证法、探讨总体性、挖掘无产阶级的阶级意识；他以实践为指导原则重新分析马克思、恩格斯、列宁、黑格尔的思想，探索一种合理的勾连理论范畴与社会历史现实的途径。而卢卡奇为我们献上的这些丰富的理论资源能否为我们所用取决于其思想是否是对马克思主义理论的科学阐发。这就需要对卢卡奇的思想进行细致的分析，以便确认其理论来源与去向。研究黑格尔哲学与卢卡奇思想的关系恰恰是为了解答这个问题。

二

　　对卢卡奇与黑格尔关系的研究并不少见，可以说只要是对卢卡奇的思想进行深入思考的研究都会涉及这个问题。研究者们所运用过的比较典型的分析材料是卢卡奇的《历史与阶级意识》和《青年黑格尔》。前者因为其强调马克思哲学的辩证法、总体性、"主体与客体的统一"等理论范畴与黑格尔哲学的相似性而引起了广泛的关注；后者因为直接以耶拿时期黑格尔的思想为研究主题而不可避免地对黑格尔哲学研究产生了深刻的影响。分析卢卡奇后期的《理性的毁灭》与《关于社会存在的本体论》等著作也因为其中对新黑格尔主义和马克思对黑格尔哲学批判的涉及而不可避免地使黑格尔地位突出。具体到对卢卡奇早期思想的研究，国内外学者几乎将目光都放在了《历史与阶级意识》上，并将卢卡奇与黑格尔哲学之间的关系归结为卢卡奇究竟是不是一个黑格尔主义者上来。

卢卡奇的《历史与阶级意识》一经发表，就于 1924 年 6 月到 7 月在莫斯科举行的共产国际第五次世界代表大会上，被当时苏联的理论家布哈林指认为"回复到古老的黑格尔主义"，季诺维耶夫则指责卢卡奇这本书是"理论上的修正主义"。被定义为"黑格尔主义"，也就是被官方哲学打入死牢。因为黑格尔在"正统马克思主义"理论家眼里，是旧的形而上学的代表，是反动阶级的代言人。而卢卡奇恰是针对这一点，力争马克思主义必须追本溯源，自觉挖掘自身与黑格尔辩证法的渊源。同卢卡奇一道，科尔施认为，虽然自己与卢卡奇的哲学有着不容忽视的区别，但是在反对官方哲学僵化马克思主义、并从黑格尔思想中寻找马克思主义哲学的本质上是一致的，而这也构成了科尔施所说的"西方的马克思主义"的特征。所以，也有人将卢卡奇、科尔施所开创的西方马克思主义一脉概括成"黑格尔主义的马克思主义"。

看起来，以"黑格尔主义"作为前缀来就卢卡奇的思想进行概括并不能反映出是褒还是贬，这需要更进一步的分析。也就是说，什么是人们口中的"黑格尔主义"本身就是一个问题；以"黑格尔主义"作为马克思主义研究的一种倾向客观与否也值得商榷。仅限于卢卡奇思想的研究来看，问题在于，黑格尔哲学在卢卡奇的整个思想演进中扮演了什么角色；它对卢卡奇接受、发展马克思主义思想的意义何在；卢卡奇对黑格尔思想的研究与批判对黑格尔哲学研究本身有什么价值？事实上，对这种观点进行分析需要解决的首要问题是，什么叫做"黑格尔主义的马克思主义"——"黑格尔主义"是什么意思？而这又偏偏陷入了循环论证，因为学者们对此并没有固定的解释，而是要随着对卢卡奇的哲学的态度的分歧而定。

第一种态度认为卢卡奇的马克思主义是"黑格尔主义的马克思主义"，卢卡奇开启了用黑格尔主义阐释马克思主义的先河。对此举有两种对立的态度。

其一，批判这种将马克思主义黑格尔主义化的做法，即用黑格尔主义的哲学统摄马克思主义，或者是将马克思主义黑格尔化的做法。正如上文所说，卢卡奇一踏上马克思主义理论的领域就遭到了苏联"正统马克思主义"者的口诛笔伐。连一向重视黑格尔哲学研究的学者德波林，也在《卢卡奇及其对马克思主义的批判》一文中将卢卡奇的观点说成是用各种思想拼接起来的"正统黑格尔主义思想的大杂烩"[①]。此后，一直到 20 世纪 60 年代初，国际共产主义运动对卢卡奇思想的多次批判的主要缘由就是斥责卢卡奇将马克思主义黑格尔主义化，以此反对辩证唯物主义。

国内学术界自 80 年代末开始关注作为西方马克思主义者的卢卡奇以来，一直不乏类似的声音。认为卢卡奇的总体性思想与马克思的整体观相距甚远，"甚至可以说是相反的"，也就是说卢卡奇的指导性方法论并不是从马克思的思想中得出的，而是从"黑格尔那里继承来的"，是对马克思思想的"黑格尔式的歪曲"[②]。对黑格尔思想的负面评价符合 80 年代初我国学界对西方思想的否定性定位，连带着导致了对卢卡奇的"黑格尔式"的马克思主义的批评。

也有学者认为目前国内哲学界对于马克思哲学的阐释基本上还停留在卢卡奇的黑格尔主义传统之中，卢卡奇的代表作《历史与阶级意识》将黑格尔的思想要素在马克思主义中予以了充分的肯定，"自觉地以黑格尔主义的方式去阐释马克思哲学"，将黑格尔思想的基本元素运用到马克思主义研究中来，从而在马克思主义哲学阐释中开创了一个黑格尔主义的传统：对精神活动性的强调；基于对精神活动性的强调而对于哲学基本问题即思维与存在关系问题的唯心主义解决方式；以"否定之否

---

① 转引自陈璋津《科西与西方马克思主义》，森大图书有限公司 1987 年版，第 180 页。
② 徐崇温：《西方马克思主义》，天津人民出版社 1982 年版，第 82—84 页。

定"的辩证法方式对于思维与存在同一性问题的解决。认为卢卡奇全面
复活了黑格尔的思想,从而未能开启马克思主义的独特性;应该通过
"告别黑格尔"来反对将理想与现实做直接性联结的唯心主义。①

其二,与此相反的态度是赞同将黑格尔哲学作为马克思主义哲学的
理论先驱的洞见,并深入挖掘其理论意义与潜能。佩里·安德森认为
《历史与阶级意识》中的两大最根本的理论主题——"历史的主客观一
致"的思想以及把"异化"设想为人类客观性的外化及其复归的思
想——是来自黑格尔,而不是来自马克思。②他认为追溯马克思的思想
起源是具有合理性的,特别是卢卡奇将黑格尔的思想提高到了在马克思
之前的理论中占绝对主导地位的高度,并以此来对马克思主义进行重新
阐释,他对西方马克思主义的整个传统的影响都是深刻而持久的。戴
维·麦克莱伦也与安德森的看法一样,认为《历史与阶级意识》一书中
的所有基本概念(如具体化、主体和客体的辩证法和总体性等)都来源
于黑格尔,卢卡奇成了"认真地重估黑格尔在马克思思想形成中的作
用,并恢复了马克思主义中的黑格尔方面的第一位马克思主义思想
家"③。诺曼·莱文认为不用追究将马克思主义黑格尔化的起源,因为马
克思本人就是开端。卢卡奇是列宁开创的将马克思主义黑格尔化的最重
要的促进者。④

第二种态度认为并不能将卢卡奇的马克思主义研究冠之以"黑格尔
主义"的名号。有学者并不认为卢卡奇的马克思主义必然要与黑格尔思
想有多大的联系。如汤姆·洛克莫尔认为马克思的主体理论超越了黑格
尔的思想,直接从费希特的积极主体中寻找理论资源,在某种意义上,
可以说马克思"是一个费希特主义者",而卢卡奇恰恰发现了马克思主
义哲学中的费希特主义要素。⑤还有人认为,《历史与阶级意识》不过是

---

① 王南湜:《卢卡奇与马克思哲学阐释中的黑格尔主义传统》,《理论与探索》2007 年第
6 期。

② Andson P. , *Consideration on Western Marxism*, NLB, London, 1976, pp. 61 - 62.

③ Mclellan David, *Marxism after Marx*, London and Basionstoke, 1979, p. 158.

④ 见 Norman Levine, *Divergent Paths*:*The Hegelian Foundations of Marx's Method*, Lexington
Books, 2006.

⑤ [美]汤姆·洛克莫尔:《马克思主义之后的马克思——卢卡奇的重新发现》,孟丹译,
《现代哲学》2011 年第 4 期。

非理性的生命哲学的一种马克思主义的版本，认为它是"资本主义思想中浪漫主义的反科学创痛对马克思主义理论的第一次主要入侵"①。

此外，有学者认为应该公正地评价卢卡奇，将之视为一名诚心实意并有能力继承和发展马克思主义的马克思主义者，认为卢卡奇对马克思主义的阐释与时俱进地促进了马克思主义的发展，顶多因其理论创造的地域和社会体制的特殊性，称之为西方马克思主义。对马克思主义与黑格尔哲学关系的揭示在马克思主义研究中不仅是重要的，甚至是必需的。无论马克思本人还是伟大的革命领袖列宁都对马克思主义与黑格尔哲学之间的关系展开过讨论，并且都不羞于承认马克思主义受惠于黑格尔甚至是整个德国古典哲学。既然马克思主义本身就受到了黑格尔哲学的影响，那么，卢卡奇的哲学也从黑格尔哲学中吸取养分，无论是用来为被第二国际庸俗化了的马克思主义正名，还是对真正的马克思主义进行阐释的契机，在新的时代对马克思主义哲学作出发展都是理所当然的，是开拓性的，对马克思主义哲学研究与发展具有十分重要的积极影响。②

毫无疑问，无论是通过对文本的分析还是通过卢卡奇的自述学者们都了解到，卢卡奇思想发展的过程离不开黑格尔哲学的影响。这当然与卢卡奇所处的社会环境相关。作为一个极富社会责任感的知识分子，对资本主义社会造成的人的碎片化的深切忧虑，对帝国主义导致的战争的极端厌恶都使得卢卡奇迫切地需要认清他身处的时代，渴望找到时代发展的方向。从文化研究入手，卢卡奇试图在艺术领域中找到能够使人的内在与外在获得统一的方式，经由康德、韦伯、西美尔、狄尔泰等等哲学思想熏染之后，卢卡奇认识到，黑格尔哲学才是西方传统哲学发展的顶峰。但是，在黑格尔哲学到底对卢卡奇的影响有多大、是正面的还是负面的、持续时间多久等问题上，学者们出现了不同的甚至截然相反的意见。其中对马克思主义思想研究最重要的问题是，卢卡奇对黑格尔哲学思想的研究及批判对其马克思主义理论探索的意义何在。或者如有的学者所言，正是对马克思主义的黑格尔哲学的渊源的探寻，才使得不仅仅是卢卡奇，而且所有的马克思主义研究者都获得了通向真正的马克思

① Gareth Stedman Jones，"The Marxism of the Early Lukács: An Evaluation"，*New Left Review*，70. 1971，p. 33.

② 参见张翼星《为卢卡奇申辩》，云南人民出版社 2001 年版。

主义理论的正确道路；还是如反对者们所言，黑格尔作为唯心主义哲学的代表，对其哲学的任何程度的靠近都如同聆听女妖的歌声一般，只能使马克思主义倒退回唯心主义的怀抱。

<h1 style="text-align:center">三</h1>

通过梳理相关文献可以发现一个比较明显的现象，学者们对卢卡奇的关注集中于《历史与阶级意识》一书，之前和之后的著作都较少提及。只有在少数西方学者的著作，如《总体性的历险》①《青年卢卡奇与西方马克思主义的起源》② 和一些卢卡奇的传记中，卢卡奇早期思想与黑格尔哲学的关系才被提及，但也并没有作为主要研究问题出现。当然这是可以理解的，因为《历史与阶级意识》自诞生以来就在学界引起了轩然大波，可以说是一石激起千层浪。特别是在被梅洛－庞蒂称为西方马克思主义的"圣经"之后，这本书从来没有被忽视过。马丁·杰伊更是将之称为马克思主义将死之时的赫然挺立的擎天巨柱。无论是它探讨的问题还是它研究的范畴都对一大批学者产生了至关重要的影响。也因为在其中，卢卡奇在哲学史上首次提出了黑格尔哲学作为马克思主义直接思想来源的命题。尽管恩格斯在《路德维希·费尔巴哈和德国古典哲学的终结》中认为辩证唯物主义是将黑格尔的辩证法做了唯物主义的颠倒后形成的，也就是追溯了马克思主义对黑格尔哲学的扬弃过程；列宁也在《马克思主义的三个来源和三个组成部分》中将黑格尔的辩证法视为马克思主义的哲学思想来源。但是，卢卡奇认为简单地将唯心主义辩证法倒置并不能形成唯物主义辩证法，将某个范畴直接为我所用也不可能是正当的继承。不深入剖析德国古典哲学，不理解黑格尔哲学的逻辑，马克思主义就不能使辩证法成为科学的方法。也正因为如此，将聚光灯打在《历史与阶级意识》一书上是合理的。不过同时，狭窄的视野也容易使研究陷入困境。卢卡奇对黑格尔哲学的青睐是一夜之间产生的吗？

---

① Martin Jay, *Marxism and Totality：The Adventures of a Concept from Lukács to Habermas*, University of California Press, 1984.

② Andrew Arato and Paul Breines, *The Young Lukács and the Origins of Western Marxism*, London：Pluto Press, 1979.

此后他对黑格尔哲学的认识有没有发生转变？如果将《历史与阶级意识》孤立出来讨论，难免会产生苏联官方学者式的谩骂和后来的某些西方学者的吹捧。

另外，急于将卢卡奇定性为"黑格尔主义的马克思主义"，或者急于否认的做法都有可能先入为主，从而不能尽量客观地对卢卡奇的思想进行深入的分析。同"存在主义的马克思主义""弗洛伊德主义的马克思主义"或者是"分析的马克思主义"不同的是，黑格尔哲学在马克思主义理论创立和发展过程中所起到的重要作用。马克思对黑格尔哲学的分析批判对其思想的成熟是有关键性意义的，而这也恰恰是研究马克思本人思想发展的一个重要的议题。所以，卢卡奇与黑格尔哲学的关系涉及双重批判：马克思对黑格尔哲学的批判和卢卡奇在马克思主义的基础之上对黑格尔哲学的批判。所以，研究卢卡奇对黑格尔哲学的批判过程同时也是掌握卢卡奇对马克思主义理论的掌握程度的过程，二者相辅相成。

本研究视卢卡奇对黑格尔哲学的批判为一个发生、发展过程。通过系统阐述卢卡奇是如何走近、深入和扬弃黑格尔哲学，继而将黑格尔哲学批判与马克思主义理论研究相结合，分析卢卡奇确立马克思主义信仰并深化马克思主义理论认识的过程。同时，不在卢卡奇究竟是不是"黑格尔主义的马克思主义"这一结论性的观点上纠缠，而是着重分析卢卡奇对黑格尔哲学的研究批判本身，加深对卢卡奇思想研究的深度和科学性，最终达到理解卢卡奇、理解马克思主义，并在此基础上继承卢卡奇从马克思主义立场、观点出发对现代社会的有益分析。

可以大致通过五个阶段的分期来把握卢卡奇研究黑格尔的思想发展脉络。第一阶段是卢卡奇哲学思想发展伊始，对黑格尔哲学持整体否定态度的阶段。卢卡奇在这一阶段从新康德主义二元论的理论立场出发，对黑格尔的绝对理性主义进行了伦理批判。由于深受 19 世纪末流行的生命哲学、浪漫主义等非理性主义思潮的影响，在文学艺术评论界崭露头角的卢卡奇试图在文化领域寻找解决社会问题的途径，在被机械因果规律支配的日常生活之上寻找生活的"真正"意义，使"真正的人"得以结成社会，寄希望于以一种审美的态度超越资本主义社会中劳动的异化和社会与人的支离破碎。

　　第二阶段，卢卡奇转而接触黑格尔美学，并在其中初步接受了黑格尔哲学中历史的、客观性的辩证法。这一阶段，卢卡奇对二元论哲学无力建设一个新世界的根本局限性产生了失望，开始以历史的眼光考察艺术史的发展，并考察推动发展的客观动力。通过了解黑格尔对康德、席勒、费希特、谢林等哲学的分析和批判，卢卡奇对德国哲学有了全新的认识，他不再推崇新康德主义主客分离的二元论哲学，也不再迷恋克尔凯郭尔飞跃现实世界达到奇迹的彼岸的生存论。卢卡奇开始运用黑格尔的历史的、辩证的视角看待现实的资本主义社会及身处其中的人的困境，试图超越浪漫主义对自由与必然的直观的沟通，找到一条从必然走向自由的道路。这一阶段，通过初步学习黑格尔哲学，卢卡奇正确建立起范畴与历史之间的关联，并以反讽取代了二元论。

　　第三阶段，卢卡奇加入共产党并完成了《历史与阶级意识》的写作，这是卢卡奇脱离早期非马克思主义思想的明确的分水岭。他认为无论是封建王朝，还是资本主义的西方民主，都不能将人类从文明的梦魇中解救出来，俄国革命使他找到了在现实的革命运动中实现人的自由的第三种方式，从而将理论研究范围从文化、伦理领域深入到了社会主义政治实践领域。加入匈牙利共产党之后，由于不满于第二国际的马克思主义者用实证主义解读马克思主义的做法，卢卡奇力图借助黑格尔的辩证法思想恢复马克思主义内在的批判性和革命性，并同时运用马克思主义批判、超越黑格尔哲学，由此开启了西方马克思主义思潮。在这个阶段，开始超越黑格尔辩证法的卢卡奇不能被视为"黑格尔主义的马克思主义者"，因为卢卡奇已经开始意识到物质生产实践是主客体统一的动力，工人阶级是主客体统一的载体，当然，由于对经济学研究的不充分，这些新的理论关系还需要进一步充实具体内容。

　　第四阶段，卢卡奇在经历了数次革命实践失败和理论屡遭批判的挫折之后，决定重返马克思主义学术研究，主要成果是用马克思主义解读了青年黑格尔哲学。由于在苏联阅读《1844年经济学哲学手稿》和在柏林对黑格尔青年时期笔记的发掘，卢卡奇惊异地发现青年马克思和青年黑格尔在走上辩证法的道路时无不深受经济学研究的影响，卢卡奇意识到，研究青年黑格尔提出辩证法的过程无疑会对理解马克思主义的辩证法提供思想借鉴。通过研究黑格尔在伯尔尼时期的宗教神学作品，卢卡奇批判了将黑格尔哲学浪漫主义化、非理性主义化的理论倾向；通过分析黑格尔法兰克福时期和耶拿时期对经济学的研究，指出了黑格尔辩证法的形成与政治经济学研究之间的关系；通过解读《精神现象学》中体现的辩证方法，指出黑格尔辩证法在德国古典哲学和马克思主义唯物辩证法之间所起到的承前启后的作用。

第五阶段，卢卡奇在批判黑格尔本体论的基础上，将晚年的全部心血倾注于马克思主义社会存在本体论的建构。卢卡奇认为自己一生的理论研究都是对本体论的某种程度的阐发，但直到在《青年黑格尔》研究中抓住了辩证法来源的经济基础后，才掌握了正确的马克思主义的方法，足以支撑本体论的研究。以批判黑格尔本体论为基础，卢卡奇对广泛影响 20 世纪社会主义理论和实践的两种哲学思潮——新实证主义和存在主义进行了系统批判，捍卫了马克思主义在新世纪的理论地位。在社会存在本体论研究中，卢卡奇回归西方哲学传统，直接回应自亚里士多德以来就提出的哲学必然要面对的基础性问题：什么是存在。在其中，卢卡奇对自然本体论的尊重，对社会存在特殊性的理解，对人类的社会化进程的历史分析都对马克思主义的发展作出了突出贡献。

卢卡奇认为，马克思主义哲学之所以能在扬弃黑格尔哲学的基础上产生，是因为黑格尔哲学中确实存在"历史唯物主义的萌芽"。遗忘或者误认这份哲学遗产，无视人类思想发展的成果，另起炉灶，无论如何是对历史的辜负。在深入理解马克思主义哲学革命的前提下，挖掘马克思主义哲学与黑格尔哲学的承继关系有重大的理论意义。

第一章　从新康德主义转向
黑格尔哲学

　　1885 年 4 月 13 日，卢卡奇生于匈牙利一个富庶的家庭，其父是匈牙利最大银行的董事。卢卡奇很早就开始了学术创作生涯。1902 年，17 岁的卢卡奇在布达佩斯文化杂志上定期发表戏剧评论。同一年，还在布达佩斯攻读哲学和美学的卢卡奇加入了新成立的布达佩斯学生革命组织。虽然这个小团体不到一年就解散了，而且没有什么明确的政治行动，不过对年轻的卢卡奇来说，此举的象征性意义明显：革命与美学一道，成为此时并且也是伴随了卢卡奇终生的学术旨趣。1904年，卢卡奇同桑多尔·黑费西等人在布达佩斯一同创建了塔利亚剧院，目的是通过表演现代西方戏剧来提升匈牙利民族戏剧的水准，从而将重要的戏剧引荐给工人阶级和普通观众。不过几年后，由于演出内容较为激进而被当局关闭。学生时期的社会活动使卢卡奇对匈牙利官方文化的落后状况深有体会，之后，他开始沉浸于德国文化之中，视之为精神的避难所，并特别醉心于德国古典哲学和歌德时代的艺术。1905 年，卢卡奇前往柏林，初次参加了西美尔组织的研讨班，受到西美尔的赏识。1908 年，卢卡奇用两年时间撰写的征文《现代戏剧发展史》获得了克里斯汀娜——卢卡奇奖。这个奖项使他在西方学界崭露头角。从 1906 年开始，卢卡奇成为匈牙利两本主要期刊——《二十世纪》和《西方》的撰稿人。《二十世纪》致力于在经济和政治方面使匈牙利走向现代化，而《西方》意图在文化和文学方面重塑匈牙利。1911 年他于柏林发表的论文集《心灵与形式》中所收录的文章均于1908—1910 年发表在《西方》中。

　　在卢卡奇思想起步的时代，德国浸淫在新康德主义思潮中，卢卡奇不仅深受影响，并且成为弄潮儿。在当代西方哲学家看来，现代哲学发展相当大一部分直接或间接归功于康德。"所有的现代思想家都是康德之子，不管他们对此父子关系的感觉是幸运还是苦涩。"① 康德之后，其后继者不断更新其哲学，包括费希特、谢林、黑格尔、叔本华等人，广义地说，这些人都是"新康德主义者"。但是，狭义上的新康德主义始于1860年开始的"回到康德"的运动。据新康德主义领军人物文德尔班声称，其师费舍提供了康德研究的新动力。1860年，费舍接连出版了两本康德研究相关的专著《康德的生平及其学说基础》和《新哲学史》。在其中，他概述了康德的生平，阐明康德哲学的根本要旨，认为认识论问题是哲学的第一问题。费舍的著作和持续性的讲演对德国学者恢复对康德的兴趣方面产生了重大的意义。李普曼也是他的学生，其后长达将近一个世纪的新康德主义的发展中，尽管所涉人数众多，成员间学术兴趣差别很大，但是新康德主义者对这场运动的战斗口号都是赞成的，这就是李普曼在1865年的著作《康德与后继者们》中提出的："我们必须回到康德那里去。"新康德主义运动中通常最受关注的是两大学派：一是马堡学派，发端于德国北部的马堡大学，代表人物为朗格、柯亨、纳托尔普，主要侧重于研究认识论和逻辑学问题；二是西南学派，因海德堡、弗赖堡和斯特拉斯堡等几所德国西南部大学的研究者而闻名，主要关注价值问题，代表人物有文德尔班、李凯尔特等，卢卡奇主要接受的是西南学派对价值问题的重视。其他对他来说重要的思想引领人，也可在某种程度上算作新康德主义者，譬如，韦伯有时也与文德尔班和李凯尔特并称为西南学派的三个主要人物之一；西美尔对康德哲学的阐述在20世纪初大受欢迎。

一　西美尔哲学的影响

卢卡奇曾不止一次说过，西美尔为其早年的美学创作提供了哲学基

---

① Immanuel Kant, *Critique of Pure Reason*, trans. and ed. Paul Guyer and Allen W. Wood. Cambridge：Cambridge University Presss, 1998, p. 23.

础。① 虽然不久卢卡奇就认识到了西美尔的"浅薄的方面",但西美尔确实对时代问题有敏锐的洞察。他深谙康德哲学、黑格尔哲学、新康德主义、生命哲学,并且,西美尔分析问题的视角独特,视域宽广。可以说,作为卢卡奇哲学思想的启蒙教师,西美尔是胜任的。他确实如卢卡奇所说"是一个才华横溢的激发者"②。有理由认为,卢卡奇对德国古典哲学的研究,对尼采、叔本华哲学的兴趣,对生命哲学的重视是以师从西美尔为开端的。要理解卢卡奇最早时期的《现代戏剧发展史》和《心灵与形式》等著作,都离不开对西美尔思想的分析。

西美尔的学生回忆他在柏林大学讲座的盛况时描述到,讲座在学校最大的教室内举行,即使西美尔故意选择了"邪恶的时间"——下午2—3点进行,教室还是被数百人挤得满满的。③ 西美尔的讲座作为20世纪初德国的文化盛事,影响了诸多的青年学者,其中包括卢卡奇、曼海姆、布洛赫等等。但正如他的研究取向和写作风格一样,他的思想"飘到四方,消散于他人思想之中"④。不过即便如此,"没有人直接继承了他的道路,但是也没人能够不考察他的观点就得到历史哲学的本质"⑤。

西美尔是多面的,他涉猎广泛,对社会学、哲学、经济学、美学等文化领域都进行过研究,也具有独特的见解。他对所处时代的资本主义生活的文化体验细致丰富,甚至可以说是事无巨细。他研究婚姻状况、妇女地位、消费、时尚、赌博,甚至家居装饰,纵然他认为生活中的任何体验都是对整体的表达,但是依然试图描绘出这个斑驳陆离的社会的各个角落。所以有人将他比作"松鼠",并不捧着一只坚果啃到底,而是跳来跳去,欣赏自己优美的身姿;有人说他是"游手好闲者",满足于对社会进行疏离的、审美的观看;而1918年的卢卡奇对他的定位至今仍是权威的,"西美尔无疑是整个现代哲学中最重要的也是最有趣的过渡性人物。……他是一个伟大的激励者,但既不是一个好的教育者,也

---

① [匈]卢卡奇:《卢卡奇自传》,杜章智等编译,社会科学文献出版社1986年版,第66页。

② Georg Lukács, "Georg Simmel", *Theory, Culture & Society*, 1991, Vol. 8, p. 145.

③ Albert Salomon, "Georg Simmel Reconsidered", *International Journal of Politics, Culture, and Society*, 1995, Vol. 8, pp. 361–378.

④ 王岳川等编:《东西方文化评论》第四辑,北京大学出版社1992年版,第256页。

⑤ Georg Lukács, "George Simmel", *Theory, Culture and Society*, 1991, Vol. 8, p. 145.

不是能终结矛盾的人：而这一点立即将我们带到了他的本性的中心"①。

（一）西美尔的新康德主义二元论哲学

在西美尔众多研究旨趣殊异的著作中，《货币哲学》无疑是极重要的一部，它集中展示了西美尔对社会学、哲学、美学、经济学等领域的理解。克拉考尔就认为《货币哲学》是西美尔所有著作中最能把握现代社会现象的整体的著作。② 弗里斯比称其"不仅从社会学角度关注货币经济现象以及文化生活产生的作用，而且显示出建立一套文化哲学、乃至生命形而上学的努力。"③ 此书于 1900 年在德国出版，集中体现了西美尔的新康德主义二元论哲学。卢卡奇自认深受其影响，称《货币哲学》为自己"'文学社会学'的榜样"④。

1. 新康德主义式的学科分野

西美尔与新康德主义的西南学派的创始人文德尔班和李凯尔特都有学术往来，他本人也深受二人的影响。

文德尔班参照康德关于本体界与现象界的论述，首次进行了"事实世界"与"价值世界"的区分，同时提出了理论知识与实践知识，也就是自然知识和文化知识的分野。不过，虽然他认为二者应该决然分离，却又认为价值世界比事实世界更本真，所以价值知识比事实知识更具有决定意义。归根到底，事实是要受价值问题的影响与支配的，因而事实命题或多或少也是一种价值命题。"认识问题本身就具有某些价值性质的东西，这些东西引起由理论问题到实践问题的过渡。"⑤ 作为文德尔班的学生，李凯尔特继承并发展了文德尔班关于事实与价值关系的理论，不过运用的是自然与文化这两个替代性的概念。李凯尔特主要对科学的分类进行了深入细致的分析。他认为，可以从研究对象和研究方法两个

---

① Georg Lukács, "George Simmel", *Theory, Culture and Society*, 1991, Vol. 8, p. 145.

② S. Kracauer, "Georg Simmel", *Logos*, Vol. 9, 1920; reprinted in S. Kracauer DasOrnament der Masse, Frankfurt, 1963, pp. 238 – 239.

③ ［德］西美尔：《金钱、性别、现代生活风格》，顾仁明译，上海学林出版社 2000 年版，第 200 页。

④ ［匈］卢卡奇：《卢卡奇自传》，杜章智等编译，社会科学文献出版社 1986 年版，第 211 页。

⑤ 转引自刘放桐《新编现代西方哲学》，人民出版社 2000 年版，第 85 页。

角度对科学进行分类，也就是他的"质型分类说"。从质料方面看，自然是自然而然成长的东西，而文化是根据人的设计而生产出来的，或者是因为人类的价值评判标准而保留下来的。① 光从对象上来区分还是表面的，李凯尔特认为，最重要的是形式的区分。从形式方面看，自然科学运用的方法是普遍的方法，这种方法简化了我们对现实的认识，却不会量体裁衣；文化科学却是要从现实的个别性方面去说明现实。李凯尔特的科学分类法精致的地方在于，他并不认为自然科学的方法就是研究自然的，文化科学的方法就是研究文化领域的。这两种方法不过是观察同一个对象的不同的视角。研究对象必须是统一的，但方法可以是多样的。从普遍的概念的方法去研究这个对象，对象就是"自然"，从个别的特殊的方法去研究，它就是"文化"。文德尔班和李凯尔特二者关于价值的学说，关于科学分类的学说对当时以至当代的哲学思想都起到了相当大的影响。

西美尔与二人生活在同时代的德国，对当时自然科学雄起，而哲学式微的现象当然感同身受，同时也颇感担忧。在《货币哲学》中，西美尔在分析价值与货币关系的时候，坚决地将实在与价值区分开来。他认为："对象、思想、事件的价值从来不是从它们纯自然的存在与内容中推断出来，而且它们根据价值而来的秩序与其自然的秩序有很大的分野。"② 西美尔认为存在与价值是两个序列，而这两个序列之间的关系——西美尔是极不情愿承认二者居然还是有关系的——是偶然的、无逻辑的关系，正如斯宾诺莎哲学中精神与广延之间的关系。"颜色与温度（虽然为我们的感觉所决定）伴随着直接依赖于客体的一种感觉，但在价值的情形里我们不久就会忽视这类感觉，因为实在与价值所构成的两个序列彼此是非常独立的。"③ 也就是说，价值不是"第二性的质"，它不是客体的任何性质，也不是主体与客体交互作用的产物，而是完全与客体无关的，是"主体之内的判断"。

因为存在与价值是平行的，所以，分别对二者进行研究的理论也

---

① ［德］H.李凯尔特：《文化科学与自然科学》，涂纪亮译，商务印书馆 2007 年版，第 20 页。

② ［德］西美尔：《货币哲学》，陈戎女等译，华夏出版社 2002 年版，第 3 页。

③ ［德］西美尔：《货币哲学》，陈戎女等译，华夏出版社 2002 年版，第 7 页。

是并行不悖的。自然存在物的存在与否以及如何存在是不允许被质疑的，所以，自然科学对此秉持的是一种绝对漠不关心的态度，但是，价值研究却并不满足于此。自然科学中，事物是同质的、可通约的；但是在价值研究的领域中，我们将事物排列成区分高低的一个序列，事物的基本特征不是同质性，而是差异性。自然科学运用的是机械的因果律，而在价值研究领域中，起作用的是主观的价值感觉和价值判断。不过，虽然西美尔认为意义是与自然世界"对峙的"，但是，"我们的整个生活（从其意识方面来看）是由价值感觉和价值判断组成的，并且根本上生活只从下述的事实获得其意义与重要性，即现实的机械地摊开的元素超出它们的客观物质意义之上为我们拥有了无限多种类的价值"①。这同文德尔班认为价值知识高于事实知识是一致的。并且，西美尔认为，"实在与价值是两种不同的语言"，"他们是从完全不同的观点去考问对象的概念的"②。这个判断同李凯尔特关于从形式方面区分科学的理论如出一辙。

2. 生命—形式二元论

无论是对价值论的研究还是对文化科学的强调，都可以看出西美尔受西南学派明显的影响。或者可以说，他本身就是新康德主义的一员领军人物。不过，新康德主义在对价值与实在的区分过程中，追求的实际上却是主客体的统一性。听起来似乎不可思议，不过，新康德主义者，无论是马堡学派还是西南学派的成员，都对康德将现象与物自体对立起来，并将物自体作为不可缺少的假设保留在学说中表示不满。他们或是将物自体作为一种形而上学冗余剔除，或是将其作为理论发生作用的边界，但并不承认物自体作为独立于主体存在的客观实在性。通过否定物自体概念，他们将整个世界统一于先验主体的认识功能和评价功能之中。西美尔没有专门探讨过物自体是不是实存的问题，但是，在《货币哲学》中，关于实在与价值统一于何处的问题，他有着自己不同于其他新康德主义者的见解。

西美尔认为实在与价值分别自成一体，自满自足，互不干涉。"在这

---

① ［德］西美尔：《货币哲学》，陈戎女等译，华夏出版社 2002 年版，第 4 页。

② ［德］西美尔：《货币哲学》，陈戎女等译，华夏出版社 2002 年版，第 6 页。

两个范畴之后存在着对二者来说是共同的东西：心灵，它在其神秘的统一体中吸收一个或创生另一个。"① 实在与价值不过是心灵理解世界的两种不同的逻辑、不同的语言：理解与评价。确实，西美尔在此寄希望于存在着心灵这种神秘的统一体，可以将实在与价值统一起来。以心灵作为统一体同以精神（mind）作为统一体的新康德主义分道扬镳。虽然此时西美尔的生命哲学尚处于发展之初，但是通过对货币的产生与发展表现出的人类文化的悲剧性发展的研究将西美尔的货币哲学带入了生命哲学的领域。

西美尔分析了货币如何作为无形的形式，成为了万能的中介者，从交换的手段发展成为了社会生活方方面面的目的，其目的是考察货币经济对人的内在世界，即"对个体的生命情感、对个体命运的链接、对一般文化的影响"②。

从文化研究入手，西美尔提出了"文化悲剧"说，也就是主体文化与客体文化日益对立，主体文化被客体文化侵蚀的过程。所谓主体文化就是人的个体性的内在价值，或者说是狭义的心灵；而客体文化是人在改造自然的过程中创造出来的客观化的物质的或者精神的财富，包括建筑、文学、艺术、技术、社会建制等。在西美尔看来，主客体文化同是心灵的产物。心灵是人的内在的完满性、创造性，它内在地创生出主体的个性，外在地创造了客观化的文化。虽然主观文化与客观文化都是心灵的创造物，但是二者的地位却并不相同。客观文化是实现个体完满的手段，只有主体最后能够将客观文化的成就收归自身，心灵才能得到充实。但是西美尔认为，19世纪以来，客观文化占据了绝对优势。一方面，客观文化在人类发展的数千年中越积越多，而主体在生物学意义上却是有限的，只能采撷客体文化中的一小部分，不能理解运用其全部；另一方面，客观文化的增长没有带来主观文化相应的丰富，在社会发展过程中，主观文化与客观文化的地位发生了逆转，客观文化如脱缰野马，不能被主观文化纳为己用，反而压抑了主观文化，造成了心灵的碎片化。

---

① Georg Simmel, *The Philosophy of Money*, Translated by Tom Bottomore and David Frisby, London and New York, p. 59. 因为涉及与下文中"soul"一词翻译的统一性，此处为笔者自行对英文版进行的翻译。

② ［德］西美尔：《货币哲学》，陈戎女等译，华夏出版社2002年版，第2页。

究其缘由，劳动分工造成主客观文化对立。分工导致了人与生产过程、与劳动产品的分离，主体因此不能使客体从自身的造物返回到自身的完满中去，从而使人丧失了整体性。① 主体文化与客体文化的分离既然是劳动分工的产物，而劳动分工又是人类生产发展的必然产物，那么，主客体文化的分裂，客体文化对主体文化的吞噬也同时是社会发展的必然产物。"悲剧说"由此而来。

不过，西美尔依旧寄一丝希望于"神秘"的心灵的统一，他将艺术作为最后的一席净土保留了下来。他认为，唯有艺术是不能由劳动分工所左右的。只有完整的心灵才能进行真正的艺术创作，反过来，真正的艺术品可以带给人对整体的理解与享受。在艺术中，客体文化与主体文化是合一的。主体可以通过艺术这种客观文化形式吸收其所表达的主体的完满性，从而发展主体自身的完满性，达到文化作为主体与客体之间的桥梁的作用。

（二）戴着西美尔眼镜的卢卡奇

从西美尔生生不息的心灵与固定僵死的客观文化的对立中，可以看出柏格森生命哲学的影子，德国生命哲学家费尔曼甚至认为西美尔"从社会学和社会心理学的角度丰富了生命哲学，这使他在某些方面比柏格森都要显得更现代"②。客观文化和主观文化的对立造成的生命感觉的枯萎正是之后卢卡奇创作《心灵与形式》的灵感来源。西美尔对金钱社会造成的人的"客观化""冷漠化""理智化""无个性""无质"等状态的分析也促发了卢卡奇对物化理论的思考。③

但是，值得注意的是，西美尔对主客体文化的产生、分化与统一的描述与黑格尔的精神外化及复归的理论有同样的逻辑架构。不同的是，黑格尔的绝对精神恰恰是西美尔在《货币哲学》中反复加以批判的唯理智主义的对照物。西美尔区分了精神与心灵，认为精神不过是心灵面向外在的作为意识的一项功能。精神是精密的、自满自足的、清晰明了的，

---

① 参见［德］西美尔《货币哲学》，陈戎女等译，华夏出版社2002年版，第376页。

② ［德］费尔曼：《生命哲学》，李健鸣译，华夏出版社2000年版，第106页。

③ 参见［英］戴维·弗里斯比《现代性的碎片》，卢晖临等译，商务印书馆2001年版，第137页。

但它不能提供整一性，而整一性对心灵来说是至关重要的。"轮廓分明、逻辑明确的形式确定性不是评判理念和现实的唯一标准。"① 精神对应的是人的理智的客观化，与心灵的价值、活力，也就是生命与力量相对立。按卢卡奇对货币经济的分析，逻辑作为理性的万能钥匙同货币作为社会生活无处不在的流通的血液有着同样的结构。货币经济与理智主义的发展是相辅相成的。理性的计算性、精密性、简洁性促使货币经济趋向完善，同时，货币经济的发展将理性的特性彰显无遗并将之推向了神坛，成为货币经济社会中唯一值得遵从的思维方式。特别要提出的是理性主义对技术发展的促进作用。科技作为客观文化的典型代表，成为主观文化没落的主要推手。西美尔认为，电灯虽然使人的视界更宽广，但却使人忘记了需要观看的是什么；电话使沟通更方便，却也使人遗忘了心灵的交流。人与客观文化距离的缩短付出的代价是与生命距离的无限延长。作为"第一位现代性社会学家"②，不得不说西美尔对现代性的批判细致入微。

黑格尔哲学曾被叔本华作为"死狗"踢到一边，但19世纪末，新黑格尔哲学又有兴起之势。西美尔认识到这个回复过程，认为这是客观文化高度发展引发的主体内心的不安与迷惘导致的结果。他认为黑格尔的逻辑学是客观文化的逻辑，照此看来，叔本华对黑格尔哲学的反叛就是主观文化对客观文化的反抗，期望通过主体文化吸收客体文化来克服主客观文化对立的斗争。不过，显然叔本华并没能给心灵带来安慰，新黑格尔主义企图恢复黑格尔哲学的努力正是心灵缺乏确定性的表现。西美尔对黑格尔哲学的认识经过了叔本华和尼采的中介，一方面他将黑格尔哲学作为唯理性主义进行批判，试图用"心灵"来统摄"精神"；一方面，他又认识到，黑格尔哲学正是客观文化的产物，如果说悲剧的意义是命运的话，挣扎虽说是壮举，也不过是飞蛾扑火。对黑格尔哲学所代表的理性主义的矛盾心态使得西美尔的哲学也充满了悲剧意味，而这对时刻寻找解决社会问题的方法的卢卡奇来说，是必须要克服的。

同时受新康德主义和生命哲学影响的西美尔对康德哲学与黑格尔哲

---

① ［德］西美尔：《货币哲学》，陈戎女等译，华夏出版社2002年版，第378页。
② ［英］戴维·弗里斯比：《现代性的碎片》，卢晖临等译，商务印书馆2001年版，第52页。

学都有着自己的理解，在批判二者的过程中吸收了德国古典哲学的养分，也提出了自己的现代性批判理论。这里，我们也要对西美尔与马克思思想的关系进行分析，因为这影响了早年卢卡奇对马克思的理解。

《货币哲学》，正如书名所显示的，是要揭示货币中体现的哲学意义。为了突出其形而上学性质，货币被剥夺了其在经济学中的意义，西美尔坚持"本书的这项研究没有只字片语是国民经济学的"，"货币只不过是手段……本书的整体的意义和目的无非是：从经济性事件的表层衍生出有关所有人类的终极价值和意义的一条方针"①。西美尔在《货币哲学》中指出："就方法论而言，我们可以这样来表述这一基本的意图：即为历史唯物主义建造底楼，从而，经济生活被纳入精神文化的原因的这种说法仍保证其阐释性价值，而与此同时，这些经济形式本身却被视为心理学的、甚至形而上学的前提的更深层的评价和潮流之结果。"②西美尔认为马克思主义的历史唯物主义主要内容就是将经济生活作为精神文化的原因，即经济基础决定上层建筑。但是西美尔认为，如果想要保留这种解释历史的方式，就必须要对经济形式本身的心理学前提进行深入分析。因为用理念理解经济基础和为理念寻找经济基础是无限循环的过程。并且，"历史：只有其根源是关于最基本的兴趣、情感、追求的历史时，才是有意义的，为人所理解的历史，即便历史唯物主义也不过就是一种心理的假设罢了"③。可以看出，西美尔是用新康德主义和生命哲学来理解马克思主义。他不满于经济的单向决定论，不满于自然主义的解释唯物主义，从而试图将经济基础与上层建筑之间的关系双向化，用相对论来对抗决定论，用理论的属人性来解读历史。这些都为卢卡奇对"正统的马克思主义"的理解提供了理论资源。

西美尔用"货币"来取代马克思的"资本"，用"货币经济"取代"资本主义"。他认为货币是完全中性的，是万能的中介，正因为其不偏不倚的特质，它才能无阻碍地流通于社会生活的方方面面。而货币的发展促使了经济的发展，经济的发展又促使了劳动分工的进一步分化，分工的精细化导致了人的碎片化。碎片化在西美尔看来有以下几个方面，

① ［德］西美尔：《货币哲学》，陈戎女等译，华夏出版社2002年版，第3页。
② ［德］西美尔：《货币哲学》，陈戎女等译，华夏出版社2002年版，第3页。
③ ［德］西美尔：《货币哲学》，陈戎女等译，华夏出版社2002年版，第375页。

人同生产资料、生产过程和劳动产品的分离，消费者同劳动产品的分离，最后是社会上层阶级与下层阶级之间的位置颠倒，即上层阶级的劳动为下层阶级的消费服务。可以看出，西美尔通过对马克思和黑格尔哲学的分析得出了一套异化理论，并且同马克思尚未问世的《1844年经济学哲学手稿》中对异化的分析有相似之处。但是，深入分析会发现，西美尔的异化理论在试图为历史唯物主义另寻基础的目的指引下，与马克思在《手稿》中对劳动异化的分析有根本的区别。而这一点集中体现在西美尔将人与生产资料的分离看作是劳动分工的一个表现方面上。

在马克思看来，由于资产阶级占有劳动资料，而工人除了劳动力一无所有只能靠将劳动力出卖给拥有生产资料的资产者生存这一事实是资本主义特有的现象，是资本主义社会出现劳动异化的原因。工人与生产资料的分离作为工人阶级受剥削的前提存在是历史性的，那么，改变这种状态的途径就是消灭私有制，消灭阶级。但是在西美尔的理论分析中，分工与货币经济的相互关系是非历史的，是永恒的发展过程，伴随人类社会发展过程始终。所以，阶级分析并不在西美尔的视野之中。"文化悲剧"之所以是悲剧就是因为它没有终结，无所谓消灭。人与生产资料的分离在西美尔看来不过是分工的一个必然的产物。革命是无从谈起的。并且，在这一时期，无需革命，通过货币经济引起的分工的深化，社会上层阶级与下层阶级的地位自然而然地发生颠倒。社会变革应该是分工的自发产物。西美尔的理论中不是没有阶级分析，他在对时尚进行剖析时，对阶级对立有所描述。但是，因为他对阶级的定义尚有"等级"的残留，所谓上层与下层阶级，同马克思主义中的资产阶级与工人阶级的定义有很大的差别，所以导致了其社会学与哲学的不彻底性。

与马克思的异化理论不同的另一处，是西美尔对消费阶段的重视。马克思将劳动异化设定在生产过程中，因为狭义的生产在马克思对广义的生产（生产、分配、交换、消费）的分析中处于核心地位。但是西美尔运用宽广的社会学视野，将人不仅看作生产者，也看作交换的对方——消费者，认为消费者与产品也发生了分离。曾经产品可以是单独的生产者为单独的消费者定制的，产品中既包含了生产者的个性，也包含了消费者的个性，因为生产者与消费者作为个体进行接触，产生关系。但是在劳动分工细化后，一个产品经由无数个生产者的组合，如此多的中介导致了消费者无法与生产者取得联系，从而也与产品丧失了个性上的关联。产品对消费者来说是无质的，可以任意互换的。如此一来，商品就同社会上所有的人断绝了关系，它是独立自主的，是客观文化的代表。

（三）对时代问题的理解——《现代戏剧发展史》

《现代戏剧发展史》的创作开始于 1906 年，1909 年修改完成，1911年以匈牙利文出版。此书的重要性长时间被忽视，部分是因为一直没有其他语言的译文出现。仅有的英文译文是从 1914 年卢卡奇发表在《社会科学与文学政治文库》第 38 卷中的该书第二章的德文版本翻译而来的。根据卢卡奇日后的回忆，这本书是他"透过西美尔的眼镜""观察马克思"①。确实也有学者认为，卢卡奇在书中同时运用了《资本论》和《货币哲学》的观点。② 而事实上，卢卡奇确实是戴上了西美尔的眼镜，不过通过分析可以得知，此时，他并没有透过这副眼镜专门研究马克思，他的目光透过西美尔直接看向了当时的时代。马克思是作为提供了阶级斗争理论而存在的"社会学家"③ 出现的，而因为西美尔的《货币哲学》是在研读《资本论》的基础上完成的，所以《现代戏剧发展史》中同样也可以找到马克思的理论痕迹。

1.《现代戏剧发展史》的创作背景

卢卡奇开宗明义地指出："现代戏剧是资产阶级的戏剧。……戏剧如今具备了新的社会维度。戏剧的发展因为资产阶级特殊的社会状况，所以在这个特殊的时间是必要的。"④ 资本主义时代是卢卡奇身处其中的社会环境，也是其理论产生的背景。

英国是最早进行资产阶级革命和工业革命的国家，其资本主义经济、政治、文化发展程度在资本主义发展初期的两百多年间均处于领先水平。

---

① ［匈］卢卡奇：《卢卡奇自传》，杜章智等编译，社会科学文献出版社 1986 年版，第212 页。

② Michael Lowy, *From Romanticism to Bolshevism*, Translated by Patrick Camiller and Ann Clafferty, London: NLB, 1979, p.98.

③ ［匈］卢卡奇：《历史与阶级意识》，杜章智等译，商务印书馆 2009 年版，第 2 页。

④ George Lukács, *The Sociology of Modern Drama*, Translated by Lee Baxandall, *The Tulane Drama Review*, Vol. 9, No. 4 (Summer, 1965), pp. 146 – 170.

法国为启蒙思想的发源地，因为法国大革命的影响，法国在政治与文化领域也于18世纪独领风骚。但19世纪末20世纪初的资本主义却是属于德国的，此时德国在欧洲的地位发生了巨变，无论是欧洲的工业中心还是工人运动中心都开始转向德国。

德国在1848年依然是个四分五裂的封建制国家，现代工业难以展开：农村中，封建土地所有制占统治地位，农奴制度虽然在名义上已经取消，但是领主依然享有诸多特权，农奴并没有得到人身自由；在城市中，占优势的仍是手工业和家庭工业，行会制度森严。政治上，36个大小邦国各自为政，关卡林立，赋税繁重，1834年的"关税同盟"也没有改变这种状况。《〈黑格尔法哲学批判〉导言》中，马克思认为德国是"时代错乱"的"悲剧"，是"现代国家机体中这个肉中刺的完成"。①

1850年开始，德国进入了工业增长的"起飞阶段"②，经济增长的高潮出现在1870—1873年，伴随着德国国家统一的步伐。虽然此后一场金融危机引发了德国的经济衰退，但1896—1914年，经济又开始迅速增长。起领导作用的包括化学、钢材、电力等新型工业部门，经济运行的方式包括大规模的市场集中、卡特尔组建等。1860年，德国的钢铁产量还落后于法国并远低于英国，而到了1910年，德国的钢铁产量超过了英法两国产量的总和。同时，德国的对外贸易也以相似的速度增长：从1875年的250亿马克到1913年的1010亿马克。德国海外投资从1880年的500亿马克增长到1913年的3500亿马克。世纪之交，德国从一个落后的半封建国家转型为世界上仅次于美国的第二大工业强国，迅速进入到帝国主义阶段。这得益于统一的国内市场的建成、中世纪经济限制的废除、现代金融银行制度的建立和国家统一带来的其他有利形势。③

1867年，奥匈帝国在多方妥协的基础上成立。在其存在的51年间，资本主义生产方式传播到整个帝国，致使其经济迅速发展。从1870年到1913年，奥地利经济增长率平均达到了1.32%，与欧洲其他国家相比

① 《马克思恩格斯选集》第1卷，人民出版社2012年版，第9页。
② ［英］彼得·马赛厄斯主编：《剑桥欧洲经济史》第7卷，王青法等译，经济科学出版社2004年版，第483页。
③ ［英］克拉潘：《1815—1914年法国和德国的经济发展》，傅梦弼译，商务印书馆1965年版，第316页。

（英国 1.00%，法国 1.06%，德国 1.51%）毫不逊色。在 1871 年之后，匈牙利的经济增长率甚至更高，达到了 1.7%。[1] 但是，总的来说，匈牙利经济发展还是落后于欧洲其他发达国家，原因是它的起步比较晚，经济发展十分不均衡，地区差异很大。并且，它被外国垄断资本（主要是奥地利）所控制。列宁认识到奥匈帝国同沙皇俄国类似，都是中世纪的残余，是专制和封建制度的余孽，被土地贵族所占有，被国家的少数人所压迫。[2] 并且，匈牙利资产阶级愿意维持封建主义的外壳。

德国的情况是资本主义的发展呈现出了不可逆转之势，所以德国知识分子面对资本主义的发展持的是悲观主义的态度。而匈牙利知识分子却有一种倒退回过去田园牧歌时代的怀乡病。一种是批判资本主义的无人性，但已经认识到历史的洪流滚滚向前；一种是死命地抓住现在和过去，沉浸在物我合一的小农时代。正如马克思在 19 世纪中期对德国资本主义发展的落后状况了然于胸，从而将对资本主义社会的分析集中于发达的英法两国一样，卢卡奇早早地将社会分析的对象设定为当时资本主义上升势头迅猛的德国而非匈牙利。不过，同马克思和黑格尔不同，卢卡奇此时并没有对经济、政治等现实社会发展状况进行系统的调查研究。他确实称资本主义的社会与经济状况是现代戏剧发展的社会基础，也正如题目所示，卢卡奇希望进行的是现代戏剧的社会学分析。资本主义"是社会学的基础问题，另两点（历史主义与个人主义）建立于这个基础之上并从此产生。这表明了 18 世纪以来，资产阶级同残余的封建秩序相对立的社会与经济形式成为了主导形式。并且，生活是在这个框架下进行的，在其主宰的时间和韵律之中。这个事实导致的问题正是生活的问题；概言之，今日的文化是资本主义文化"[3]。而且，卢卡奇甚至在此书中第一次对阶级斗争进行了阐释。在他看来，资产阶级戏剧是首次从有意识的阶级对抗中产生出来的戏剧，首次展示出为了权利和自由而进行的阶级斗争。

---

[1] David F., *Good* (1984) *The Economic Rise of the Habsburg Empire*, *1750 – 1914*, *Berkeley and Los Angeles*, p. 104.

[2] 参见《列宁全集》第 22 卷，人民出版社 1990 年版，第 149 页。

[3] George Lukács, *The Sociology of Modern Drama*, Translated by Lee Baxandall, *The Tulane Drama Review*, Vol. 9, No. 4 (Summer, 1965).

2. 现代戏剧的主角——"成为人质的人"

1905 年，卢卡奇前往柏林参加狄尔泰的讲座和西美尔的私人研讨班并被西美尔的文化社会学批判所触动。对于西美尔的思想到底有没有一个同一的中心这个问题，学界至今仍有争议。有人认为西美尔是一只"松鼠"，有人却认为西美尔纷杂的研究对象下掩藏着其毕生围绕的基本问题：现代社会中个体性的局限性。实际上，无论这一问题是不是西美尔理论生涯中唯一的主题，至少也可以说是西美尔学术研究中的至关重要的问题。① 同当时其他的社会学家，如韦伯不同，西美尔的社会学重点研究的是人与人的交往模式，也就是西美尔说的主观文化，而并不是作为客观文化的产物的经济、政治状况。相似的，在卢卡奇的《现代戏剧发展史》中，资本主义作为现代人的直观生命体验而存在。资本主义的经济趋势是"生产日趋客观化"，是"资本作为客观的抽象成为资本主义经济的真正的生产者"，而这种客观化的趋势导致了人的个性的丧失，这才是卢卡奇研究资本主义社会的原因。② 显然，卢卡奇抓住了西美尔文化社会学研究的意义：对现代社会中"成问题的人"的现象的追问。

卢卡奇开篇即将现代戏剧定性为资产阶级的、历史主义的和个人主义的。其中，"资产阶级的"是现代戏剧的另两个特点的社会基础。并且，历史主义和个人主义是同时发生的。卢卡奇将笔墨集中在对个人主义的批判上。

卢卡奇区分了文艺复兴时期的人与现代戏剧中的人。文艺复兴时期及以前的旧戏剧中的人指的是伟大的个人，对这样的人来说，"个性的实现"是个伪命题，因为个性对于旧时的人来说是内生的，是自在的，无需追求，只要在行动中展现即可。但是，到了资产阶级戏剧中，个性是不存在的，人是无法将这并不存在的自我投向外在的生活中去的。所以个人就成为了问题。现代戏剧与其说是个人主义的戏剧，不如说是个人存在成为危

---

① Mike Featherstone, "Georg Simmel: An Introduction", *Theory Culture Society*, 1991, 8: 1.

② 实际上，西美尔对卢卡奇的分析十分满意。1909 年，卢卡奇将译好的德文章节寄给西美尔，西美尔随即邀请卢卡奇到其研讨班上发表见解。在卢卡奇的海德堡皮箱中发现了西美尔1909 年 7 月 22 日写给卢卡奇的信，信中写道："我并不想向你隐瞒，从方法论上来讲，我被自己读到的最初几页吸引住了。我发现，试图从最外在最普遍的条件来获得对最内在最崇高的方面（的解释）的做法是有趣并富有成效的。"

机的戏剧。而主动地意识到个人存在危在旦夕这一事实是个人主义成为现代戏剧的中心问题的前提。所以，卢卡奇集中对个人主义这一特征进行批判的用意实际上是针对其产生发展的社会基础：资本主义社会。

早在西美尔之前，对黑格尔和马克思来说"个人主义作为生活的一个问题"是现代资本主义的产物。但是对卢卡奇来说，个体作为事实、价值观和问题是同时出现的。现代的个人主义指的是个性的存在成为问题。具体来说，问题存在于以下三个方面。

（1）客观化进程导致的人的同质化，即个性的不可能。

同西美尔相似，卢卡奇从社会生活的方方面面中列举出同质化现象。"哪怕我们只是检验现代生活的最外在的表面现象，我们也会被它产生出来的统一程度所震惊，即使理论上来讲，现代社会生成了十分极端的个人主义，我们的服装同沟通系统一样趋向统一；从雇员的角度来看，形形色色的雇佣形式变得前所未有的相似（官僚制，机器化的工业劳动）；教育和童年经历越来越相像（大城市生活的结果和日渐增长的影响）；等等。如此同步的是我们生活的持续的理性化过程。也许在个人看来，现代劳动分工的本质就是，寻找将工作同工人的能力分离的方法，这不过是定性的方法，永远是非理性的。为此，工作是根据客观的、超个人的和独立于雇员特性的生产的角度来组织的。"①

同时，科学方法也渐渐地与个性失去了联系。中世纪科学研究中，个人需要全方位的知识，师傅将知识或秘籍传给学徒。同样的情形也适用于中世纪交易与商业。到了现代社会，人的个性同其所从事的工作毫无关联，这导致了人需要在工作之外的场域去寻找个性的用武之地。去个人化也席卷了包括选举系统、官僚制、军队组织等整个国家机制。由此，人们形成了这样一种人生观：世界趋向于完全的客观化的标准，与人的因素没有一点关系。这就是新型的个人主义。

从卢卡奇对现代社会中人的同质化与社会的非人化的描述中，我们可以清晰地看到西美尔和韦伯的现代性批判的影子。西美尔认为工业体系中的社会分工导致了进一步的碎片化和去个人化，阻止个体自我实现

---

① George Lukács, *The Sociology of Modern Drama*, Translated by Lee Baxandall, *The Tulane Drama Review*, Vol. 9, No. 4 (Summer, 1965).

为一个整体的存在。——这就是为什么资本主义社会中，个体性成为了生活的中心问题。

（2）外在环境的宰制导致主体性的丧失，也即个人的不可能。

卢卡奇认为，个人主义的戏剧同时也可以称为环境的戏剧，这是因为资本主义社会产生了新的束缚个体性的类型。

资本主义在历史上的胜利确实使个人从有机社区、农奴和行会中解放了出来。卢卡奇引用了西美尔《货币哲学》中的一个例子作为佐证：工厂女工甚至是自豪的，因为她没有沦为女仆。旧社会中存在着人身依附，即人为人所奴役。奴仆、佃户等是为主人做工，受到的耻辱也是直接的、个人的。但是在现代工厂中，处于组织和体制之下的工人摆脱了这种封建制中的人身依附，受到的制约来自于客观的制度和机器。这种非纯个人之间的关系同时造就了拥有更少个性、更抽象和更复杂的藩篱。客观的束缚代替了个别的束缚；抽象的束缚代替了具体的束缚；复杂的束缚代替了简单的束缚。

看不见的束缚蛛网般繁复绵密，紧紧地将人裹缠其中。在这种情况下，卢卡奇认识到，内外之间的距离模糊了。人成为一个个交叉点，不过是千丝万缕的外在关系交接的扭结。在希腊甚至莎士比亚的戏剧中，我们可以清楚地分辨他人与外在环境。命运就是在人的外部与人对抗的东西。英雄与环境是对立的。但是如今，这些区分的界限模糊了。人与环境的区别，肉体与精神的区别，自由与束缚之间的区别，英雄与命运之间的区别在复杂的连续的相互关系的交织中失去了意义。

界限的消失与其说是内外交融，不如说是外在的环境吞没了内在的心灵。人的行为不过是对外在刺激作出的无意识的反应，同简单生物的应激反应没什么区别。如此，用什么证明行动的主体性？因为坚持戏剧的存在依靠的是英雄对命运的对抗，生命意志对死亡的斗争，卢卡奇此时发出了对于戏剧来说至关重要的问题：戏剧还是可能的吗？实际上，跳出艺术的领域，进入到人类生存中，这个问题就是，个体还是可能的吗？不能证明行动主体性的人不过是环境的人质。作为人质的人的重要性在于，生活这场游戏，没有傀儡就没法进行，正如神秘的铭文没有人作为唯一可能的象形文字就没法表达一样。

这是一个死胡同，行文至此，可以推断出卢卡奇提出的问题的答案，那就是，戏剧已然不复可能，个人也不复存在。但是，悲观主义不是卢卡奇的态度，戏剧必须存在，因为它应该存在。卢卡奇退而求其次，不在乎生命的挣扎能否开出一条血路，只问抗争的意志究竟还有没有留存。也就是说，外力如此强大，以至于所有的抵抗都被弹回了内心，当然前提是仍存在着这样一个内心的话。卢卡奇依靠人可能残存的主观上的意念保留了戏剧的可能性。但是他也意识到，新戏剧的英雄更加被动而非积极；是行为加诸他们之上，而不是他们为了自己行动；他们防御而不是进攻；他们的英雄主义是痛苦的、绝望的而不是大胆进取。——这实际上就是现代社会中的个人。

（3）个体的纯主观性导致的孤独，即社会的不可能。

虽然哈姆雷特不停地追问自己是谁，仿佛是一个怀疑论者。但实际上，他清楚地知道他的问题是能被他人所理解的，他并不孤独。他同社会上其他的人享有同一种价值观，相互能够交流。在莎士比亚的戏剧中，决斗的人之间并不都是用理性在沟通，他们之间存在着激情、情感与非理性的纠结。他们不是作为可量化的同质的数字存在，他们是作为实实在在的有个性的个体而相互发生关系。而现代社会的客观化的生活剥夺了人们之间的这种联系。

现代社会中的人是孤独的，因为如上文所言，个性被强大的客观化的种种社会制约逼迫到只能向内在的主观性发展，个性最终成为了精神。卢卡奇对个性与精神做了区分。个性是人之为人的特殊性，是人的理性、情感、意志等方方面面的整体。个性，用西美尔的话说是主观文化，与数据（data）相对，数据正是外在的一切客观文化。通过对西美尔的文化悲剧的分析我们知道，主观文化并不是主观性，主观文化创造了客观文化，并应该能够将客观文化收归自身所有。但是在客观文化如脱缰野马任意驰骋之时，主观文化失去了牵制客观文化的力量。在卢卡奇这里，个性也不复具有对资源的整合能力，而只好被禁锢在自身当中，成为纯粹的主观性。当所有的个性都作茧自缚之时，沟通也即无从谈起。人们不能将自己的真正的本质和指导他们行动的东西表达出来；甚至，即使他们在极少情况下可以找到词语来表达这不可表达的体验，这些词语也不过是穿过他人的耳朵，未被聆听，或者虽然被听见，却改变了原意。人人有自己的价值观，所有的冲突都要用"意见"来解决，这样一来，连冲突也内在化了。矛盾冲突作为相互关系的一种激进的形式都失去了意义。

在卢卡奇看来，包括创造者、创造物和受众的戏剧本身就是社会性的。作者创造出来的作品必须要同观众有所共鸣，这才是戏剧运行的过程。但是，既然创造者与受众如今只能听到自己的回音，对对方听而不闻，戏剧还如何是可能的？推而广之，艺术还是可能的么？再进一步追问，所有的人都居住在自己的堡垒里，互相没有联系的社会，何以可能？

（四）寻找救赎的可能性——《审美文化》

在分析人的同质化的过程中，卢卡奇提到了劳动分工导致的社会的客观化，但是他并没有如西美尔一般清楚地指明导致现代社会中的诸多不可能性的原因。并且，在《现代戏剧发展史》中，卢卡奇并没有明确地指出如何才能克服他提出的资本主义社会中个性的不可能、个人的不可能与社会的不可能等问题。不过，完成《现代戏剧发展史》后不久，卢卡奇发表在布达佩斯《文艺复兴》杂志上的一篇文章《审美文化》较具体地阐述了他当时的观点。发表于1910年5月的《审美文化》承接了《现代戏剧发展史》提出的问题，并且提出了稍后出版的《心灵与形式》中的诸多命题。

1. 艺术是否能够担当重任

西美尔将拯救"文化悲剧"的重担放在艺术的肩上。他认为唯有艺术创作是不可能被劳动分工介入的领域，是只有依靠完整的人的个性才能得以进行的。并且，艺术作品也会唤起受众对整体性的渴望，使双方免遭碎片化的命运。

西美尔将艺术视为救赎手段，但卢卡奇并没有人云亦云。卢卡奇认识到，艺术同其他领域一样，已不是一片净土。这可以从《现代戏剧发展史》中卢卡奇对资本主义戏剧中神秘性的消失的分析中一窥端倪。在神话被理性驱逐之后，人们已经不能理解象征，不能感受悲痛，而没有了表达和情感，艺术就无法创造。同时，沟通的不可能也使得本应是社会性的艺术无法形成。也就是说，资本主义社会中的各种不可能性导致了艺术本身的不可能，如此，艺术更不可能反过来作为解决诸种问题的方案。

在《审美文化》中，卢卡奇依然坚持上述基本观点。他认为科学主义制造了文化史上最大的谎言，那就是，万事万物都是可以量化的，相似环境下的事物也是相似的，彼此的不同不过是一个比另一个更多、更好或更大。并且，这谎言里面最严重的一个就是五十步和一百步没有质的区别，选择哪条道路也没有什么区别，一切都"差不多"①。在这种意识形态的影响下，个体与个体也没什么区别；艺术只是游走于事物和人的表面，不同的只是技术的纯熟程度。所以，在科学的谎言和艺术的堕落下，卢卡奇对以"为了艺术而艺术"为口号的"审美文化"（唯美主义）进行了严厉的批评。他认为，审美文化产生于生活丧失了内在价值，而只能按照所谓"美学的"标准来评价，那就是是否能够为偶然的情绪带来欢愉，能够为孤独的男女带来慰藉。而活在其中的人，消极地生活在没有自己参与的环境里，就像从黑匣子里观看一场戏剧表演。

（1）什么是审美文化。

卢卡奇开篇提到："如果当今尚存在着文化，那么，也只能是审美文化。……如果有人要对'当今'提出批评，唯美主义者必须遭到批判。"② 首先需要弄清楚的是，为什么卢卡奇对"审美文化"深恶痛绝。原因很简单，是因为审美文化取缔了真正的文化，从而使文化不能实现其社会整合的功能。那么，什么是卢卡奇眼中与"审美文化"相对的"真正的文化"？

卢卡奇在文中不同段落对真正的文化的内涵进行了阐述。真正的文化的核心是其通过赋予生活以形式而创造生活的统一性的能力。真正的文化是心灵的创造物，是心灵的创造力和行动力。心灵通过文化参与生活，改变生活，使生活具有形式。所谓形式，即心灵为生活创造的规范，通过形式的约束，生活不再是偶然的、混乱的、庸俗的。真正的文化通过使生活形式化造就了生活的统一性，在克服生活的杂乱无章的同时，心灵也变得更加强大。最终，个人在此统一性下超越了单纯的个体性而形成了社会。所以，真正的文化可以归纳为：赋形的能力、统一的能力、

---

① György Lukác, "Aesthetic Culture", Translated by Rita Keresztesi – Treat, *The Yale Journal of Criticism*, 11. 2（1998）.

② György Lukác, "Aesthetic Culture", Translated by Rita Keresztesi – Treat, *The Yale Journal of Criticism*, 11. 2（1998）.

沟通的能力，归根结底，是内在的心灵通过行动改造外在的生活并在此过程中加强自身的能力。真正的文化是对生活的超越，是达到自由的途径。

而"审美文化"却违背了文化的所有初衷。首先，审美文化的目的是激发情绪反应。卢卡奇认为，情绪变化只是艺术欣赏的最初的反应，但是，当它成为唯一的反应的时候，艺术就成了审美艺术；由于主观的情绪是多变的、不连续的、表面的，当情绪体验弥漫为生活的全部价值取向，那么，客观性就消失了。

随着客观性的消失，文化也丧失了统一性。文化本身的碎片化使其同时丧失了将生活塑造成整体的功能。在卢卡奇看来，审美文化是瘫痪的，因为它没有生命力，不能创造，无法行动。它任由自己沉浸在决定论的论调中，认为环境是给定的，是不可改变的。卢卡奇此时提出了"总体性"的概念，指的是人与人的社会关系的总体，也可以称之为命运，它是控制人的必然性。人只能任由摆布，身处世外，看自己的热闹。这也导致了审美文化本身浅陋的"形式"，只不过是将事物美妙的瞬间排放好，用欢愉将他们穿成美丽的花环。审美文化是谄媚的，只满足人表面的享受的需要。它不理解什么是"事物"，什么是环境。卢卡奇认为，所谓的给定的事物正是心灵需要突破的茧，只有奋力挣扎，战胜外在的阻力，心灵才获得了绽放的力量。所以卢卡奇说："对'形式'的仰慕谋杀了形式，对'为艺术而艺术'的追求麻痹了艺术。""有审美文化的地方就没有建筑、没有悲剧、没有哲学，没有纪念性的绘画，没有真正的史诗。只有高度发达的技术和精明的卷入其中的心理学、诙谐的警句和羽毛般的情绪。这些可能是真正的艺术的工具，如果它真的需要工具的话。"[①] 这种文化完全脱离了与生活的联系，跟时代无关的艺术的意义是如此之渺小。作家为作家写作，画家为画家作画，或者为可能成为作家和画家的人服务。只有专家才能欣赏他们的价值，它们的主要影响成为了外在的。艺术不是生活中举足轻重的必需品，而成了无关痛痒的调味剂。这里，卢卡奇给出了对唯美主义者最尖刻的讽刺：他们不过

---

① György Lukác, "Aesthetic Culture", Translated by Rita Keresztesi – Treat, *The Yale Journal of Criticism*, 11.2（1998）.

是一群无用的人，他们创造出来的审美文化不过是将一无是处转化为一种时尚。他们使艺术与生活之间的鸿沟不可逾越。

最后，因为审美文化使统一性缺席，使任何事物都停留在其表面的理解上，沉浸在情绪的宣泄中，它没有改变生活的能力和愿望，所以，它碾碎了一切价值。碎片中生存的个人由于主观的、任意的价值观而无法进行沟通。人和人之间没有什么共同性，或者说，唯一的共同性就是人人都是孤独的，没有关联的。文化失去了连结特殊与普遍、个体与社会的功能。这样的个体性是虚假的个体性，因为完整的个性是能与另一个个性相互理解的，一个个体不排斥另一个个体，相反，个体间沟通才是成就丰满的自我的条件。不能突破孤独的自我从而走向他人的个体性是狭隘的、封闭的，不过是固执的作茧自缚，是无力挣脱枷锁的虚弱。这样的个体性使个体之间的距离永恒化，使社会的形成成为幻想。

（2）文化的出路何在。

如果说只剩下审美文化存在，而经过卢卡奇的分析，审美文化实际上丧失了文化的一切特性，根本就不算是文化的一种，那么可以说，文化也根本就不存在。同理，艺术不存在，艺术家不存在，个性不存在，个人不存在，社会更不存在，卢卡奇本人的创作也没有任何价值。因此，卢卡奇只能将艺术分为两种类型：一种是以表面的标准（印象、情绪和技术）为基础的生活的艺术化，另一种是以艺术的首要标准——形式（意味着行动的创造）为依据的艺术化的生活。而实际上，卢卡奇不单单将真正的文化与审美文化对立起来，所有对他来说重要的范畴都是二元的：生命与生活、真正的艺术与审美艺术、真正的形式与审美形式、伟大的个人与孤独的个人。卢卡奇存有一腔孤勇，他不愿意任凭文化就此死去，他要复活真正的文化，以此重建社会。

所以，所谓文化的不可能性指的是现实社会中，人们一提起文化就说我们制造的火车速度多快，电报多么便利，教育多么普及，等等。而真正的文化却孕育在旅行的见识、沟通的畅快、与生活的互动，其意义是充实个性和打破个人主义。向往"真正的文化"这个理念的实现，但是又碍于现实局限性的卢卡奇只能提出理论上他认为可行的方案：伟大的个人借助伟大的艺术来拯救文化的堕落，从而将行尸走肉般的个人从无意义的现实生活中解脱出来。

卢卡奇在文中提到了他认为足以担当"伟大的个人"的范例：汉斯·冯·马列、斯蒂芬·乔治、保尔·恩斯特、查尔斯·路易斯·菲利浦等，这些人即将成为卢卡奇在文艺学领域享有盛名的著作《心灵与形式》中探讨的主角。他们无一例外都是艺术家，也就是说伟大的个人实际上就是伟大的艺术家。他们之所以伟大，是因为他们放弃了所有的幻想，他们根本就不企图创造出可以改造文化的艺术，他们就活在真正的文化之中。所谓幻想，卢卡奇指的是以为艺术可以作为文化的救星，而实际上，艺术只不过是文化的产物，是其一部分。所以，艺术不可能反过来对其创造物和整体进行改造。

当然，这需要进一步的解释。这些人怎么能以真正的文化为生活，怎么能在真正的文化产生之前就得到了拯救？实际上，从"伟大"一词可以看到尼采超人的影子。意志在自我拯救中是极其重要的。这些伟大的人并不是比普通人更加优秀，因为卢卡奇讲过，"更好、更强"不过是科学主义的意识形态，伟大的人与普通人是有本质区别的，但他并没有对伟大的个人的产生作出什么解释。伟大的个人都是孤军奋战的，卢卡奇认为赋予心灵以形式这项工作只能由个人单独完成，不得借助外力。心灵必须自己挣脱外在的枷锁，正如蝴蝶破茧，经过了挣扎才能获得飞翔的力量。可是，卢卡奇却认为，这注定孤独的伟大的个体是打破个人主义的唯一途径：因为个人的成功意味着每个人都有成功的可能。也就是说，伟大的个人的存在意味着所有人都可以活在真正的文化之中。如果每个人都成为了伟大的个人，个体间的沟通就不成问题，因为伟大的人都生活在真正的文化之中，心灵之间没有不可逾越的鸿沟，审美文化中的个人主义的问题就不攻自破，社会主义就可以达成。

很显然，卢卡奇陷入了无望的死循环：他预设了伟大的个人来拯救濒死的文化，但伟大的个人这个假设却是以文化的存在为前提的。在卢卡奇已经论证了现实中文化的不可能性之后，伟大的个人就只能从天而降；他认为艺术与文化的关系是不能颠倒的，文化产生艺术，作为文化的产物的艺术是不能反过来改变文化的，但随后他就将拯救这个社会的任务交给了罗丹的雕塑这样剔除了所有多余物只保留大理石所隐含的"心灵"的艺术；每个人都是孤独的，但伟大的人们之间存在着直接的心灵相通。

以上卢卡奇的所有论证都基于这样一个伦理上的假设：真正的文化

应该存在，所以它必须存在。他并非没有意识到"应该"与"是"之间存有不可逾越的鸿沟，但他依然遵从了柏拉图理念王国与具体事物的分界，奥古斯汀对天堂与俗世的割裂，康德的物自体与现象之间的区别。审美文化代表的是世纪末的现存，而现存在卢卡奇看来是必须克服的。如此，艺术作为文化的拯救者，只能说是卢卡奇的期望，是连他自己都认为应该摒弃的幻想。

2. 阶级开始进入视野

以上关于艺术与文化的拯救之间关系的分析使卢卡奇的理论显得似乎有些荒谬，因为"真实"与"现实"这一理念论的区分使得他建立社会主义的宏愿陷入了泥淖。不过，卢卡奇实际上保持了警醒，这从《现代戏剧发展史》中卢卡奇对现代戏剧是"资本主义的"这一社会历史定位就可见端倪。《审美文化》中，卢卡奇进一步表达了有关阶级与文化关系的观点："唯一的希望存在于无产阶级与社会主义之中。"① 如果不可逃脱的审美文化是由资本主义社会中占统治地位的阶级所创造的，那么，一种新的、不同的文化就需要建基于另一个阶级的基础上，也就是无产阶级建立的社会主义。

不过，卢卡奇相信无产阶级有拯救文化的能力，恰恰是由于他认为无产阶级是一切文化的破坏者，因而才能"大破大立"。他将无产阶级称为"野蛮人"，因为野蛮人是未开化的，没有自己的文化，并反对其他一切文化。无产阶级的作用是用他们粗糙的双手撕开所有精巧的装饰，用他们革命的精神揭开意识形态的面具并洞穿真相，荡涤一切无关紧要的内容，使文化回归其本质，即使与之相伴的是社会中长时间充斥着反对艺术的情绪。

在这种意义上运用的"无产阶级"这一概念，同马克思主义中与资产阶级相对的受剥削阶级的定义几乎没有关系。即使此时卢卡奇已经开始研读《资本论》，对马克思主义有所了解，他对"无产阶级"的理解还是前马克思式的，并且是在文化意义上运用的，没有政治与社会含义。甚至，无产阶级文化并不是资产阶级文化的对立面，因为资产阶级文化

① György Lukác, "Aesthetic Culture", Translated by Rita Keresztesi – Treat, *The Yale Journal of Criticism*, 11. 2（1998）.

是审美文化，是个体主义的文化，它的对立面是主体文化，是伟大的个人的文化。无产阶级只是扫清资产阶级文化的工具，其文化就是文化的虚无。但是，只有通过无产阶级革命将资产阶级中存在的一切都清扫干净，"文化悲剧"才可能避免，否则，一切生长在资产阶级社会中的文化无论初衷如何，最后都将成为资本主义文化。"社会主义者想在资产阶级文化中创造无产阶级文化。但是，取而代之的是，他们创造了一种虚弱的、粗糙的资产阶级的讽刺画。这种文化并不比资产阶级文化更少碎片化与表面化，却缺少了资产阶级文化诱人的精巧。在某种程度上来说，他们也是唯美主义者。"①

也就是说，卢卡奇虽然讲的是"发展史"，但是却并不相信社会发展的历史性：他认为，一个社会并不是在另一个社会奠定的基础上生发出来的，而是在前一个阶段彻底终结的条件下才能生成的。他不相信"中介"这个概念，一切对立面之间存在的都是不可跨越的鸿沟。"无产阶级文化"并不是资产阶级文化的代替物，也不是"真正的文化"的前身，它不是桥梁，不能沟通卢卡奇划分出来的文化的两极。卢卡奇之所以寄希望于无产阶级文化作为真正文化能够形成的条件并不是因为无产阶级能够建立新的文化，也不是因为无产阶级文化能够代替旧的文化，而是因为"野蛮人"的革命能像暴风雨般摧毁现存的一切，腾出空地让伟大的个人们塑造心灵的形式。

二 非此即彼的"辩证法"

《心灵与形式》一书于1910年以匈牙利文出版，书中收入了卢卡奇于1908—1910年间写作的8篇文章，多数发表在《西方》杂志上。1911年，德文版发行，与此后的意大利文和英文版一样，在匈牙利文版基础上又增添了两篇新文章。书中，除了第一篇《论说文的本质与形式》以书信形式作为导论专门为本书所作外，其他几篇均为对其他文学家作品的回应。被卢卡奇选中的对话者中，有诸如克尔凯郭尔、诺瓦利斯这样

---

① György Lukác, "Aesthetic Culture", Translated by Rita Keresztesi – Treat, *The Yale Journal of Criticism*, 11. 2 (1998).

的大思想家，也有保尔·恩斯特这样的"不大知名的作家"①，卢卡奇认为他们的共性就是都生活在自己的思想中。他将此书献给了曾经的女友伊尔玛·赛德勒，因为与她的相恋及分手同该书的写作与观点的形成有密切的联系。书中论克尔凯郭尔的《形式对抗生活的奠基》几乎就是卢卡奇个人生活的写照。卢卡奇对爱情乃至整个生活与灵魂完满的关系的理解直接影响了其私人的生活态度，反过来，生活给予他的打击促使他进一步对自己曾坚信的理论进行思考。此书完成后没过久，赛德勒就由于不完满的婚姻，或许再加上由于卢卡奇对她试图重修旧好的请求的无视而跳桥自杀了。她的死对卢卡奇的触动十分大，甚至一度使得卢卡奇产生了轻生的念头。1911 年，卢卡奇对这一经历进行反思，写出了《精神的贫困》一文。此文由于写作时间、主题与之前的文章十分相近，所以也被认为同《心灵与形式》一脉相承。②

自 20 世纪 50 年代法国学者古德曼将《心灵与形式》视为存在主义滥觞之后，不少西方学者对此书与存在主义的渊源进行过考证。③ 这大概是此书虽然作为卢卡奇早期代表作之一，却很少受国内马克思主义研究者重视的原因之一。《心灵与形式》写作期间，卢卡奇依然处于西美尔的新康德主义的影响之下。他对日常生活的混沌无序如此焦虑，对能否为这样的生活找寻到崇高的意义而迷惘彷徨，对如何能为生活赋予形式而煞费苦心。生活的无意义与对形式所代表的意义的找寻形成了如此尖锐的对立，以至于连卢卡奇本人都没有察觉到，他本人耗费心血企图找寻的将二者联通以达至普遍性的道路终将因为无迹可寻、无路可走而沦为空中楼阁。

（一）《心灵与形式》的基本内容

本书的标题如果由德文直接翻译过来，应该是《心灵与诸形式》，

---

① ［法］吕西安·戈德曼：《隐蔽的上帝》，蔡鸿斌译，百花文艺出版社 1998 年版，第29 页。

② 《精神的贫困》一文被 2010 年哥伦比达大学出版社出版的新版《心灵与形式》收录。笔者在分析《心灵与形式》一书时也将此文纳入其中。

③ 古德曼在《隐蔽的上帝》中着重将卢卡奇的"悲剧观"与帕斯卡尔的思想进行对照；Arato、Breines 与 Congdon 分别在其同名著作《青年卢卡奇》中对《心灵与形式》中的"存在主义"进行过分析。

不少英文版本的标题为"Soul and Forms"。对"形式"的复数译法更加直接地表现出卢卡奇的写作意图：研究心灵与作为表达心灵的载体的不同表现形式，尤其是不同的文学体裁之间的关系。书中，卢卡奇对论说文、诗歌、对话录、戏剧等文学作品进行了分析。同时，作者的生活方式，即"姿态"对他来说也尤为重要，卢卡奇认为，能否生活在自己的学说中是检验一个作者是否纯粹的标志。

不同学者对《心灵与形式》中各篇文章的关注度不同，如，古德曼认为《悲剧的形而上学》代表了此书的观点，而阿拉托认为《资产阶级生活方式与为艺术而艺术》是本书的"历史的中心"①，《形式对抗生活的基础》则代表了全书的观点。这一并不明显的分歧显示了学者们对卢卡奇不同的解读或者说是希冀。古德曼认为"悲剧观"是超越了独断论的理性主义和怀疑论的经验主义的一种世界观，而卢卡奇同帕斯卡尔和莱辛等人一道，是这种为辩证观开辟道路的"悲剧观"的提出者。古德曼给予了卢卡奇很高的评价，正因为他从《悲剧的形而上学》中提炼出了一种新型的世界观。阿拉托更重视卢卡奇作品中体现出来的对历史与现实的剖析，资本主义与艺术的关系及新社会形成的希望是他看重此书的原因，他认为，卢卡奇并不满足于仅仅在心灵中寻找慰藉，他寻找的是超越的道路。

鉴于《心灵与形式》的特殊形式——由多篇对不同人物的不同作品的评论性文章，即论说文（essay）组成，为理清文本内容，揭示内在联系，有必要首先对各组成文章的内容进行概括。

1. 什么是论说文

在卢卡奇决定将1908年以来写成的一部分文章结集成书之后，他给当时他最好的朋友列奥·普波写了一封信，向其解释了论说文这种艺术形式和文学体裁的性质和特点，用意是表明自己将几篇论说文组成一本著作出版的合理性和必要性，此文在书中题为《论论说文的本质与形式》。首先，卢卡奇重提了科学与艺术的严格区分：科学以内容影响我们，而艺术是靠形式触动我们；科学提供的是事实与事实之间的关系，

---

① Andrew Arato and Paul Breines, *The Young Lukács and the Origins of Western Marxism*, The Seabury Press, 1979, p. 39.

而艺术提供的是灵魂与命运。① 论说文无疑是艺术的一种，它面向的是人的心灵。不过，卢卡奇将论说文在所有艺术表达形式中的地位抬得很高，认为论说文虽然包含于艺术之中，但是它只是与其他的艺术形式分享了对待生活的方式而已，其余部分毫无关联。表面上看起来，论说文只不过是对绘画、诗歌等艺术作品的介绍，而实际上，论说文才是艺术的本质的表达，而它直接面对的对象——艺术作品不过是它的跳板。因为绘画等具体的艺术形式只是"图像"，是对事物的反映，而论说文却是"意义"，是对反映的反映。看起来卢卡奇对论说文的性质的阐述与柏拉图的艺术"模仿说"相似。不过，柏拉图对影子的影子不屑一顾，所以认为艺术家不配进入理想国，卢卡奇却与之相反，认为论说文的这种性质体现的是艺术的重要性：那就是意义的揭示，即为生活赋形。论说文履行这一责任的方法就是评价。评价就是评估对象的价值，给予对象以秩序。那么，评价的标准是什么？卢卡奇将艺术作为灵魂的显现，同时区分了灵魂的两个方面：生活（life）和生活的赋形（living）。② 这是纯粹的二元论，当下体验到的生活过程是表象，永恒的本真的普遍的生活是意义。生活是外在的，而生活的赋形是内在的。二者同时存在于生活经验中，只要人们在生活，并且试图理解和规制生活，这个二元论就必然存在。但是，二者却从不同时起作用。虽然如此，它们却始终在争夺着领导权。生活的赋形是灵魂的内在的运动，它正是对生活（灵魂的外在呈现）赋予价值的过程。论说文对生活的种种表达方式进行评价的标准正是赋形的生活对外在的生活的价值判断。不过，评价的内容或者定论在卢卡奇看来并不重要，评价的过程才是关键的、决定的因素。卢卡奇继续追问，是谁给予论说文以评价的权利？是真正的渴望。超越给定的事实与经验的庸俗层面而将自己提升到形式的和秩序层面的渴望使得评价具有了必然性。至此，卢卡奇阐明了自己选定以下论说文出书的合理性：论说文对生活进行价值评判，从而给生活以秩序，它体现的是艺术的本质，故而有不可或缺的重要性。当然，更重要的是，卢卡奇在这篇导论性质的文章中提出了全书的核心问题：灵魂的二元论与弥合

① Georg Lukács, *Soul and Form*, Translated by Anna Bostock, The MIT Press, 1974, p. 3.

② Georg Lukács, *Soul and Form*, Translated by Anna Bostock, The MIT Press, 1974, p. 4.

分裂的可能性。

《柏拉图主义、诗歌与形式》一文实际上也是对论说文的界说。卢卡奇认为，凯什纳是现存唯一活跃的批评家，也就是论说文家。由于卢卡奇认为，柏拉图的《会饮篇》是最杰出的论说文，而柏拉图相应的就是最伟大的论说文家。所以，他将论说文称为是柏拉图主义的，论说文家即柏拉图主义者。在《论论说文的本质与形式》中，可以看出，卢卡奇正是以论说文家自居的，那么，对凯什纳的作品的分析实际上可以说是卢卡奇的自白。他认为他研究的问题是，"人们在日常生活中怎样行动，艺术与生活如何对峙，一方如何塑造及转变另一方，以及一个更高的有机体怎样从二者之中生发出来——或者没有这样一个有机体的原因"①。生活与艺术的对峙在文中体现于诗歌与论说文的对立上。卢卡奇将诗歌与论说文视为两个极端。诗歌是由韵文写成的，而论说文是由散文写成的；诗歌是在严格的规律的结构中存在，而论说文是在危机四伏、变化莫测的自由中存在；诗歌是实在的，而论说文的世界没有实在性；诗人的逻辑是"是"或"非"，而柏拉图主义者却同时既相信又怀疑。这是因为二者对象不同，诗歌面对的是事物，而论说文面对的是体现了事物形象的作品。卢卡奇认为"一个更高的有机体"的存在是有可能性的，其唯一可能的依据是形式作为诗歌和论说文、生活与艺术的统一。形式的同义语是普遍与范式创造。消除一切偶然性，取得必然性是达到形式的途径。在终点处，一切都在表达人的本质，一切都是象征，如在音乐中一样，一切都是其意义并且意味着其本质。卢卡奇向往着一个终结二元性的普遍性，但是，这普遍性代表的人的本质是什么，他却没有进行深究。

2. 论说文产生的社会背景——劳动在资本主义社会成为苦役

《生活的资本主义方式与为艺术而艺术》与《审美文化》的诸议题都十分相似。卢卡奇追问道，一个资产阶级如何能过上不同于资产阶级的生活？也就是资本主义社会中，超越性的力量能否获得。在《现代戏剧发展史》中，卢卡奇继承了西美尔对劳动分工导致了主观文化与客观文化分离之后客观文化侵蚀主观文化的观点，而在此文中，卢卡奇开始

---

① Georg Lukács, *Soul and Form*, Translated by Anna Bostock, The MIT Press, 1974, p. 19.

对劳动本身进行批评。他认为，资本主义社会中的劳动是异化的强制劳动，这种劳动是令人憎恶的奴役。[1] 以强制劳动为标志的资本主义生活方式消耗了人的生命，它是一根不停地抽打人、驱赶人进行劳动的鞭子，它是一切美好事物的对立面。资本主义社会的伦理就是强制劳动。生活被系统化的、规律化的、毫不考虑欲望和愉悦的活动所控制，秩序压制情绪，永恒压制瞬间，静悄悄的工作压制了由感性哺育的天才的创作。[2] 既然资本主义社会中的一切活动都是强制劳动，艺术创作也不例外。艺术家不过是手艺人，艺术不再是他们丰富灵魂的渠道，相反，生活对他们来说只是创作出所谓"完美"的作品的手段。卢卡奇分析了以斯托姆为代表的手艺人产生的具体社会环境，也是整本书中讨论的人物的生存环境：落后的德国与没落的小资产阶级。正是经济和社会发展的落后导致了德国小资产阶级对自身状况的无意识。卢卡奇在早期作品中反复强调资本主义社会中的人是成问题的，而斯托姆的生活却恰恰是毫无问题的，因为他完全融入了资本主义。他以工作为生活的目的，并相信环境是外在的，命运是给定的。他的生活没有挣扎，他安于以完成禁欲主义的工作为任务的资本主义的日常生活。在他看来，外在环境变化莫测，唯有守住内在的心灵的强者才得以生存，因为命运只能毁灭人，却不能打败人。资本主义的生活基调是无畏的、顺从的、苦行的，资产阶级的艺术也不过是苦行的一种，是无反思地顺从于时代。

3. 姿态作为为生活赋形的价值形式

既然生产性劳动和艺术创作等曾经能够发挥人的自由个性的活动在资本主义社会都沦为奴役，在强制性的社会生活中重获自由就需要另觅蹊径。卢卡奇在克尔凯郭尔的人生中窥见了超越日常生活的可能性途径。克尔凯郭尔对此时的卢卡奇有非同寻常的意义，卢卡奇将其作为行为典范。在《形式对抗生活的基础》中克尔凯郭尔既是英雄，又是悲剧。原因就是他试图在生活中创造形式，试图生活在一个不可能的生活之中。而这一切均生动地体现在他的爱情中。正如卢卡奇所说，论说文的对象

---

① Georg Lukács, *Soul and Form*, Translated by Anna Bostock, The MIT Press, 1974, p. 61.
② 卢卡奇指出了资本主义劳动是对真正的生命活动的异化，这一点深深地激发了其后的西方马克思主义者，马尔库塞在《爱欲与文明》中对资本主义劳动的分析并未超出卢卡奇早年的视野。

并不仅仅是艺术形式，所有表达生活经验的方式都是论说文考察的对象。对克尔凯郭尔来说，比他的作品更加能够表达其生活经验的，就是他的爱情经历。1840 年，克尔凯郭尔与李季娜·奥尔森订婚了。距此还不到一年的时间，他又毫无征兆地悔婚，并前往了柏林，自此再也没有见过奥尔森。对此行为，克尔凯郭尔并没有作出任何解释，因为他的行为正是卢卡奇所说的姿态（gesture），而姿态是与解释对立的。姿态就是生活中的价值形式，"什么是姿态的生活价值？或者换个说法，什么是在生活中创造生活和提高生活的形式的价值？姿态无非是清楚地表达明晰的东西的行动。形式是表达生活中的绝对的唯一的方式，是唯一自身完美的东西，是唯一的不仅是可能性的现实。姿态独自表达生活：但是生活的表达是可能的么？难道这不是所有鲜活的艺术的悲剧么？艺术寻求建造空中楼阁，从心灵幻想的可能性中锻造现实，从灵魂的相聚与分离中建造人和人之间可沟通的桥梁。姿态有任何存在的可能性么？从生活的角度能看到任何形式的概念的意义么？"① 在卢卡奇看来，姿态是这样一种矛盾：它是现实与可能性的交叉点，是无限与有限、生活与形式的汇合。那么，克尔凯郭尔的这个有悖常理的举动究竟是如何可以称为生活与形式的交叉点的这样一种姿态的呢？这就要追溯到卢卡奇的生活与形式的二元论之中。生活是充满了模糊的偶然性的，是相对的事实的相互关系。生活中，一切事件都是由无休止的原因引起的，事物的区别只是多少大小这样的量的差别，毫无本质可言。而形式却是清楚明确的，是摆脱了生活中的因果关系的世界。在形式中，存在的都是质的关系，是无所谓多寡对错的。克尔凯郭尔作为英雄，试图在生活中创造形式。于是他坚决地抛开了婚姻这种庸常生活的典型表现。爱的对象越高高在上，不可触及，爱情本身就越是脱离了生活，对爱的渴望就越是一种向上的接近形式的努力。不过，他同时也是个悲剧，因为生活与形式之间有不可架桥的鸿沟。从生活领域进入形式要通过飞跃才能创造奇迹。卢卡奇本人的爱情生活与克尔凯郭尔是如此的相似，以至此文情深意切，颇有自传的意味。几乎是出于跟克尔凯郭尔相同的原因，卢卡奇认为自己不能被爱情和婚姻所拖累。他认为抛弃了赛德玛，也就抛弃了庸常的生活

① Georg Lukács, *Soul and Form*, Translated by Anna Bostock, The MIT Press, 1974, p. 28.

本身。实际上他却陷入了资本主义禁欲式的苦行之中，通过忘我的工作充实空洞的心灵。赛德玛的死促使他进行反思：克尔凯郭尔的死成全了他的姿态，但是，他死后，生活如常继续，单是一个人的解脱算得上是真正的形式的实现吗？

　　继而，卢卡奇又考察了通过整个个人生活表达生命体验的浪漫派代表人物——诺瓦利斯。《论浪漫派的生活哲学》中，卢卡奇以诺瓦利斯的生存与死亡描述了浪漫主义的特征。"背景是垂死的 18 世纪：作为奋争的、胜利的资产阶级对其胜利的意识的理性主义的世纪。"① 在法国，理性主义用其"残酷的和嗜血的逻辑"透视一切，而德国的大学里却一本接着一本地出现试图摧毁理性骄傲的书籍。在 18 世纪末的耶拿，一些年轻人聚集在一起，为创造出和谐的新文化而拼尽全力。这个新文化的样板就是歌德的《威廉·麦斯特》。"赶上他！超过他！"这就是浪漫主义者的目标。可是，不幸的是，歌德在现实中找到了家园，而浪漫主义者却试图构建一个空中花园。是付诸行动还是空谈理想，这就是歌德与浪漫主义者的差别。卢卡奇在多个方面对浪漫主义进行了批评，其中最核心的问题是有限与无限的界限。卢卡奇在每篇论文中都反复提到了，生活与形式之间的鸿沟是不可超越的，也就是说有限与无限之间的距离是无限的。而浪漫主义者是如此渴望创造一个普遍的、终极的和谐世界，为此，他们可以将任意驰骋想象的诗歌作为构建新世界的魔法棒。他们诗化生活，将诗的规律强加给生活，却没有塑造生活的能力。纵然浪漫主义者的目标是人与人之间可以亲密无间地沟通的社会的形成，结局却是一场自娱自乐的小团体表演。浪漫派混淆了诗与生活的界限，没能认识到自己的局限：一切行动都是有限制的，普遍性是不可能在行动中获得的。概括起来就是，浪漫主义期待的是现实与理想的直接同一，而卢卡奇却痛苦地承认，它们之间无法沟通。所以诺瓦利斯被他称为是浪漫派中唯一一个生活在统一性中的人。既然活着就要面临着有限性的束缚，主动拥抱死亡的阴影成为走向无限的可能性的尝试。所以诺瓦利斯非但不惧怕死亡，反而期待它的降临。显然，卢卡奇对浪漫主义者义无反顾地追求理想世界的决心抱有敬意，不过他已经认定泛诗主义只是场幻梦，

----

① Georg Lukács, *Soul and Form*, Translated by Anna Bostock, The MIT Press, 1974, p. 42.

在现实生活中是不可能通过愿望就得到普遍性的。而诺瓦利斯的死成全了他自己对统一性的追求，却成了对整个浪漫派的一记重创。

4. "真正的人"及其构成社会的不可能

难道只有通过个体肉体的毁灭来换取彼岸世界的超脱这种宗教体验般的古老行为才能解决当今资本主义社会产生的特殊的个人主义的问题吗？由于跟其老师韦伯、西美尔一样，将社会问题归结为文化问题，所以卢卡奇一直试图在文化领域寻找答案。他不停地追问文化的可能性问题，实际上就是试图超越原子式的孤独个体，建立新型的社会关系。但是在《新的孤独与其诗歌》中，卢卡奇展现的却是让人绝望的场景："两个人永不可能合而为一。"① 人们从未如今天这般靠近，也从未如此的远离。过去，诗歌用典型的方法描述知名人物，表达普遍的价值；而如今，诗歌只是一抹抹剪影，一张张快照。过去，歌曲是在演唱会上演唱的，它需要被聆听，它能够得到共鸣；而如今，新的诗歌不过是个人情绪的表达，根本无法达到沟通演唱者与听众的目的。正是在这个意义上，卢卡奇认为斯蒂芬·乔治的诗歌是关于旅行的：永远在路上，却永不能到达。《渴望与形式》表达了与孤独类似的主题。纯粹的渴望是心灵的中心，渴望的对象既不是异己的，也不是已经在自身内的。苏格拉底教导城中青年去爱，但事实上他引诱了他们，他要引导他们趋向美德、美和生活。他希望青年们成为爱的主导者而非爱的对象，因为主导者无所待，只是通过向对象施加爱而获得自我确定性。苏格拉底将爱上升为渴望，这正如克尔凯郭尔抛弃奥尔森是为了断绝爱的关系，走向纯粹的渴望一样。渴望看似在不同的人们之间建立起联系，而实际上却摧毁了他们合而为一的愿望，因为真正的渴望是指向内在的，出发点与归宿都是自我而非与他人的关系。

为此，卢卡奇称霍夫曼是为了形式而战的英雄。他试图在伟大的瞬间找到人与人的融合。《契机与形式》以死亡这样一个人生中最极端、最偶然的断裂为契机来讨论人对于他人来说意味着什么的问题。某人的死亡使幸存者面对的是痛苦的、永远也无解的永恒的距离。死亡使死者与生者之间产生了绝对不可跨越的距离。而事实上，死亡只是幸存者的

---

① Georg Lukács, *Soul and Form*, Translated by Anna Bostock, The MIT Press, 1974, p. 88.

孤独的象征，而人与人之间相互理解的不可能实际就存在于人们的每次交谈之中。即使我们听懂了对方所说的每一句话，我们也并不知道发生在对方身上的真实故事。因为命运是外在的，是无数的因果的交织物，是我们无法掌握，更无法控制的。残酷的命运之轮碾碎了沟通的可能性。霍夫曼并非天真到没有认识到这一点，但是他的文章依然坚持以一种拥抱他人的姿态在人与人之间的藩篱上种上玫瑰。可卢卡奇不得不指出，霍夫曼因其对人与人之间的隔绝状态的斗争而成为的"真正的人"比他作为试图以玫瑰来跨越藩篱的艺术家要成功。

《丰富、混沌与形式——与劳伦斯·斯恩特有关的对话》是卢卡奇设计的一部短剧，内容是三个中产阶级的大学生之间围绕斯恩特进行的谈话。两个勤奋好学的男生都对一位漂亮的女同学动心，但是他们试图打动姑娘的方式却是唇枪舌剑地展示自己的学识，而女同学作为本来的取悦对象却被遗忘了。他们二人互不相让，同时又互不理解，二人与姑娘之间也相互存在着误解。最后，论战中居下风的一方反而因为顾及到姑娘的感受而获得了青睐。卢卡奇用反讽的方法展示的正是人与人之间误读的常态和不可沟通的隔膜。男同学之间冗长的对话一方面表现了这一主题，另一方面也以他人之口表现了卢卡奇对生命哲学和康德哲学的认识。两个男学生分别以自己的视角解读了斯恩特的作品。其中，文森特持的是生命哲学的观点，他崇尚的是宇宙大全，重视的是生命体验，赞同席勒的游戏说。斯恩特的身份更多的是一个教育者，而不是文学家，他让人们知道如何从手边的纷乱中将生活提取出来。斯恩特认为物质与形式之间的区分并不重要，因为一切都消融在伟大的、强烈的体验的统一体中，统一才是唯一的真理。所以，文森特认为斯恩特的作品是充盈丰富的，它不受制于是非对错这样理论上的对立，而是强调生活体验的统一性。乔西姆与文森特针锋相对，他认为斯恩特的作品充斥的是混乱的元素，而非整一的秩序，"无秩序就是死亡"[1]。乔西姆严厉斥责斯恩特的无能。他认为，混乱不是丰富，而只是无能的表现。斯恩特没有进行价值评判的勇气和能力，他赋予一切事物同等的重要性。总体来说，文森特与乔西姆对生活与形式的理解都是不同的。文森特认为，生活内

---

[1] Georg Lukács, *Soul and Form*, Translated by Anna Bostock, The MIT Press, 1974, p. 129.

在地包含了统一的可能性，这就是以游戏为中介的生命体验。因为生活体验是丰富的、多样的，其形式也如韵动的旋律一般是无限的。乔西姆却认为生活本身就是界限，人们只能在界限内活动，这界限就是秩序，是标准，是外在于人本身的；心灵所具有的评判经验事物的形式是有限的，所以，必须要对混沌的现象进行高低有序的评判，这才有可能对现实进行表达。文中乔西姆在争论中取得了相对的优势，但是却在对伴侣的争夺中失去了主导地位，这说明了康德哲学在学理上的说服力，却也印证了文森特的话：重要的是生活体验。

卢卡奇收录的最后一篇文章《悲剧的形而上学》可以说是对全书的主要观点的一个总结。悲剧是卢卡奇在书中考察的诸如歌谣、诗歌、故事、对话等等文学表现形式中最纯粹、最赤裸的形式，从而也就是艺术的代表，因为艺术就是靠纯形式来表现自身的。在卢卡奇看来，艺术是文化的代表，这样一来，悲剧也可以说是文化的代表。文中，卢卡奇再一次详细地分析了日常生活与真正生活即形式之间的对立，并强调了日常生活是对心灵的异化。而且，"自然与命运从未像今天般如此恐怖地没有灵魂"①，因为人的心灵从未在荒芜的道路上走得如此的孤独。悲剧正是形式也就是价值体现的代表，它表达的是形式与生活的极端对立。卢卡奇开篇就提出了这样一个观点，悲剧的存在建立在"上帝是旁观者"的基础上。也就是说，在悲剧中，上帝是不在场同时又必须在场的。因为对上帝来说，无所谓价值与现实的区分。上帝认为要有光，于是就有了光。价值直接产生出了现实，也就并不需要被渴望。所以如果上帝在场，悲剧是不可能存在的。但同时，上帝又必须在场，否则，无神的现实就会直接吞没价值。康德在认识论中取消了上帝存在的可能性，却又在伦理学中重新将上帝请回来作为道德向导，卢卡奇则让上帝在在场与不在场之间，作为旁观者而存在。悲剧在卢卡奇看来也有真正的悲剧和现实的悲剧的区别。真正的悲剧是古希腊索福克勒斯的《俄狄浦斯》，它牺牲了一切外在生活的丰富性以达到内心的丰富，牺牲了所有的感性的美以达到深入的、非感性的美，牺牲了所有物质的内容以揭示纯粹形式的心灵的内容。"形而上学"是反历史的。悲剧的本质是形式，

---

①　Georg Lukács, *Soul and Form*, Translated by Anna Bostock, The MIT Press, 1974, p. 154.

形式是来自上帝的价值判断，也就是价值的至高标准。它是脱离了时空的，而历史是变动不居的不确定性，同时又是抗拒价值的机械的必然性。

《精神的贫困》可以说是《心灵与形式》的番外篇。赛德玛的死对卢卡奇来说是一记重创。首先是一种深深的愧疚感，卢卡奇认为正是自己拒绝了她复合的请求这一举动促使她自杀，自己对她的死应该承担不可推卸的责任。甚至卢卡奇一度动了了结自己来偿还这过失的念头。另外，赛德玛的死深深动摇了卢卡奇的生活理念：虽然在书中，卢卡奇认为禁欲的工作是资本主义的特征，从而对资本主义社会的强制劳动进行了批判，而生活中，他对现实生活的有意疏离和对女人不可能获得形式的偏见都使得他将生活的重心全部放在工作上。[1] 这也是他当初与赛德玛分手的原因。卢卡奇在《心灵与形式》中费尽心机想要找到人与人之间沟通的可能性，但是在现实生活中，他却因为没能理解赛德玛的痛苦而导致了一个生命的陨落。所以，《精神的贫困》就是对这一经历的反思。文中的男主角因为没能预想到女友的轻生行为而痛苦不已，而女友的姐姐却一再劝说他，这不是他的责任。可男人坚持认为，自己在女子自杀之前并不是真正的人。因为如果他是真正的人，他就会看出女子微笑后的悲凉，看出女子平静后的真实意图。但是他没有。现实生活中的人是依靠彼此之间的关系相互了解的，关系与知识都是不确定的，有可能是欺骗，人与他人之间从而就有着不可跨越的鸿沟。但是，真正的人却不是这样。真正的人直接的就是他人，他们之间的沟通超越了符号和解释。真正的人不再试图去理解他人的灵魂，他就像读取自己的灵魂一样直接读取他人的灵魂，主体与客体是统一的。最后，男人终于用枪结束了自己的生命。卢卡奇在此文中对"真正的人"的内涵进行了直接的阐述，这是此前文章中没有的。

（二）生活与形式的二元论

可以看出，从头至尾，卢卡奇对心灵、形式、日常生活、文学形式等话题的探讨都指向的是资本主义社会中文化的可能性问题，即社会的可能性问题，这也正是《审美文化》集中表现的主题。《心灵与形式》

---

[1] Georg Lukács, *Soul and Form*, Translated by Anna Bostock, The MIT Press, 1974, p. 94.

一书的创作比《审美文化》这篇文章稍早，几乎可以说是同一时期的作品。不过，在本书中，卢卡奇通过对不同的艺术作品进行剖析来展现对这个问题的认识，并不限于对审美哲学的批评，有助于我们研究这一时期卢卡奇哲学思想的全貌。

古德曼曾给予书中代表性文章《悲剧的形而上学》极大的荣誉，他认为卢卡奇在此文中首次提出了一种新的世界观——"悲剧观"①，并以此为契机创作了《隐蔽的上帝》一书来详细阐述此观点。古德曼将悲剧观置于个人主义和辩证法之间，认为它超越了独断论的理性主义和怀疑论的经验主义，后又被"唯心主义者黑格尔和唯物主义者马克思"所超越。在德国古典哲学的研究中，普遍认为，是康德哲学占据了古德曼所说的这个位置。凯蒂·泰利沙基思在为新版《心灵与形式》所作的跋《形式的遗产》中就直接将卢卡奇称为"康德主义者"。不过，米歇尔·罗伊在《从浪漫主义到布尔什维克主义》中，笃定卢卡奇顺应的是当时德国社会中弥漫的浪漫主义的氛围，是一个地道的浪漫主义者。② 也有学者认为此时卢卡奇主要受的是海德堡学派的韦伯、狄尔泰和西美尔等人的影响。③ 鉴于新康德主义同生命哲学的密切联系，当然也有人认为卢卡奇与生命哲学同样纠缠不清。④ 的确，《心灵与形式》一书作为卢卡奇早期代表作之一在西方学界受到持续的关注，也引发了广泛的争论。可是由于将这个阶段定性为卢卡奇的"前马克思主义阶段"，我国学界较少对这个时期卢卡奇的著作进行研究。实际上，正如许多研究者都发现的，卢卡奇作为一位聪颖好学的年轻学者，他对欧洲思想的兴趣十分广泛，并受到许多流行思潮与人物的影响，要详尽地列出一份名单来也并不容易。无论是康德、费希特、黑格尔、马克思、狄尔泰、李凯尔特、西美尔、韦伯，还是艾迪、克尔凯郭尔、陀思妥耶夫斯基、施莱格尔、诺瓦利斯等等都对卢卡奇的思想有这样那样的影响。但是对于习惯于独

---

① ［法］吕西安·戈德曼：《隐蔽的上帝》，蔡鸿滨译，百花文艺出版社1998年版，第29页。

② Michael Lowy, *From Romanticism to Bolshevism*, Translated by Patrick Camiller and Ann Clafferty, London：NLB, 1979, p. 97.

③ Andrew Arato and Paul Breines, *The Young Lukács and the Origins of Western Marxism*, The Seabury Press, 1979, p. 13.

④ M. 布尔：《论卢卡奇》，郭官义译，《哲学译丛》1986年第1期。

立思考的卢卡奇来说，这些资源不过是他反思时代问题——即资本主义社会及其中的人的危机的"跳板"。

1. 卢卡奇与浪漫主义

卢卡奇求学于浪漫主义思想长期浸淫的德国，无论是 20 世纪初还是 18 世纪末，浪漫主义思想都对德国哲学的发展产生了重要的影响。柏林曾给予浪漫主义这样的评价："浪漫主义的重要性在于它是近代史上规模最大的一场运动，改变了西方世界的生活和思想。对我而言，它是发生在西方意识领域里最伟大的一次转折。发生在十九、二十世纪历史过程中的其他转折都不及浪漫主义重要，而且它们都受到浪漫主义深刻的影响。"① 他给予浪漫主义如此高的赞誉是因为浪漫主义为反对资本主义所带来的唯理性主义、个性缺失、价值沦丧，提倡发展全面的人所作的突出的贡献。无论柏林对浪漫主义改变了世界哲学的评判是否公允，浪漫主义确实对欧洲哲学带来了巨大的影响。浪漫主义思想自德国早期浪漫派诗歌产生重要影响之后，对尼采和叔本华的唯意志论，柏格森的生命哲学，文德尔班、西美尔等人的新康德主义的产生均有重要意义。并且，这些哲学因为都具有浪漫主义的因素又在发展过程中相互影响。所以，分析卢卡奇对浪漫主义的态度有助于我们理解卢卡奇此时的哲学思想。

在《从浪漫主义到布尔什维克主义》中，罗伊考察了卢卡奇的时代中，德国知识界和匈牙利知识界对资本主义社会状况的反叛，认为卢卡奇身处这样一个潮流中，既受到德国知识分子的悲观主义的影响，认为资本主义的进程是不可逆转的，也受到匈牙利知识分子的保守的、封建资本主义社会的影响，将二者结合成了激进的意识形态混合物。卢卡奇此时的美学作品充斥着对资本主义的伦理—文化的反抗。② 古德曼认为，卢卡奇是第一批揭露西方社会危机的知识分子，认识到在其坚固的外表下，资本主义的致命危机。③ 不过，罗伊认为，相反的说法才是事实：这个令卢卡奇深恶痛绝的资本主义社会的坚不可摧使他感到绝望，在这

---

① ［英］以赛亚·柏林：《浪漫主义的根源》，吕梁等译，译林出版社 2008 年版，第 9—10 页。

② Andrew Arato and Paul Breines, *The Young Lukács and the Origins of Western Marxism*, The Seabury Press, 1979, p. 97.

③ L. Goldmann, "The Early Writings of Georg Lukács", *TriQuarterly*, No. 9, p. 170（spring 1967）.

个社会中，不可能认识到绝对。真实的价值与不真实的世界之间的冲突
是悲剧性的、不可解决的，因为卢卡奇看不到任何社会力量能够改变世
界并实现这些价值。在1911年他写给恩斯特的信中可以看出卢卡奇的唯
心主义："回到你本身中去！外在是不可能被改变的。从可能的地方创
造新的世界吧！……你只能在精神中行动。"① 所以，罗伊在这个层面上
将卢卡奇定性为浪漫主义者：他只是在精神上对资本主义进行道德抗议，
却无心也无力改变这个令他沮丧的现实。卢卡奇当然是20世纪初对资本
主义进行反思的欧洲思想家之一，但是，与韦伯、西美尔等人不同的是，
卢卡奇从始至终都在进行着抗争。无论是塔利亚剧团用先锋剧启蒙匈牙
利民众的尝试，还是在《现代戏剧发展史》《心灵与形式》中对"文化
是否可能"这个问题的追问，其实都表达出了对新社会的向往。《审美
文化》是与《心灵与形式》同时进行写作的作品。正如罗伊所说，《心
灵与形式》中，卢卡奇品评的对象多是浪漫派作家，不过，结合《审美
文化》就可以看出，这些浪漫派作家正是他所批评的"唯美主义者"，
他们对资本主义的反思与反抗恰恰形成了资本主义社会中唯一可能的文
化：审美文化。而审美文化在卢卡奇看来根本就达不成文化沟通有限与
无限、统一主体与客体的任务。只不过在《审美文化》中，卢卡奇的立
论是直接的，而《心灵与形式》是通过分析具体作品而间接得出结论。
从这个角度看，《审美文化》可以作为《心灵与形式》的导言。卢卡奇
对资本主义社会种种反人性的现象深恶痛绝，他认为这是个最坏的时代，
没什么时代比资本主义时期更加"没有灵魂"。一方面，卢卡奇认同浪
漫主义批判资本主义的主题，不过，另一方面，卢卡奇对浪漫主义的幼
稚性、消极性和利己主义都进行了批评。

（1）卢卡奇与浪漫主义分享的理论主题——反对资本主义。

卢卡奇同浪漫主义分享了同一个理论主题，就是反对资本主义及其
对人造成的损害。曾写作《现代戏剧发展史》的卢卡奇可以毫不费力地
认识到，理性主义是资产阶级对自己阶级状况的自觉。18世纪是法国资
产阶级胜利的时代，法国大革命高唱着资本主义胜利的凯歌，法国的机

---

① Andrew Arato and Paul Breines, *The Young Lukács and the Origins of Western Marxism*, The Seabury Press, 1979, p. 109.

械唯物主义正秉承着卢卡奇所说的"嗜血的"理性。那是个理性的时代，狄德罗等人编纂着全世界的知识，伏尔泰向宗教迷信发起一次又一次的攻击，卢梭宣称自己是"日内瓦公民"，数学、物理学、化学、医学、天文学等科学发现震惊着世界。数学家阿朗贝尔写道："人们的思想活跃膨胀，自然就像决堤的河流一样到处流淌。"[1] 理性作为人之为人的依据存在，是高昂的主体性的明证。

18 世纪的德国无论在科技还是经济、政治、文化方面都是极端落后的，法国大革命为他们划亮了黑暗，使他们瞥见了启蒙的曙光。可即使康德、黑格尔这样的大思想家都为大革命摇旗呐喊，正如卢卡奇说的，德国思想界却出现了另类的声音。那时，自然科学咆哮着征服自然，为其代言的经验主义和唯理主义埋头为其寻找智性的基础。同时，标榜自由、民主的法国大革命最后演变成了罗伯茨比尔的残酷暴政。于是，德国早期浪漫派在德国尚未享受到理性带来的社会进步之时，就已经前瞻性地看到了理性的危害：价值的丧失与生命的无所归依。前有法国的卢梭惊呼科技文明可能给人类带来的厄运，后有德国的席勒率先发觉工业文明将人的整体绞碎在了机器的齿轮上。这种认知并不局限于 18 世纪，卢卡奇虽然生活于已经在自然科学方面赶超了欧洲其他发达国家的 20 世纪初的德国，但是在他看来，那个烈火烹油的理性的时代过去了。"理性主义的影响是足够危险和毁灭性的：理性主义至少是在理论上废黜了现存的所有价值。而那些有勇气反对它的人除了原子式的、混沌的情绪反应外，没有什么能指引他们。但是，当康德出场将战争双方都缴了械时，似乎再也没有什么具有给不断增加的混乱的新知识，抑或是新混沌创造秩序的能力。"[2] 这就是尼采在肯定的意义上所说的"上帝已死"，也是韦伯在否定的意义上所说的"诸神之战"。懦弱却又独裁的上帝作为价值的赋予者早已不复存在，不同的价值观群雄逐鹿，却无一能入主中原。这是个混战的年代，是无形式的年代。在卢卡奇看来，混沌是日常生活的特征，而其彼岸世界是价值分级森严的形式的领域。启蒙理性"沉于物，溺于德"，它不仅忽视了价值，甚至消除了一切价值。

---

① ［美］时代生活图书公司编著：《理性时代：法兰西》，王克明译，山东画报出版社 2003 年版，第 103 页。

② Georg Lukács, *Soul and Form*, Translated by Anna Bostock, The MIT Press, 1974, p. 43.

　　这是因为机械唯物主义的因果决定论造成了人的主体性的全面丧失。世界是一只精确的大钟，人不过是千万齿轮上的一支。规律是上帝之手的轻轻一拨，随后世界就在齿轮间的前后相继中自动运转。一切都是确定的，偶然性是不存在的。人类只要拥有精确的科学知识，就能掌握整个世界的运行轨迹。拉普拉斯曾信心满满地说："我们应该将宇宙现在的状态作为先前状态的结果，并作为随后状态的原因。对于给定瞬间，一种能够完全理解自然赋予的一切力量和组成它的存在物各自的情况的理解力——充分扩大到将这些资料进行分析的理解力——它将宇宙的伟大天体的运动和最轻的原子的运动包含在同一个公式中；对此，再也没有任何事物是不确定的，而将来正如过去一样，将显现于眼前。"[①] 对被规定好的人来说，自由是不可能的。因为连人的行动也不过是在外力裹挟中的身不由己。事情降临到人的身上，人们只做被允许做的事情。看似心灵坚强地守住了一隅，实际也不过是斯多葛似地躲进小楼成一统，被逼无奈向内退守，而非向外生发，心灵丧失了创造性的力量。[②]

　　可是，浪漫派不甘心当冰冷规律的提线木偶。世界没有意义，人要自己创造意义，而方法则是"诗化"生活：让生活成为创造统一性、普遍性的诗。"让生活成为诗"，这个口号反映出了浪漫主义哲学深刻的理论问题，那就是生活与诗的矛盾及解决。"诗与生活之间的关系这个大问题，对于它们深刻的不共戴天的矛盾的绝望，对于一种和解的不间断的追求——这就是从狂飙突进时期到浪漫主义结束时期的全部德国文学集团的秘密背景。"[③] 浪漫派认为，现实的生活就是因果规律起决定作用的场所，在其中，没有人能够逃脱被掌控的命运，没有自由可能产生。不过，浪漫派认为，诗歌是创造力的体现，它作为一种文学体裁，是想象力任意驰骋的舞台。诗歌创造出了一个完全不同于现实生活的世界。现实世界是僵死的规律，而诗歌的世界是旖旎的灵动。诗人可以将一切关于脱离束缚的想象或者说幻想投射到诗歌中去。诗同时是情感的表达，

---

　　① ［法］P. S. 拉普拉斯：《关于概率的哲学随笔》，龚光鲁等译，高等教育出版社 2013 年版，第 4 页。

　　② Georg Lukács, *Soul and Form*, Translated by Anna Bostock, The MIT Press, 1974, pp. 65－66.

　　③ ［丹］勃兰兑斯：《十九世纪文学主流》第二分册，刘半农译，人民文学出版社 1981 年，第 37 页。

是理性触及不到的自留地。卢卡奇说，海涅毁掉了诗歌，因为他试图混合知性与情感。① 正因为此，"诗"在浪漫派的语境中远远超出了某种特定的文学体裁的涵义，"诗"对他们来讲正是超越了庸俗无聊的现实世界的彼岸世界。荷尔德林吟出了海德格尔奉若圭臬的名句："人诗意地栖居于这片大地"，诺瓦利斯则道出了浪漫主义诗化生活的志向："浪漫主义的诗是包罗万象的进步的诗。它的使命不仅在于把一切独特的诗的样式重新合并在一起，使诗同哲学和雄辩术沟通起来。……它应当赋予诗以生命力和社会精神，赋予生命和社会以诗的性质。"② 韦伯指认出理性化的过程就是"祛魅"的过程，浪漫派则正相反，他们要让这世界"返魅"。浪漫派并不惧怕类似于迷信或者神秘主义的指责，这对他们来讲恰恰是达到理想世界的手段。同样，卢卡奇也认为，这是个没有灵魂的时代，灵魂只有赋予混沌的生活以形式才能实现自身。"形式是生活最高的审判者。赋形是一种判断力，是伦理；被赋形的一切之中都存在价值判断。"③

（2）卢卡奇对浪漫主义的批判。

卢卡奇的思想同浪漫主义思想存在共性并不是什么惊人的发现，他们英雄所见略同的原因不过是他们生活在同样的社会中，面临着相同的社会问题，而他们察觉了时代的问题并提出了这个问题：这就是资本主义社会造成的人的异化及其解决。没错，卢卡奇在踏入学术界之初就提出了这个问题，不过只有在人们发现《历史与阶级意识》同马克思《1844 年经济学哲学手稿》惊人的巧合之后才受到重视。问题是时代赋予的，而认识问题的方式却是千差万别。即使在《心灵与形式》这个在卢卡奇一生的著述中显得最"浪漫"的作品中，卢卡奇也是反浪漫主义的。这集中体现在《论浪漫派的生活哲学》和《悲剧的形而上学》中。

卢卡奇认识到浪漫主义的世界观就是"泛诗主义"（pan‐poetism）。对浪漫主义者来说，"一切都是诗歌，并且，诗歌是'全一与整一'。……使德国浪漫主义者独特的原因是，他们将诗歌拓展到了整个生活领域：它不抛弃生活，也不是对生活的丰富性的拒绝；浪漫主义似

---

① Georg Lukács, *Soul and Form*, Translated by Anna Bostock, The MIT Press, 1974, p. 77.
② 《古典文艺理论译丛》第二辑，人民文学出版社 1961 年版，第 53 页。
③ Georg Lukács, *Soul and Form*, Translated by Anna Bostock, The MIT Press, 1974, p. 173.

乎提供了一种不抛弃任何东西就得到目标的唯一可能性。浪漫派的目标就是一个在其中人们可以过上真正的生活的世界"①。诗代表了理想的生活，浪漫主义试图"诗化"生活，也就是使现实世界与理想世界合二为一。他们要使诗的自由的创造性充斥到生活的方方面面。浪漫主义不放弃生活中的一切，其沟通有限与无限，创造诗化世界的方法是"想象力"。浪漫派深知，理性只是人类得到知识的手段，而人类的行为主要是源于感性的冲动、激情和想象。理性压抑了人的感觉和欲望，而作为人类感性最高形式的艺术则担负着唤醒我们沉睡的感性的责任。艺术是创造力的体现，创造力来自于瑰丽的想象。想象是德国早期浪漫主义者共同强调的"诗性"功能："诗的表象是想象的游戏"②，"想象已不再仅是一种建立人的艺术世界的特殊的人类活动，它已具有了普遍的形而上学价值"③。可以说，人的感性生命的诗意呈现，人自身生存的诗化，就成了德国早期浪漫派的必然选择。在这个意义上，诗和艺术成为了赋予世界与人生意义的方式。世界的普遍分裂、人生的冲突都因为诗和艺术而得到了审美的解决。

不过，卢卡奇认为浪漫主义必然是失败的，原因是它对同一性的幻想。浪漫主义者希望"成为上帝、成为人、塑造自己"，而这只不过是"关于黄金时代的古老梦幻"。造成浪漫主义的失败原因的就是这个梦幻：在生活中实现诗性的统一。在诗歌中，自然与人是有机的统一的，人与人之间也是可以没有间隙的沟通的。浪漫派企图保留住现实生活中的一切，同时又要在其中实现同诗歌一样有机的统一。而卢卡奇却认为，浪漫派混淆了诗与生活的界限。在诗中，一切当然都是可能的。可是现实生活中，一切的行动都是有限的行动，不可能在不抛弃某些东西的情况下达到目的。不能得到全体的行动也就是没有普遍性的行动。所以在生活中，普遍性是不存在的，统一性当然也不可能。想象这一浪漫主义用来打破机械因果性的人的主体创造性在卢卡奇看来不过是一场美梦。"这就是为什么几乎在不知不觉的情况下，大地从他们的脚下悄悄溜走，

①　Georg Lukács, *Soul and Form*, Translated by Anna Bostock, The MIT Press, 1974, p. 48.

②　[德] 施勒格尔：《雅典娜神殿断片集》，李伯杰译，生活·读书·新知三联书店1996年版，第69页。

③　刘小枫：《诗化哲学》，山东文艺出版社1986年版，第56页。

他们不朽的、强大的造物被逐渐地变成沙堡，并最终消散在稀薄的空气中。同时，前进的梦想也同细雾一样消失了。几年后，他们中几乎没有一个人能够理解其他人的语言。并且，那最深的梦境：对文化到来的希望，也落得同样下场。"①

其次，浪漫派是消极主义的，因为他们企图不抛弃生活的丰富性就得到灵魂丰富性。"浪漫派的生活哲学建基于（即使从不是自觉地）他们消极的生活体验能力上。对他们来说，生存的艺术就是对生活中所有事件都进行由天才实现的自我适应。他们充分利用命运放在他们路上的一切并将其提升到必然性的地位上。他们诗化命运，但是却不塑造或征服它。他们踏上的道路只能导向一切给定事实的有机融合，一个生活图景的美丽的和谐，但是不控制生活。"② 所有东西都具有相同的意义，对卢卡奇来说，为生活赋形就是给生活以意义，这是靠评估事物的价值实现的，而评估靠的是标准和秩序。客观文化能否充实心灵、健全人格就是不二标准。如此来讲，浪漫主义正是没有能力对混沌的生活进行价值高低的划分，牺牲了秩序和行动的可能性。这看似是保留了生活的丰富性，实际上却是消极适应命运，没有塑造生活的动力和能力。

最后，浪漫派是自我主义者。因为他们信奉的哲学是费希特的"自我"，追求的目标是自我实现。"自我，自我，自我，永远是自我；把一切东西都归于自我，而不是归于在这一瞬间我想象的我之外的特定的物。"③ 费希特创造并回归自我的绝对自我成为了实现浪漫派对自由的向往的上帝的角色。而浪漫派诗化的思想是对费希特的主观哲学用属于感觉的形式进行的非哲学的表达。④ "自我"概念是作为抽象的哲学范畴出现在费希特哲学中，但如同直接将生活与诗歌等同一样，浪漫主义者直接将"自我"等同为诗人，认为唯有诗人才有可能成为自我。他们是"他们自己发展的仆人和盲信者，对他们来说，只有对他们的成长有

---

① Georg Lukács, *Soul and Form*, Translated by Anna Bostock, The MIT Press, 1974, p. 50。

② Georg Lukács, *Soul and Form*, Translated by Anna Bostock, The MIT Press, 1974, p. 48.

③ ［德］费希特：《论学者的使命 人的使命》，梁志学等译，商务印书馆1982年版，第75页。

④ 参见［德］黑格尔《哲学史讲演录》第4卷，贺麟等译，商务印书馆1997年版，第335页。

贡献的事物才是重要的、有价值的"①。不过，即使浪漫主义者做的任何
事情都是为了成就自我，他们的自我主义还是具有很浓的社会性倾向。
因为他们追求充分的个性展开的最终目的是促进人类个性的展开，他们
寻求的是从孤独和混乱中自我解放。浪漫派希望通过自己的写作产生出
作者与读者之间的沟通，他们知道缺乏沟通正是他们的时代有个体却没
有发展出文化的原因。他们希望从狭小的、封闭的圈子里发展出这样的
沟通。数年里，他们在自己的圈子内成功了，但是也仅限于此。由于浪
漫主义的同一性幻想与消极主义，从他们的"自我"中只能发展出无数
自我，却不可能发展出"我们"。至此，卢卡奇否定了浪漫主义追求普
遍性、统一性的可能，浪漫主义不可能形塑生活，不可能造就文化。

2. 卢卡奇的"悲剧观"

由于卢卡奇对文化，特别是艺术形式的关注，所以，无论是在《现
代戏剧发展史》还是《审美文化》和《心灵与形式》中，他关注的多是
浪漫派文学，但是通过卢卡奇对浪漫主义进行的集中的批评可以看出，
卢卡奇不仅仅反对浪漫主义"诗化"生活的企图，他反对一切将生活与
形式，也就是有限与无限统一起来的学说，并将它们统称为"神秘主
义"，以此同自己的"悲剧"区分开来。"悲剧"在卢卡奇思想中具有远
远超出了一种特殊的文学体裁的意义。戈德曼甚至将卢卡奇的思想概括
为一种具有世界观性质的"悲剧观"，并将其视为以理性主义和经验主
义为代表的个人主义与以黑格尔和马克思哲学为代表的辩证思想中间的
思想发展阶段。那么，是什么使"悲剧"具有了如此重要的象征意义？
这就不能不提到尼采的《悲剧的诞生》对卢卡奇的影响。

（1）尼采对悲剧的理解。

尼采认为叔本华正确地揭示了人生的悲剧，即生命在盲目意志支配
下的虚无与无意义，可他不过是在认识论上承认了悲观主义的真理性。
真理是冰冷的、残酷的，正因为认识到了这令人绝望的真理，为了生存，
人才应该献身于艺术。艺术是日神精神与酒神精神的结合，日神精神用
美的面纱遮蔽人生是场悲剧的真面目，而酒神精神却要撕开这温情脉脉
的面纱，揭露人生的真相。日神艺术的代表是史诗与雕塑，它们是在

---

① Georg Lukács, *Soul and Form*, Translated by Anna Bostock, The MIT Press, 1974, p. 48.

"无意志静观中达到的对个体化世界的辩护"①，音乐和悲剧是酒神精神的表达，正是通过个体性的灭亡而不是胜利，悲剧才"用一种形而上的慰藉来解脱我们：不管现象如何变化，事物基础之中的生命仍是坚不可摧和充满欢乐的"②。个体意志不过是弥漫的世界的生命意志的表现，个体的毁灭是世界生命意志的不可毁灭的象征，对更广阔的生命意志的敬畏使个人与普遍的本体结合起来，从而使人产生出审美快感，进而迸发出生命活力，这就是悲剧"激发、净化、释放"生机的伟大力量。尼采说，正是希腊人的深刻的苦难而不是他们的和谐的生活造就了希腊艺术的辉煌，因为日神精神需要用艺术的幻梦来掩盖酒神精神揭示出的永恒的痛苦，痛苦越深重，就越需要艺术对人进行拯救。这是人的生存的本能要求。尼采以此反对叔本华"消极的虚无主义"，提倡发扬生命意志的"积极的虚无主义"。

可以看出，悲剧在尼采的学说中有形而上学的高度，他将悲剧视为消除个体性、达到普遍性的途径。同时，艺术作为生命的拯救，反对自苏格拉底以来的西方理性主义。尼采认为重视逻辑因果律的理性主义是与作为生命意志的体现的艺术相对立的。苏格拉底的名言是"知识即美德"，这种信念在艺术上由欧里庇德斯的"理解然后美"所呼应。可是，尼采认为，悲剧的灭亡就包含在理性主义的乐观主义之中了。理论家与艺术家一样对眼前的事物感兴趣，他们同样防止了消极的虚无主义，但是，理论家的快感来自于不断地揭露真相的过程，他们重视真理之寻求甚于重视真理本身。在这种执着背后藏着一种深刻的妄念，"思想循着因果律的线索可以直达存在至深的深渊，还认为思想不仅能够认识存在，而且能够修正存在"③。"从苏格拉底开始，概念、判断和推理的逻辑程序就被尊崇为在其他一切能力之上的最高级的活动和最堪赞叹的天赋。甚至最崇高的道德行为，同情、牺牲、英雄主义的冲动，以及被日神的希腊人称作'睿智'的那种难能可贵的灵魂的宁静，在苏格拉底及其志

---

① ［德］尼采：《悲剧的诞生》，周国平译，生活·读书·新知三联书店1986年版，第96页。

② ［德］尼采：《悲剧的诞生》，周国平译，生活·读书·新知三联书店1986年版，第28页。

③ ［德］尼采：《悲剧的诞生》，周国平译，生活·读书·新知三联书店1986年版，第63页。

同道合的现代后继者们看来，都可由知识辩证法推导出来，因而是可以传授的，谁亲身体验到一种苏格拉底式认识的快乐，感觉到这种快乐如何不断扩张以求包容整个现象界，他就必从此觉得，世上没有比实现这种占有、编织牢不可破的知识之网这种欲望更为强烈的求生的刺激了。"① 尼采认为理性就是"概念、判断和推理的逻辑程序"，而理性主义就是运用理性而取得关于现象的知识并将知识的获取视为人生唯一乐趣和意义的执念。理性主义超出认识论的领域而将求知的欲望深入到价值中去，认为"现在道德主角必须是辩证法家，现在在德行与知识、信念与道德之间必须有一种必然和显然的联结……它破坏了悲剧的本质，而悲剧的本质只能被解释为酒神状态的显露和形象化"②。因为在尼采看来，生生不息的意志才是生命的源泉，美的源泉，艺术的一切形式都是为激情的萌发而设。理性认识的真相只能使人悲观绝望，丧失行动的热情，继而厌世，而只有作为一种审美现象，人生和世界才显得是有充足理由的。那些为了道德说教和理论证明而进行的艺术尝试都是自然主义。可艺术并不是为了模仿自然而生的，艺术恰恰是要克服由于对现实的认识而产生出的悲观主义，它是对自然现实的形而上学的补充与征服。

由此，尼采提出了复兴"悲剧的文化观"："这种文化最重要的标志是，智慧取代科学成为最高目的，它不受科学的引诱干扰，以坚定的目光凝视世界的完整图景，以亲切的爱意努力把世界的永恒痛苦当作自己的痛苦来把握。"③ 这也就是悲剧承载的文化意义。卢卡奇吸取了尼采借由悲剧对理性主义和日常现实的批判，他认识到了现实的虚无与无意义，但是依然作为尼采眼中的"屠龙之士"，坚定地寻找完满与普遍性。不过卢卡奇并没有继承叔本华和尼采的唯意志论，他正在寻找一条超越康德哲学的道路，但是尚未得法。

（2）卢卡奇二元论的悲剧观。

在《悲剧的形而上学》中，卢卡奇集中阐释了他的"悲剧观"。篇

---

① ［德］尼采:《悲剧的诞生》，周国平译，生活·读书·新知三联书店1986年版，第65页。

② ［德］尼采:《悲剧的诞生》，周国平译，生活·读书·新知三联书店1986年版，第60—61页。

③ Georg Lukács, *Soul and Form*, Translated by Anna Bostock, The MIT Press, 1974, p. 78.

首卢卡奇就提出了一个令人费解的问题："任何见过上帝的人都要死……但是，被上帝见到的人可以继续活下去么？"[1] 他认为，上帝"不过是个旁观者。他的语言和姿态从不与演员们的语言和姿态混合。他的目光俯视着他们：这就是全部"[2]。实际上，卢卡奇并不是在宗教的意义上使用上帝这个称谓。即使卢卡奇意识到理性主义对价值世界的侵蚀，他也从未诉诸宗教来寻找价值。这与尼采狂言"上帝已死"不无关系。尼采认为，借助宗教来找寻人生意义的人都是弱者。人不是背着罪行的包袱匍匐前进的骆驼，人应该是具有强力意志的雄狮，人自身的力量本身就是人的价值，意识到这一点并充分发挥强力的人才是真正的人，那时，人不借助人以外的任何事物取得生命的能量，人就是人本身。卢卡奇借用了"上帝"这个意向来表征无限。上帝就是期冀而不得，是理念，上帝同时也是有限与无限的统一。

既然如此，同是统一性的达成，上帝同浪漫主义的诗化世界有什么区别？这就要联系卢卡奇对时间的分析来理解统一性。对卢卡奇来说，所有的统一都是神秘的、超越的、外在于时间的。时间的流逝代表的是历史的短暂和偶然。他认为，法国唯物主义信奉的是线性的时间观，这种时间观导致的是运用因果必然性来解释统一，而统一一旦被用理性的范畴肢解，就丧失了其神秘性，成为机械的、琐碎的、臆断的。虽然卢卡奇对浪漫主义进行了细致的批判，但他依然认为浪漫主义毕竟是通向统一性的一种真正的尝试。不过，以浪漫主义为代表的试图直接勾连有限与无限的"神秘主义"终究落得同宗教一样：逆来顺受。这种思想想要将自己无条件地与整体融为一体。神秘主义的自我试图将一切都吸收到自身当中，它就像岩浆一样磨平所到之处的一切事物的特殊性，所以整体在神秘主义中是一块毫无区别的滚石。于是，卢卡奇指出了神秘主义的一个悖论，消除了所有特殊性的自我怎么还能够成其为自我。这一悖论在他看来只能在悲剧中予以解决。

悲剧是人与上帝的不可沟通性。卢卡奇引用易卜生戏剧中的疑问表达了人与上帝不可能同生的思想。见过上帝的人一定会死，同样，没被

---

① Georg Lukács, *Soul and Form*, Translated by Anna Bostock, The MIT Press, 1974, p. 152.

② Georg Lukács, *Soul and Form*, Translated by Anna Bostock, The MIT Press, 1974, p. 152.

上帝看见的人也不能存活。上帝既要存在，却又不能出现，这就是上帝的同时在场与不在场。既然上帝指涉的是无限性，是设定价值标准的理念世界，卢卡奇的意思就是说，现实世界与理念世界是没有交集的。瞥见了理念之光的人不能忍受在黑暗的现实世界中继续苟活，因为现实世界是不堪忍受的庸常、无意义、无灵魂、无自由。可是，如果没有上帝旁观的目光的注视，人也是会死的，这是因为，没有彼岸的理想世界，人是没有超脱现实生活的希望的，人活着同死去没有任何差别。堂吉诃德渴望成为一名骑士，即使这渴望被证明不过是妄想，但是，如果没有这个骑士梦，堂吉诃德就什么都不是。

卢卡奇遵循的是康德的二元论，只不过他将全部注意力都放在了伦理学领域。康德认为，现象界从属于认识领域，受必然性支配，而物自体是道德意志的领域，行使的是自由的道德律令。卢卡奇一直强调，诗歌与论说文的差别就是生活与形式的差别，也就是待赋形物与形式的差别。诗歌同内容紧密相连，它的内容物是生活，而论说文不倚仗内容，虽然它的对象是诗歌等其他文学形式，但是它不直接接触内容，它只对内容的反映进行评价。正因为论说文是纯形式，所以论说文是自为的。这其实也是卢卡奇区分生活与形式本身的凭据。卢卡奇一方面认为生活是被规律控制的，也就是受必然性统治的领域，可同时又认为生活中并不存在什么明晰性与必然性，有的只是偶然性的、无价值的混沌。实际上，必然性有双重含义，一种是与自由对立的，由因果规律主导的必然性；另一种是指由人所赋予的，人能操控的必然性，也就等同于自由。所以，生活指的并不是人的日常实践，而是一切不受人自身所控制的、外在于人的活动，包括人的日常实践，但是不局限于此。心灵指的就是人的创造性和控制力。在古希腊，生活与形式还没有分裂，无论是人的政治活动还是艺术活动等都直接就是有灵魂的。可在资本主义社会，代表着无限性的意义已被从人类世界中剥离出去了，这个世界只剩下有限的理性的算计，没有情感的归宿。那么，一切人类活动就都变成了日常生活。卢卡奇就这样将现象界与物自体分别对应于其思想中的生活与心灵或形式，卢卡奇的理论目标就是使人重获心灵的福泽。

也就是说，在《心灵与形式》中，卢卡奇坚持生活与心灵的二元论，实际上讨论的还是德国哲学一直关注的必然性与自由之间的矛盾，

61

这也是卢卡奇在早期文艺理论中一直强调的问题。卢卡奇在批判浪漫主义时认为，浪漫主义是带有社会性色彩的个人主义，而卢卡奇本人要寻找的是直接具有社会性的个人。他对自由的理解是社会性的，他始终认为只有在社会中，在人与人的沟通中才能达到自由。所以卢卡奇在《审美文化》中明确区分开了个人与个人主义两个概念。在《心灵与形式》中，他沿用了这个划分。从他对浪漫主义的批判中可以清楚地看到卢卡奇对个人主义的失望情绪。他认为，个人主义是资产阶级社会的意识形态。每个人只能喃喃自语，却没有任何人能够理解。个人主义是情绪化的、心理学的，毫无明晰性可言。可是，"通过将这种个人主义发挥到极致，浪漫主义试图获得终极和谐"①。卢卡奇已经反驳了这种做法，浪漫主义的个人主义是虚无。因为浪漫主义是一种宗教式的感觉，它认为一切皆有关联，主体不过是因缘际会，人是万千原因的结果，同时也是万千结果的原因。缘起缘灭，终归于寂。"在这样的世界中，一个人在另一个人的生活中可以有什么意味？无限的多，同时也是无限的少。一个人可以是另一个人的命运，他的催化剂，他的向导，他的再造者和他的毁灭者，不过一切只是徒劳——因为他永不能触及他人。这不是误解的悲剧，不是理解的天然失败的悲剧，也不是按照自己的模样创造一切的灵巧的自我主义者的失败。在这里，理解本身被命运之轮碾碎了。"②人与人之间不存在理解的可能性，"人有理解一切的能力，有用最深的爱和同情来看待发生在他人身上的一切和理解事情发生原因的能力，但是，这样的理解对于真正发生的事情来说是完全无关的，而且这是向来如此。从理解的世界里，你不可能做比环顾四周更多的事。分割了人与人的门永远关闭，心灵没有能量摧毁它。事情发生，我们并不知道原因；即使我们知道，我们依然一无所知。"③

卢卡奇反反复复地重复着这样一个话题，那就是人与人之间的不可沟通性，这也是社会，即统一性不可获取的原因。现实生活中的个人是受必然性支配的，无数个必然性加在一起也不可能形成自由。只有自由的人才能组成社会，形成统一。而自由的人正是卢卡奇说的伟大的个人。卢卡奇

---

① Georg Lukács, *Soul and Form*, Translated by Anna Bostock, The MIT Press, 1974, p. 47.

② Georg Lukács, *Soul and Form*, Translated by Anna Bostock, The MIT Press, 1974, p. 112.

③ Georg Lukács, *Soul and Form*, Translated by Anna Bostock, The MIT Press, 1974, p. 113.

认为悲剧精巧地回答了柏拉图主义的问题，即个别的事物是否具有理念或本质，也就是普遍性。卢卡奇所谓柏拉图主义的问题正是康德试图解决的问题，也是他自己纠结于其中的必然性与自由的关系问题。可是，卢卡奇却给出了似乎自相矛盾的答案：只有发展到极致的个体性才能达到其理念，也就是才能够真正存在。卢卡奇又回到了尼采的超人说。超人认为基督徒是虚弱低能的绵羊，他们在上帝面前都是奴隶，毫无特性，没有生命力。卢卡奇认为，折中了一切的一般性没有自己的色彩和形式，是虚弱和空洞的，不可能成为现实。人人都应该成为独一无二的，只有将人之为人的本质充分发挥出来，人才是真正的人。在《精神的贫困》中，卢卡奇就借因为没能理解女友的痛苦而认为自己就是女友自杀元凶的男主人公表达出，真正的人不靠语言、理性来相互理解，真正的人直接就是他人，他靠成为个人来达到类的本质，他不发一言就洞穿同类的心扉。

三　以新康德主义为基础批判黑格尔哲学

黑格尔哲学解体后，留下的巨大的理论真空被形形色色的非理性主义占据。当时，黑格尔哲学整体上为德国思想界所不容，"回到康德去"才是时髦的青年人的选择，老黑格尔以保守、专制的代言人的形象惨遭唾弃。青年卢卡奇的学术思想诞生地是新康德主义盛行的德国，他的老师们都是杰出的新康德主义者，他本人醉心于文艺理论批判工作，是个十足的"文艺青年"。热爱文艺，向往自由，对资本主义社会现状不满，希望靠提升整个社会的文化和道德素养来促进社会文明。表明对黑格尔哲学的态度是当时每一位思想家发展自己理论的第一步。卢卡奇作为年轻有为的新康德主义者，难免也对黑格尔哲学进行了否定。不过，他对黑格尔的批判不超过当时一般新康德主义者的水平：在二元论的基础上，对黑格尔绝对理性体系与个人伦理之间的矛盾表达不满。

（一）在伦理学意义上对黑格尔哲学体系的批判

卢卡奇与新康德主义的西南学派、德国浪漫主义、唯意志主义还有生命哲学等流行于19世纪末20世纪初的德国的诸多理论思潮分享了同一个理论主题，这就是批判资本主义社会中工业文明的急剧膨胀所导致的理性主义的滥觞。黑格尔哲学对他们来说正是理性主义发展到顶峰的标志，所以对黑格尔哲学的批判是他们思想发展的开端。对他们来说，黑格尔的自然哲学是不是非科学的生搬乱造并不关键，他们反对的是黑格尔哲学的理性主义基础，他们希望通过战胜黑格尔来战胜西方整个理性主义文化传统。西美尔认为黑格尔哲学是客观文化的代表，他试图用"心灵"来拯救"精神"，却又认为客观文化脱缰奔驰是历史发展的必然现象。卢卡奇从这样的文化氛围中成长起来，受德国思想界前辈们反理性主义的影响，他对黑格尔哲学的不满是显而易见的。

卢卡奇此时对黑格尔哲学的批判主要集中在伦理学领域，他同克尔凯郭尔等人一样，认为黑格尔构造出来的体系哲学是逻辑自行演化的过程，在逻辑本身环环相扣的自动行进过程中，没有主体的一席之地。人不是体系的创造者，相反，人是这个体系的"狡计"的工具。体系决定了人的行动，它是强制性的规律，它消解了一切人的意志的选择，禁锢了人的自由。并且，虽然黑格尔强调普遍性与特殊性的统一，但是体系的胜利本身就是普遍性的胜利，个体在体系中无足轻重，个性在体系中不可能得到发展。

（二）对克尔凯郭尔"辩证法"的激进化

卢卡奇在本体论上坚持的是康德的二元论，将生活与形式决然分离。这种两个世界的理论也使卢卡奇反对费希特的哲学，并与黑格尔的辩证法背道而驰。卢卡奇批判浪漫主义的同时就批判了其理论来源：费希特哲学。费希特用主体吞噬了客体，浪漫主义用诗化世界磨平了现实世界。他们都先预想出一个理想的世界，在这个世界中现实可以被提升到理想的高度。可卢卡奇认为，想要将万事万物纳入囊中，并认为世上一切都是为了自我实现的学说是一场美丽的幻梦。现实的生活与理想的形式之间的距离是永恒的，这鸿沟不仅是不可能跨越的，也是不应该被跨越的。"悲剧的奇迹得以达成的智慧就是关于界限的智慧。奇迹总是明晰的，但是任何明晰的东西都分开并指向两个方向。每一个结束都同时是到达和停滞、肯定与否定；每一个高潮也同时是顶点与边界，是生命与死亡的交汇。悲剧生活是所有生活中最彻底的排斥这个世界的。这就是边界总是并入死亡的原因。现实的、日常的生活从未达到过边界。它只是将边界视为可怕的、恐怖的、无意义的，突然抓获生命之流的东西。神秘主义越过界限，并使死亡失去所有的现实性。但是对悲剧来说，死亡作为界限本身一直就是永恒的现实，与每一个悲剧事件有不可分离的关联。……生命与死亡之间的界限的经历是心灵对意识或自我意识的觉悟。心灵开始意识到自身正是因为它是有限的。"①卢卡奇认为，我们只能生活在当下的这个世界上，这就是他说上帝只能旁观的原因。只有上帝才是完美的，上帝想要降临人间也要先化为肉身，成为耶稣，就是说，上帝想要活着，也得放弃其完美。在卢卡奇看来，完美就是没有形式，因为完美不可以定义，也没有界限。同样的，心灵如果没有限制的话也就不会获得意识与自我意识。这是卢卡奇对形式的限定：心灵是纯粹的形式，而形式就是价值判断过程。有评判就要有标准，标准就是界限。是这一个，就绝不能是另一个。这就是卢卡奇非此即彼的"辩证法"。

在《形式反对生活的基础》一文中，卢卡奇通过分析克尔凯郭尔的爱情经历揭示了克尔凯郭尔的"辩证法"，即克尔凯郭尔著名作品的题名：非此即彼。克尔凯郭尔十分推崇苏格拉底，因为苏格拉底并不热衷于建构所谓的体系，甚至并不诉诸文字，他同古希腊其他哲学家一样，关注的是生存的问题。并且，苏格拉底是诚实的，他饮鸩而死，并不是因为他无法逃脱，而是因为他作出了选择，并坚持了选择。这就是克尔凯郭尔说的，宁可诚实，不要半心半意。克尔凯郭尔是明确反对黑格尔哲学所代表的理性主义的，他对黑格尔哲学的控诉集中在这个批评中：体系中不存在伦理学。这个批评反复出现在《非此即彼》《恐惧与战栗》和《人生道路诸阶段》等众多作品中。实际上，无论是在《精神现象学》《哲学史讲演录》或是《法哲学原理》中，黑格尔都对伦理学进行了阐述，克尔凯郭尔为什么对这些理论分析视而不见呢？因为克尔凯郭尔关注的是个体的生存问题，他认为，伦理问题就是个体的意志选择，不可能将之建立在理性的基础上。他将生存选择分成三个层次：审美、伦理和宗教。三者之间没有任何的联系，唯一可能的沟通方式就是"飞跃"，就是创造"奇迹"。而奇迹的创造过程不是依靠他称为"客观思

---

① Georg Lukács, *Soul and Form*, Translated by Anna Bostock, The MIT Press, 1974, pp. 160–161.

想"的分析理性，而是依靠个体的自由决断，也就是"主观思想"。选择的过程不允许半心半意，所以必须有所舍弃，这就是非此即彼。生活中，克尔凯郭尔放弃的是与奥尔森的结合，因为婚姻在他的生存哲学中处于伦理的阶段，这个阶段中，有的是人与人之间的不确定的关系，而非宗教阶段中的确定信仰。只有爱一个不可能触及到的对象，这爱才是爱本身，而不是对象化的世俗的情感。所以克尔凯郭尔放弃了有对象的尘世之爱，选择了高不可攀的绝对的爱——即上帝，这就是克尔凯郭尔的"诚实"。也正因为这个选择，他一生都沉浸在痛苦中。可这痛苦正是克尔凯郭尔之为克尔凯郭尔的原因，卢卡奇将他称为"敏感的苏格拉底"，因为他执着于痛苦的感受。他害怕幸福的降临，因为一旦奥尔森的爱给予他幸福，他就会沉陷在伦理层次中，而永远达不到信仰的纯粹领域。这是他不能容忍的。所以，一旦他完成了向上帝的一跃，就再也不会回头。

"这就是克尔凯郭尔的诚实：将一切视为同其他事物决然不同，即体系与生活，人与人，层次与层次。看见生活中的绝对，不带一点妥协。但是，难道将生活看作没有任何妥协，这本身不是一种妥协么？难道对绝对的确认不是对接受一切事物的责任的逃避？难道层次不也是'更高的统一'？难道飞跃不就是一个突然的转变？难道归根结底，严格的区别不是都藏在每一个妥协的背后，藏在其最激烈的否定背后？一个人能诚实地面对生活，同时却又用文学形式对生活事件进行风格化么？"① 出乎意料的是，卢卡奇运用黑格尔的辩证法对克尔凯郭尔的二元论进行了反思。卢卡奇认识到，坚持二元论实际上就是放弃了把握作为一个整体的对立面双方的可能性；克尔凯郭尔认为人生道路上的各个阶段是相互独立的，卢卡奇提出，有没有可能，宗教阶段是审美和伦理阶段的扬弃；克尔凯郭尔认为达到信仰的唯一方式就是飞跃，因为不同阶段之间是没有可沟通的桥梁的，卢卡奇追问道，不连续性是否就是连续性的特殊表现方式，也就是说飞跃是否有可能不过是渐变的一种。由此看来，卢卡奇是十分熟悉黑格尔哲学的，而并不是停留在尼采和克尔凯郭尔等人对黑格尔作为理性主义的体系构造者的指认上。他对矛盾及其统一性的认识实际上已经构成了对二元论的批判，可吊诡的是，即使卢卡奇已经对

---

① Georg Lukács, *Soul and Form*, Translated by Anna Bostock, The MIT Press, 1974, p. 32.

克尔凯郭尔二元论的理论缺陷有所认识，却依然明确选择了二元论的思维方式。正因为如此，他提出了对克尔凯郭尔真正的批评：他还不够诚实。

卢卡奇认为，克尔凯郭尔并没有坚持住自己选择的道路。虽然放弃了生活中一切可以获得快乐的可能性，追求信仰及其必然带来的苦痛，但是克尔凯郭尔却没有放弃在生活中创造意义的企图。这正是克尔凯郭尔的英雄主义，也同时是他的悲剧。卢卡奇激进化了克尔凯郭尔关于"诚实"的态度，所以，即使他明知道二元论在理论上是有缺陷的，仍义无反顾地坚持了生活与心灵的二元论。这正是受到反对理性主义的意志论哲学的影响的结果。生活中的爱是相对的，因为它是可以量化的，可以用是非对错、善恶多寡来衡量。一切皆流，无物常驻。而心灵的世界却必须是恒常的，它无所谓对错，不计较多寡，一切事物都具有质的不同，所以心灵是唯一的真实，是绝对的形而上学。他用克尔凯郭尔的个体性原则批评了黑格尔的理论体系，认为逻辑思维的体系中是没有生命存在的空间的，从生命的角度来看，体系的出发点必然是武断和相对的，它只是一种可能性，却伪装成必然性的样子。相反，只有独立的个体是实在的。主体是真理，个体是真正的人。

第二章　走近黑格尔哲学

　　卢卡奇踏入学术领域之初深受新康德主义哲学的影响，他在此基础上所作的《心灵与形式》可以说是新康德主义的杰出著作，但是不久后，卢卡奇的《小说理论》一书却显示出了极其异质性的因素——黑格尔哲学的痕迹。虽然此时的卢卡奇坚持在艺术领域探讨主体与客体的分离与统一的可能性问题，但是，他从西美尔的"文化悲剧"中得出的悲观的二元论思维逐渐倾向于黑格尔的主客体同一性思想，并同黑格尔一样，将历史性引入美学，探讨艺术形式从史诗到小说的转变与社会历史变化的一致性。这个转变对卢卡奇思想发展的意义非同小可，通过对黑格尔哲学的研究，卢卡奇走上了深入了解马克思主义并成为马克思主义者的道路。

　　卢卡奇与布洛赫结识于西美尔的研讨班。1912年，在布洛赫的劝说下，卢卡奇来到了海登堡，并加入了"韦伯小组"。小组人员组成十分复杂，有卢卡奇、布洛赫、雅斯贝尔斯、G.拉德布鲁赫、F.贡多尔、莱德勒、列维纳等。在这个圈子里，马克思主义被认为是许多流行趋势的一种。尽管如此，马克思主义和工人运动的问题经常被探讨，卢卡奇对怯懦的资产阶级实践和社会民主的机械唯物主义理论的由衷厌恶与此相关。据布洛赫回忆，1913—1914年间，他与卢卡奇两人关系十分密切。卢卡奇对克尔凯郭尔和陀思妥耶夫斯基十分感兴趣，并做了大量的研究，在这个方面，可以说卢卡奇是布洛赫的老师；同时，布洛赫对黑格尔思想有一贯的热情，在新康德主义盛行时期依然坚持学习并积极向卢卡奇传授黑格尔哲学。布洛赫的影响是卢卡奇走近黑格尔的重要因素。

　　卢卡奇此时还经历了第二段恋情。不同于上一次对婚姻的排斥态度，他迅速同来自俄国的叶莲娜组建了家庭。1913年，在朋友巴拉日的介绍下，卢卡奇同叶莲娜在意大利相识。巴拉日对叶莲娜大加赞赏，认为"她是陀思妥耶夫斯基所描写的人物形象中的绝佳典型，甚至于可以认为，一切话语、所有立意和感情都会从陀思妥耶夫斯基那极富幻想的文章中流露出来。她是恐怖主义者。她被捕入狱许多年……她是一位人生悲惨、思想深邃的知识女性"①。卢卡奇在更早些时候就已经向往俄国的文化，对陀思妥耶夫斯基的思想十分着迷，这在《心灵与形式》中已经初露端倪。卢卡奇对叶莲娜产生的感情可以说有相当部分是由于对"东方"思想的兴趣，并且在结识了叶莲娜之后，卢卡奇对俄国思想，甚至俄国政治活动的兴趣也日渐浓厚。

不过这一时期，对卢卡奇的思想影响最剧烈的事件是第一次世界大战。卢卡奇毫不掩饰地多次表达他对这场战争的极深的厌恶之情。第一次世界大战在卢卡奇眼中是"德国战争"，是由一批他本来也跻身其中的德国知识分子所支持的。西美尔、韦伯夫妇、拉斯克等人都是战争的拥趸者，西美尔认为战争是伟大的，"只能靠直觉来理解"，韦伯曾经在研讨会上穿着他的后备队军官制服，而拉斯克直接参军加入了战争，并于1915年死在了战场上。卢卡奇却自始至终坚持自己反资本主义制度的立场，同时反对资本主义必然的表现形式——战争。"'越好，也就越糟。'……中欧列强可能打败俄国，这将导致沙皇统治的垮台，我支持这种结局。但同时也存在着西方国家击败德国的可能性，如果这能够导致霍亨佐伦王朝和哈布斯堡王朝的垮台，我将同样表示支持。但接下来的问题是：谁将把我们从西方文明的奴役中拯救出来。"② 可以看出，卢卡奇期待封建制度的倒塌，但是同时又对用资本主义取代封建主义的这种前景忧心忡忡。如何开启一个全新的世界？这是卢卡奇此时的困惑所在。而他用以解决这个理论困境的手段是对黑格尔哲学特别是美学的学习。

一　研读黑格尔美学

卢卡奇在《小说理论》序言中多次强调自己写作此书的时期"正处

---

① ［日］初见基：《物象化》，范景武译，河北教育出版社2001年版，第148页。
② ［匈］卢卡奇：《卢卡奇早期文选》，张亮等译，南京大学出版社2004年版，第Ⅱ页。

于从康德转向黑格尔的过程中"，并且"已是一位黑格尔主义者了"。①
卢卡奇也说明了将自己的思想如此归类的原因。其一，"本书第一大部
分的大多数段落基本上都采用了黑格尔的理论，例如史诗和戏剧艺术的
总体模式比较、史诗和小说在历史哲学观念上的异同，等等"②。这说明
在观点上，卢卡奇借用了黑格尔《美学》中的诸多范畴及联系。其二，
"美学范畴的历史化或许是黑格尔更重要的一项遗产。在美学领域中，
这是黑格尔复兴所带来的最重要的结果"③。也就是说，卢卡奇借鉴了黑
格尔的辩证法，并将之运用在美学研究的领域。其三，卢卡奇"正在寻
找文学类型的一种普遍辩证法，这是历史地建筑在美学范畴和文学形式
的真实本质基础上的普遍的辩证法"，并"力求在范畴和历史之间，找
到较之于他在黑格尔那里发现的更为紧密的联系；他力图理智地理解变
化中的永恒，理解本质在持久合法性范围中的内在变化"。④ 这也是卢卡
奇所说的他"在本体论的意义上比表现主义使人们更具有批判精神、更
深刻"。由此看来，这一时期，卢卡奇在本体论、方法论和具体观点上
都对黑格尔哲学进行了较系统的学习和探索，在思想上有较大的转变。
"小说形式问题不过是已经破碎的世界的镜像。"⑤ 通过对小说这种艺术
形式进行理论分析，卢卡奇试图剖析的是它所由以产生的资本主义社会，
揭示出这个社会的"破碎"及其必然性，并期望通过探索小说的新形式
来寻找新社会的形成途径。

受尼采的影响，卢卡奇在《心灵与形式》中将悲剧人物的挣扎视为
对普遍性的寻求，但这不过是一种象征性的姿态，是生存意志的本能冲
动。因为他坚持"飞跃"的方法论地位，悲剧始终是分裂的象征。到达
海德堡后，由于同布洛赫的生活与学术交往，卢卡奇开始学习黑格尔哲
学，特别是对黑格尔的美学产生了浓厚的兴趣，这来自于卢卡奇一直以
来对艺术问题的关注。即使在第一次世界大战爆发之际，他面临着是否
要为他深恶痛绝的资本主义势力内斗服役选择的时候，卢卡奇表达内心

①　［匈］卢卡奇：《卢卡奇早期文选》，张亮等译，南京大学出版社2004年版，第 III、VI 页。
②　［匈］卢卡奇：《卢卡奇早期文选》，张亮等译，南京大学出版社2004年版，第 VII 页。
③　［匈］卢卡奇：《卢卡奇早期文选》，张亮等译，南京大学出版社2004年版，第 VII 页。
④　［匈］卢卡奇：《卢卡奇早期文选》，张亮等译，南京大学出版社2004年版，第 VIII 页。
⑤　［匈］卢卡奇：《卢卡奇早期文选》，张亮等译，南京大学出版社2004年版，第 IX 页。

激愤的渠道依然是美学研究。这一时期卢卡奇对黑格尔哲学的研究主要集中在《美学》中。《美学》是由黑格尔的弟子将其1817—1827年间在海德堡大学和柏林大学期间授课的讲稿整理成书后，于1835年出版。《美学》是黑格尔晚年思想成熟时期的作品，他不仅自觉运用自己的辩证法建构体系，而且在第一卷中，还对自己的哲学体系进行了比较系统的介绍。通过对黑格尔美学的研究，卢卡奇大致掌握了黑格尔哲学的全貌。所以，分析黑格尔美学体系可以为我们提供卢卡奇当时所接受的黑格尔哲学的图景。

（一）黑格尔美学体系

黑格尔十分明确地将美学思想放在近代哲学不断寻求普遍性与特殊性、理性与感性、客观与主观、心灵与生活、自由与必然等一系列矛盾的统一过程中来进行历史的考察与分析。种种矛盾的对立与和解的过程是整个黑格尔哲学的研究对象。黑格尔认为，这些对立与矛盾不是思想的臆造或者经院哲学家无聊的把戏，而是千百年来以不同的方式占据人们思想的客观存在。不过，直到近代以来，知性占据了哲学研究和哲学思维的中心，它将这些矛盾推演到极端，"使人成为两栖动物"。一方面是人生活的现实，"人囚禁在寻常现实和尘世的有时间性的生活里，受到需要和穷困的压迫，受到自然的约束，受到自然冲动和情欲的支配和驱遣，纠缠在物质里，在感官欲望和它们的满足里"①。另一方面是人的理想，人想要"把自己提升到永恒的理念，提升到思想和自由的领域；把普遍的法则和定准定为自己的意志，把世界的生动繁荣的现实剥下来，分解成一些抽象的观念；因为心灵只有在虐待自然和剥夺自然的权利中才能维持它自己的权利和价值，他须把从自然方面所受的压迫和暴力去回敬自然"②。黑格尔一方面认识到矛盾在人类历史发展中是客观存在的；另一方面他也认识到，矛盾的激化和彻底的分裂的产生是人类发展到某个阶段后在人的思想中反映出来，也被人的特定时期的思想方式所深化的。黑格尔指出，矛盾双方的极端对立与分裂并不是哲学的终点，

---

① ［德］黑格尔：《美学》第1卷，朱光潜译，商务印书馆1996年版，第70页。
② ［德］黑格尔：《美学》第1卷，朱光潜译，商务印书馆1996年版，第70—71页。

它带来的是对哲学的新的要求，"就是这种矛盾必须解决"。"哲学就应该指出：矛盾的任何一方面，只要还是抽象的片面的，就还不能算真实，但是矛盾两方面本身就已含有解决矛盾的力量。"① 哲学的任务在于考察矛盾的本质，指出解决矛盾的实质：矛盾双方在统一中存在。

同样，上述观点不但标志着一般哲学的觉醒，也标志着艺术的觉醒。黑格尔认为，只有艺术本身认识到其内在必然性在于以自己的方式解决抽象的心灵与自然之间的对立和矛盾的统一，美学才真正开始成为"科学"。

正是在这个原则的指导之下，黑格尔对美进行了界定，这个定义在艺术史上有十分重要的地位。黑格尔认为："美就是理念的感性显现。"② "艺术作品所处的地位是介乎直接的感性事物与观念性的思想之间的。它还不是纯粹的思想，但是尽管它还是感性的，它却不复是单纯的物质存在，象石头、植物和有机生命那样。艺术作品中的感性事物本身就同时是一种观念性的东西，但是它又不象思想的那种观念性，因为它还作为外在事物而呈现出来。"③

黑格尔《美学》一共三卷，洋洋洒洒百余万字，涉及美学的方方面面，包括美学的对象、研究方法，美的定义、自然美和艺术美的区分，艺术创作与鉴赏、艺术发展与艺术分类等等美学的基础与分支问题。它内容庞杂却逻辑清晰，因为整个美学体系都是围绕着上述对美的定义"美是理念的感性显现"而构造的。

黑格尔先从"美的概念"出发，论述作为普遍概念的理念是如何通过否定自己转化为客观存在，接着通过否定之否定达到美的概念与美的实在的统一，从而成为"美的理念"的过程。接着，黑格尔展示了艺术理念脱离创造的主体性，投身到现世界的环节。理念突破逻辑范围，感性地显现在人类的精神史中，经历每一个时代对世界的总的看法的变迁，从而形成不同的艺术类型：象征型、古典型和浪漫型。每一种类型中的艺术形象与理念的结合程度都比前一种要更高。艺术的三种历史类型固然是对艺术理念的具体化，但是黑格尔认为还应该更进一步，探讨具体

---

① ［德］黑格尔：《美学》第 1 卷，朱光潜译，商务印书馆 1996 年版，第 71 页。

② ［德］黑格尔：《美学》第 1 卷，朱光潜译，商务印书馆 1996 年版，第 155 页。

③ ［德］黑格尔：《美学》第 1 卷，朱光潜译，商务印书馆 1996 年版，第 51 页。

的艺术样式或体裁。于是，黑格尔对建筑、雕塑和绘画、音乐与诗歌这些具体的艺术体裁进行了分析，并认为在这些具体的艺术体裁中，理念实现了在现实和历史中的感性显现。

黑格尔这样总结自己的美学理论，"我们用哲学的方法把艺术的美和形象的每一个本质性的特征编成了一种花环。编织这种花环是一个最有价值的事，它使美学成为一门完整的科学。艺术并不是单纯的娱乐、效用或游戏的勾当，而是要把精神从有限世界的内容和形式的束缚中解放出来，要使绝对真理显现和寄托感性现象，总之，要展现真理。这种真理不是自然史（自然科学）所能穷其意蕴的，是只有在世界史里才能展现出来的。这种真理的展现可以形成世界史的最美好的文献，也可以提供最珍贵的报酬，来酬劳追求真理的辛勤劳动。因为这个缘故，我们的研究不能只限于对某些艺术作品的批评或是替艺术创作开出方单。它的唯一的目的就是追溯艺术和美的一切历史发展阶段，从而在思想上掌握和证实艺术和美的基本概念。"① 可见，黑格尔美学是他的哲学思想在艺术领域的运用，它生动地体现了黑格尔唯心主义辩证法，卢卡奇《小说理论》中对小说的发展历程的阐述正来自于此。

（二）黑格尔对传统美学的批判

在对美进行了具体的定义及确定了对美的理解方式的同时，黑格尔也对前人的美学理论进行了分析，并认为自己对美的理解是奠基于这些哲学思想的发展之上的。黑格尔对美学传统的批判集中反映出了黑格尔超越传统主客二分哲学的努力，这使卢卡奇对德国古典哲学的流变具有了更加清晰的认识。

1. 黑格尔认为应该克服康德美学的主观性缺陷

黑格尔基本上肯定了康德对美学的阐述。他首先肯定了康德对矛盾统一的需要有明确的认识与阐释。康德的认识论区分了现象界和物自体，同时也对主体的认识能力进行了细分：感性、知性和理性。人的感性和知性只能通过范畴认识现象界，而物自体作为认识对象是人的认识能力的界限，只能靠比感性和知性更高的认识能力——理性来认识。知性的

---

① ［德］黑格尔：《美学》第 3 卷（下），朱光潜译，商务印书馆 1996 年版，第 335 页。

对象是感性直观，是有限的现象界，而理性的对象是无限的物自体。康德虽然规定了认识的界限，但是却不满足局限于现象界的认识。他提出理性，为的是给感性和知性以导引，寻求人的认识能力的升华。在黑格尔看来，康德的这种做法"要求把知觉、经验、知性的知识追溯到无限者"，是为了表明"理性产生观念"，从而"是一种伟大的说法"①。黑格尔认为康德正确地提出了"对理性本身绝对性的认识"。他认为康德无论在认识论还是伦理学中都以自己认识自己的自我意识作为研究的基础，这是近代哲学的转折点。

不过，同黑格尔对康德哲学一贯的态度一致，他认为，康德美学对于了解艺术美的真实概念是一个出发点，但要为美学奠基，必须克服康德的缺点，我们才能对美学有更高的了解。在黑格尔看来，康德哲学的缺点就是它的主观性。而《判断力批判》中体现出来的主观性正是其他两大批判中存在的主观性发展的必然结果。

首先，黑格尔指出，康德在认识论中，区别了现象界与物自体，这是将主观思维与客观事物视为固定不变的僵死的对立。其认识论的原理都是主观的，将客观事物弃之一边。康德的批判哲学被认为造成了哲学的"哥白尼革命"，并不是因为康德放弃了古典哲学对思想的客观性的要求，主动地去追求感性的特殊性，而是康德把客观性的来源从外在的世界移至内在于人的主体中的范畴。是否有独立于主体的、外在于主体的存在、它如何存在对有限的人类认识来说，是不可思维、不可言说的，这个领域是客观的还是主观的都是不可知的。康德一改素朴实在论独断地指认外在世界的客观性，重新赋予客观性以意义：客观性不是与主体对立的对象天然具备的一切属性，等待着人的认识去与之符合；康德将客观性界定为普遍性、必然性，对一切存在来说，凡具备普遍必然性的，是客观存在。形态各异、变动不居的现象界作为多，是个别的、偶然的领域，符合客观性要求的只能是知性的各范畴，所谓"人为自然立法"。康德的客观性理论试图超越唯理论和经验论的争论，相对于唯理论来说，他赞同人的思维中有先天的范畴存在，但单纯的范畴不是知识，范畴与

---

① ［德］黑格尔：《哲学史讲演录》第 4 卷，贺麟等译，商务印书馆 1983 年版，第 276 页。

感性直观的结合才能形成知识，在知识中，范畴是赋予知识客观性的来源，"直观无概念则盲"；相对于经验论来说，他承认"思想无内容则空"，但是即便感性直观也已经被时空形式中介过了，具备了形式，而不单纯是独立于人的质料了，"我思伴随着我的一切表象"，经验得以形成并具有客观性的条件是主体赋予的。康德的客观性理论为哲学研究开拓了一片全新的领地，为独断论和怀疑论更新自己的理论传统提供了两方面的思路，至今仍对现代哲学提供着思想启发。相对的，正是由于黑格尔对康德开启的客观性理论的批评，黑格尔哲学经常被视为前康德主义的独断论。黑格尔认为，无论康德及其继承者如何估计康德的客观性理论，这种认识论认识的都不是真理，因为真理是概念和客观性的结合、形式和内容的结合，康德充其量只是片面地把握了形式的方面，在这个意义上，黑格尔称康德对"客观"的理解完全是任意的、偶然的意见，"伴随着理性的这种自暴自弃，'真理'概念也跟着丧失了；理性限于仅仅认识主观的真理，仅仅认识现象，仅仅认识某种不符合于事物本身的本性的东西；知识已经堕落为意见"①。

其次，在理论理性中，康德主张建立以先验逻辑为立法准则的认识论，同理，在实践理性中，康德反对以特殊的个人欲望的满足为基础的伦理观，主张建立以普遍的绝对律令为立法准则的道德观。这在黑格尔眼中也是无视感性的客观经验，只重视主体的主观意愿的体现。不仅如此，黑格尔认为康德对待认识论与伦理学的关系的态度也是主观性的。虽然《纯粹理性批判》与《实践理性批判》是康德对两个他认为完全独立的领域的探讨，但是很显然，他认为实践理性高于理论理性。因为理论理性研究的是与对象、感性经验的关系，所以也受到偶然性和特殊性的制约，而实践理性研究的是自由意志，它完全是普遍的、客观的，不受感性制约的。如此，康德试图以判断力统一上述二者的企图也必然会落空，成为一种单纯的"应该"，无限期地推延到未来。他没有把矛盾的和解作为真正的唯一的现实，而是将矛盾的解决视为主观的，故而也没能科学地阐发美的本质。

除了强调美学的客观性外，黑格尔还着重体现美学发展的历史性。

---

① ［德］黑格尔：《黑格尔著作集》第 5 卷，先刚译，人民出版社 2019 年版，第 24 页。

黑格尔认为绝对理性必然实现自身，无论是知性还是判断力都是理性实现的中介，并无所谓的不可逾越的鸿沟，而是紧密联系的，它们都是理性发展的过程，是理性实现的手段。但是它们也并不是没有区别，它们在理性实现过程中处于不同层次的发展阶段，从而也对应于不同的社会历史发展时期。不仅如此，黑格尔认为艺术史的发展不仅有时间上相继的关系，也有逻辑上递进的关系。艺术发展的不同层次是按照"理念的感性显现"的程度来决定的。精神的自发展、自完成是黑格尔整个哲学的规律，同理，艺术理念的生发与完成是艺术史所遵循的规律。如此一来，黑格尔将现象与规律、理论与现实统一了起来，从而实现了历史与逻辑的统一。

2. 黑格尔认为席勒和谢林的美学思想揭示了艺术的真正概念和科学地位

康德美学在黑格尔看来，最大的缺陷就是主观性，不承认主观和客观的统一。他认为康德的认识论是抽象的思考，而康德的伦理学是严酷的为了职责而职责，把情感和感性当作局限性，试图从哲学中予以剔除。席勒被黑格尔视为打破康德二元论，将矛盾双方的统一与和解作为唯一真实来了解的人。席勒认为："美的纯粹理性概念……必须从感性和理性兼而有之的天性的可能性中推论出来，一言以蔽之，美必须表现出它是人的一个必要条件。"① 席勒批判了两种思考美的方式，一种是用"有限的思维功能去仿效无限的自然"，一种是"按照他们的思维法则去限制无限的自然"。第一种人担心美的自由会被理智的知解力所破坏，第二种人担心美的概念的确定性会被浑然不分的感性的统一所剥夺。但是席勒指出，美的自由并非不受法则制约，而是法则间的和谐，美的本质不是主观任意，而是最高的内在必然性的实现；同时，美的确定性并不是要排斥实在，而是要绝对地包括一切实在，所以确定性不是有限，而是无限。②

虽然着墨不多，黑格尔同样也热情洋溢赞美了谢林在美学方面的贡

---

① ［德］弗里德里希·席勒：《审美教育书简》，冯至等译，上海人民出版社2003年版，第84页。

② 参见［德］弗里德里希·席勒《审美教育书简》，冯至等译，上海人民出版社2003年版，第144页。

献。他将谢林的美学称为"绝对观点",从此之后,"人们才开始了解艺术的真正的更高的任务"。① 虽然在美学史上,对谢林的重视程度不及黑格尔,不过,有学者指出:"虽然我们取黑格尔而舍谢林,这一部分是因为谢林的思想在黑格尔的思想中得到了最充分的反映的缘故。"② 在《先验唯心论体系》中,谢林认为在有限的形式中表现无限就是美③,初步表达出了黑格尔"美是理念的感性显现"的萌芽。而谢林在《艺术哲学》中从真善美之间的关系来阐述美的本质,他将艺术视为"绝对"的表现,并认为艺术的一切体裁和门类都是内在相关的整体,是"绝对"发展的不同阶段的思想,他对艺术具体的实现方式的概括都对黑格尔有很大的启发。

不过,黑格尔依然认为谢林美学是有缺陷的。其一,与黑格尔本人系统的美学体系相比,谢林的美学稍显杂乱,没有像黑格尔一样以美的理念为逻辑主线进行体系建构。其二,黑格尔认为谢林的整个同一哲学依然是缺乏辩证思维的,是"黑夜里黑色的牛",对矛盾的分析采取了神秘主义的抽象的和无差别的方式。黑格尔指出谢林用理智直观来进行哲学认识是肤浅的,因为直观是缺乏运动发展的、直接主观的规定,不能构成认识真理的科学工具。谢林虽然认识到只有主观与客观的统一才是真理,"但是他没有把这个观念按一定的逻辑方式加以彻底论证;在谢林那里对立统一是直接的真理"④。其三,谢林赋予了艺术崇高的任务和地位:"艺术是哲学的唯一真实而又永恒的工具和证书,这个证书总是不断重新确证哲学无法从外部表示的东西,即行动和创造中的无意识事物及其与有意识事物的原始同一性。正因为如此,艺术对于哲学家来说就是最崇高的东西,因为艺术好像给哲学家打开了至圣所,在这里,在永恒的、原始的统一中,已经在自然和历史里分离的东西和必须永远在生命、行动与思维里躲避的东西仿佛都燃烧成了一道火焰。"⑤ 对此,黑格尔虽然有很高的评价,但是他不认同谢林把艺术抬高到"最崇高"

---

① [德]黑格尔:《美学》第 1 卷,朱光潜译,商务印书馆 1996 年版,第 84 页。

② [英]鲍桑葵:《美学史》,张今译,广西师范大学出版社 2001 年版,第 269 页。

③ 参见 [德]谢林《先验唯心论体系》,梁志学等译,商务印书馆 2006 年版,第 303 页。

④ [德]黑格尔:《哲学史讲演录》第 4 卷,贺麟等译,商务印书馆 1983 年版,第 354 页。

⑤ [德]谢林:《先验唯心论体系》,梁志学等译,商务印书馆 2006 年版,第 310 页。

的地位。黑格尔认为,艺术确实是绝对精神认识自己的三种方式的一种,但却是最低级的一种。因为毕竟艺术中包含着感性直观,艺术"用感性形式来表现真理,还不是真正适合心灵的表现方式"①。只有以自由思考的最纯粹的知识形式来表达心灵的哲学才是绝对精神最后的完成。

3. 黑格尔对浪漫派美学的批判

黑格尔对康德美学和谢林美学都给出了很高的评价,却唯独对费希特"自我哲学"影响下产生的浪漫派美学进行了严肃的批评。与黑格尔美学发展的最高阶段——浪漫型艺术不同,浪漫派美学被黑格尔称为"滑稽说"。浪漫型艺术指的是理念经历了追求与感性的统一,达成这种统一后,又超越了感性,进一步去追求不依赖感性的、理念的、纯粹的更高层次的自我表达的美学阶段。而浪漫派的"滑稽说"却并不是美学发展的必然阶段,因为浪漫派美学不是理念与感性的统一的任何形式,它不以客观的理念为指导,更将具体化的感性因素抛之脑后。这首先就与浪漫派美学的源头——费希特哲学有关。

黑格尔对费希特哲学进行过细致的分析。他认为:"费希特哲学是康德哲学的完成……他的哲学是以较逻辑的方式阐发出来的。他并没有超出康德哲学的基本观点。"② 黑格尔之所以将费希特哲学视为康德哲学的完成,首先是因为费希特同康德一样,将理念作为哲学的最高原则。"他把自我当做绝对原则,因而必须标明宇宙的一切内容都是自我的产物,而自我同时即是它自身的直接确定性。不过他同样只是对这个原则加以片面性的发挥:自我自始至终是主观的,受一个对立物牵制着的。……费希特哲学的最大优点和重要之点,在于指出了哲学必须是从最高原则出发,从必然性推演出一切规定的科学。其伟大之处在于指出原则的统一性,并试图从其中把意识的整个内容一贯地、科学地发展出来,或者像人们所说的那样,构造整个世界。"③ 不仅如此,黑格尔认为,康德的范畴是用经验的方法罗列起来的,并没有用逻辑的方式加以

---

① [德] 黑格尔:《美学》第 1 卷,朱光潜译,商务印书馆 1996 年版,第 145 页。

② [德] 黑格尔:《哲学史讲演录》第 4 卷,贺麟等译,商务印书馆 1997 年版,第 308 页。

③ [德] 黑格尔:《哲学史讲演录》第 4 卷,贺麟等译,商务印书馆 1997 年版,第 310—311 页。

推演，不具备必然性，黑格尔认为"这实在是一种极其非哲学的、不正当的做法"。相比而言，"康德哲学中缺乏思想性和一贯性的地方使得他的整个系统缺乏思辨的同一性，这一缺点为费希特所克服了。费希特掌握的是绝对的形式，换言之，绝对形式就是绝对的自为存在，绝对的否定性，它不是个别性，而是个别性的概念，因而也就是现实性的概念"①。费希特使哲学达到了这样的高度：第一，哲学不再把绝对本质理解为无区别的、无实在的、无现实性的直接的实体。自我意识在这种直接的实体中得不到自由。因为直接的实体只是关闭在抽象的形而上学思想里的东西，没有生命。第二，自我意识之中的差别是宇宙内一切差别的根源，在自我意识分化的过程中，它必须返回自己，保持绝对的同一。自我意识在把握由自身分化出来的他物的过程中确认自己。这种绝对概念就是自在自为地存在着的无限性。费希特提出了关键的概念："凡是存在在那里的东西，只是存在于自我之内并为自我而存在。"②

　　尽管费希特哲学进一步推进了康德的主体哲学，但是，正因为费希特哲学是康德哲学的"完成"，它才同康德哲学具有相同的缺陷——主观性。费希特哲学没能逃脱康德哲学的二元论的窠臼。黑格尔认为费希特在阐释自我设定非我的过程中是十分出色的，基本上将康德的认识论逻辑表达了出来，但是在本应该突破康德的二元论，走向"非我返回自身"即绝对精神的过程中，他却止步不前了。因为同康德一样，费希特将自我的对立面设定为实践自我的范围，是无限的阻力。同时，自我也只是个别的、现实的自我意识，不可能成为绝对本质。以有限的自我为逻辑出发点的理论推演过程就不能不成为从一个规定到另一个规定的外在的进展，类似于庸俗的目的论，缺乏真实的必然性。这样一来，费希特哲学也同康德的批判一样，没有达到理性的理念，也就是没有达到主体与客体或自我与非我之间真实的统一。而是将最后应该达到的目的地设置成了"应当"，变成了无限的仰望。

　　浪漫派美学同费希特哲学有密切的联系，它的根源是费希特的自我

---

　　① ［德］黑格尔：《哲学史讲演录》第 4 卷，贺麟等译，商务印书馆 1997 年版，第 309 页。

　　② ［德］黑格尔：《哲学史讲演录》第 4 卷，贺麟等译，商务印书馆 1997 年版，第 311 页。

学说，即费希特将完全抽象的形式的自我作为一切知识、理性和认识的绝对原则。从上文的阐述中可以得知，黑格尔是认可费希特将知识建立在绝对自我的基础上的，并认为这是哲学史上的一项创举，为何却又在对浪漫派美学的批判中将这个原则作为靶心进行批判？因为黑格尔并不认为浪漫派美学正确地对待了费希特哲学，而是将它进行了自己的改造，并最终脱离了费希特哲学。浪漫派美学将费希特自我限定、自我发展的自我意识变成了抽象的单纯的同一；将费希特进行的对主观性的突破变成了主观的唯心主义。浪漫派美学放弃了费希特自我哲学所企图寻找的有限性与无限性之间的统一，它的主观性一方面是费希特哲学影响的必然结果，另一方面是自己的主动追求。浪漫派美学之所以被黑格尔称为"滑稽说"或"讽刺说"，是因为它只将主体自身看作是绝对的，将外在的一切东西看成虚幻的、无意义的。它不相信任何客观性、真实性，认为世间没有什么东西是自在自为的有价值的，相反，一切都是主观性的产品，由自我产生，对自我负责。所以外在的东西不是它本身，而是自我的显现。浪漫派美学不仅抽象地对自我进行讨论，更将自我具体化、特殊化为具有生命活动的个体，也就是美的缔造者——艺术家。艺术家就是自我的化身。对艺术家来说，内容无关紧要，创造一切又消灭一切的权力才是达到自由的方式。黑格尔将之视为"神人似的神通广大"。他们嘲笑其他人，将那些认为还存在着值得严肃对待的诸如法律、道德等固定不移的、有约束性和实在价值的东西的人看作是狭隘呆板，没有天赋的凡人。所以他们对自己与外在环境、自己的行动和他人关系都持有滑稽的，也就是孤芳自赏的态度。

由于统一的不可得，费希特将绝对自我推向了矛盾的彼岸，变成了仰望。浪漫派美学更是如此，因为它认为一切本身有真实意蕴的东西都是无聊的，一切客观的自在自为的东西都是虚幻的，它坚持的主体性相应的也只能是空洞的。这空虚的主体性一方面渴望深入了解真实，追求客观性；另一方面却无法摆脱抽象的永远无法得到满足的内心生活，从而患上了"精神上的饥渴症"。

通过对黑格尔美学的分析可以看出，美学是黑格尔哲学的本体论、认识论和方法论统一在具体研究领域的鲜活体现。卢卡奇对美学的学习和研究工作使他不仅接受了黑格尔美学体系的内容，也受到黑格尔整个哲学体系的深入影响。《小说理论》集中反映了卢卡奇的学习成果。其中，卢卡奇不仅继承了黑格尔对艺术历史发展过程的描述，更运用了黑格尔用以进行理论分析的逻辑思路，并且，通过黑格尔对康德、席勒、费希特、谢林等人哲学的分析和批判，卢卡奇对德国哲学有了全新的认识，他不再推崇新康德主义主客分离的二元论哲学，也不再迷恋克尔凯郭尔飞跃现实世界达到奇迹的彼岸的"辩证法"。卢卡奇开始运用黑格尔的历史的、辩证的视角看待现实的资本主义社会及身处其中的人的困境，试图超越浪漫主义对自由与必然的直接的沟通，寻找一条从必然走向自由的现实的道路。

二 《小说理论》的结构

《心灵与形式》中，卢卡奇探讨的是悲剧形式，认为心灵与现实之间的鸿沟是绝对的，所以任何企图弥合二者的举动都被他视为浪漫主义的徒劳的挣扎。他认为，"中介"、阶梯、桥梁，都是不存在的，只有克尔凯郭尔非此即彼的"辩证法"才是可行的，即用意志在心灵与现实之间作出选择，并从现实向心灵奋力一跃才有可能实现二者的沟通，这就是"悲剧的形而上学"。人们对心灵的"渴望"不仅是求之而不得的，并且因此是无意义的。"飞跃"本身就是个奇迹，需要神意。克尔凯郭尔认为人生中最高阶段是宗教阶段，卢卡奇却认为上帝是在与不在的统一，他冷眼旁观人类世界，却永不插手人类事务，也就是说，宗教不能为人提供拯救。只有人的心灵具有终极意义，而到达心灵的途径就是飞离现实，抛弃现实。卢卡奇寻找的是一种摆脱了时间、超越了历史的永恒心灵的本真状态，以此与琐碎的、流逝无常的日常生活分离开。

在《小说理论》中，卢卡奇不再使用"渴望"这个概念，因为他已经不再沉迷于悲剧的二元论，而是"想要越过那距离"。对小说这种文学体裁的研究正体现出了卢卡奇思想的转变。《小说理论》将"超越这个世界"的问题在历史哲学的层次上展现出来。他用以下材料来进行这种历史哲学的探讨：希腊史诗和资本主义史诗的内在结构；两种史诗结构的关系，以及二者同它们的时代的关系；从古代时代到小说的转变。

黑格尔在《美学》中将艺术的发展分成三个阶段：象征型艺术、古典型艺术和浪漫型艺术。其中，浪漫型艺术是理念超越了感性的表达，意图脱离感性现象而以更加纯粹的理念形式来表达精神自身。浪漫型艺术包括绘画、音乐和诗。其中，诗作为以语言为载体的艺术表达方式，是更接近精神的自我表达的。黑格尔进而又以主体与外在环境的关系将诗分为史诗、抒情诗和戏剧三种形式，其中，史诗"提供给意识去领略的是对象本身所处的关系和所经历的事迹。这就是对象所处的情境及其发展的广阔图景，也就是对象处在它们整个客观存在中的状态"①；"史诗以叙事为职责，就须用一件动作（情节）的过程为对象，而这一动作在它的情境和广泛的联系上，须使人认识到它是一件与一个民族和一个时代的本身完整的世界密切相关的意义深远的事迹。所以一种民族精神的全部世界观和客观存在，经过由它本身所对象化成的具体形象，即实际发生的事迹，就形成了正式史诗的内容和形式"②。黑格尔定义了史诗，并指出了史诗的特征和史诗的发展阶段。史诗本身也经历流变，从未成形的史诗到正式史诗，再到田园诗等变种。小说被黑格尔认为是近代市民阶级的史诗，因为它既同史诗一样用叙事表达整个世界，却又完全丧失了产生史诗的那种整一的世界状况。

（一）古希腊世界与史诗

"在那幸福的年代里，星空就是人们能走的和即将要走的路的地图，在星光朗照之下，道路清晰可辨。那时的一切既令人感到新奇，又让人觉得熟悉；既险象环生，却又为他们所掌握。世界虽然广阔无垠，却是他们自己的家园，因为心灵深处燃烧的火焰和头上璀璨之星辰拥有共同的本性。尽管世界与自我、星光与火焰显然彼此不太相同，但却不会永远地形同路人，因为火焰是所有星光的心灵，而所有的火焰也都披上了星光的霓裳。所以，心灵的每个行动都是富有深意的，在这二元性中也都是完满的：对感觉中的意义和对各种感觉而言，它都是完满的；完满是因为心灵行动之时是蛰居不出的；完满是因为心灵的行动在脱离心灵之后，自成一家，并以自己的中心为圆心为自己画了一

---

① ［德］黑格尔：《美学》第 3 卷（下），朱光潜译，商务印书馆 1996 年版，第 102 页。
② ［德］黑格尔：《美学》第 3 卷（下），朱光潜译，商务印书馆 1996 年版，第 107 页。

个封闭的圈。"① 在《小说理论》的开头，卢卡奇用优美瑰丽的言辞向我们描绘了一种"完整的文化"，将存在着这种文化的时代称为"幸福的年代"。之所以这个年代是幸福的，是因为在那个时候，星空虽然高居头上，但是却照亮了人们脚下的路；世界虽然广阔，却是人类自由活动的家园。世界与人、生活与心灵之间存在的是量的差异，而不是质的对立，它们之间是未分化的单纯的统一。卢卡奇为什么要对这样的时代进行高歌呢？因为他要寻找哲学研究的"先验地点"。"哲学——无论是生活形式的哲学，还是决定文学的内容和形式的哲学——总是要表征为'内'与'外'的断裂、自我与世界的本质区别，以及心灵与行为的失调。所以说，幸福的年代是没有哲学的，要不然我们也可以说，这个年代里的每一个人都是哲学家，共同享有每一种哲学都向往的乌托邦宗旨。如果不画出原型地图，人们怎能知道真正哲学的任务是什么呢？假如形式仅仅来自于永恒，且必定被赋予拯救象征符号的形式，假如从心灵之最深处涌出的种种冲动对于这个形式无从知晓，且不知道它们应当怎样相互协调，先验地点这个问题会是什么呢？"② 卢卡奇认为，哲学研究的前提就是内与外，也就是自我与世界的二元性。而我们在对这种二元性进行分析之前，却必须对尚未产生二元分化的原型状态进行考证。因为没有对这种统一性的认识，哲学研究就无法树立起矛盾双方和解的标杆，哲学的任务也就不可能达成。在卢卡奇看来，这个纯真年代就是古希腊时期，这个年代中的艺术的代表就是史诗。

对德国艺术家和哲学家来说，1764 年温克尔曼在《古代艺术史》中塑造出的那个理想化的古希腊艺术世界使他们集体着迷。著名美学史家鲍桑葵指出，温克尔曼对古希腊美学原则的阐发在歌德、席勒、黑格尔和谢林的心脑中是生了根的。温克尔曼根据当时有限的考古发现，设想了古典艺术的最高理想："高贵的单纯，静穆的伟大"，以表示古希腊美学是将模仿自然与发挥创造力的结合，是"完善的美"。温克尔曼对美是多样统一的单纯形式的界定给了黑格尔极大的启发，使黑格尔在《美学》中认为温克尔曼对希腊艺术的理解是研究古典美学的出发点。温克

---

① ［匈］卢卡奇：《卢卡奇早期文选》，张亮等译，南京大学出版社 2004 年版，第 3—4 页。

② ［匈］卢卡奇：《卢卡奇早期文选》，张亮等译，南京大学出版社 2004 年版，第 4 页。

尔曼的艺术史研究不仅导致了18世纪下半期欧洲思想家对古希腊艺术的推崇，古希腊也在哲学研究中成为这样一个神圣的领土：在那里，人是质朴的、完整的，但不是未开化的，人能自由自在地生活并创造出灵活流动的规则，民族信仰与个人信仰尚未分裂，意志与情感也不分彼此。卢卡奇也沉浸在遥远的欧洲的古老家园中，认为希腊世界是完美无缺的，它是一切文化产生的创造性的源泉，因为它是"一个同质的世界"。

总体性这个概念在卢卡奇日后写作的重要著作《历史与阶级意识》中担当着相当重要的理论角色，有比较复杂的理论内涵，也是通过这本书，总体性理论开始在西方马克思主义中广为流传。不过实际上，这个概念卢卡奇在早前的《审美理论》中就提出了，《小说理论》也进行过阐释。不过不同时期卢卡奇对这个概念的理解和运用都有所不同。在《审美理论》中，卢卡奇用总体性概念表达的是资本主义社会中，控制人与人的社会关系的必然性。在这样的资本主义社会所构造的总体性中，人是毫无自由可言的，因为人并不能掌控自己行为的结果，他的行动恰恰不过是必然性的因果链条中的一个环节。这样一来，人就成了自己的活动的看客。而在《小说理论》中，卢卡奇用总体性指涉的是一种理想，是逝去的容纳追忆的范本。卢卡奇认为，总体性是构成个别现象的实在，意味着自身内部的完整性。"完整"有几种含义：一是一切事件都发生在这个总体的内部，总体之外是无，即总体是唯一的；二是总体内的事物没有等级区别，它们浑然未分，不分高下；三是总体内的一切事物都趋向于完美成熟，因为总体内无所谓等级，所以完满指的不是将来比过去更好，而是说每一项事物都服从于自己的"责任"，也就是各司其职，各安其分。从另一个方面也可以说，总体性是无中心、无主体的。总体性只有在这样的情况下才可能存在，那就是内容与形式统一、认识论与伦理学统一、生活与本质统一。希腊世界恰好在卢卡奇眼中是这样一个理想的模型。首先，在希腊世界，人本身是完整的。人的感情与理智是同时起作用的。并且，人存在于坚实的伦理共同体之中，个人与群体没有分裂。在希腊世界中，人不是孤立的存在物，在人与人之间存在的是爱、责任与信仰。"在根本上，他和每一个人物都是相同的；每个人都能理解其他人，因为大家都说同样的语言，每人都依赖其他人，即使是死敌也不例外，因为所有人都向着同样的中心、以同样的方式在

奋进，所有人的运动都在相同的内在本质的存在高度上进行着。"① 人们
生活在自己组建的家庭和国家之中，其中政治法律、宗教信条等社会规
范代表的是人处理人与人之间关系的创造性智慧，它们不是固定僵死的
教条。最后，人的认识与世界是统一的。在希腊世界中，"知识就是美
德，美德就是幸福"，认识没有独立于人的伦理生活的意义，人的心灵
与他的行动没有隔阂，"德行就是关于道路的完美知识"。人们按照心灵
的指引生活，并从对生活的感悟中得出行为的规范。

　　史诗作为一种文学体裁，是遵循事件发展的本来面貌对其进行描述
的客观的创作手法。史诗负责把人物活动及其活动由以生成和发展的客
观契机展示出来。史诗看似结构并不严整，但是其中所描写的一切场景
和行为都与史诗叙述的中心事件有千丝万缕的联系。"史诗为从自身出
发的封闭的生活总体性赋形"②，史诗正是遵循总体性的希腊精神创造出
的表达这种总体性的艺术形式，它表达的是绝对的生活内在性。生活的
内在总体性在史诗这种艺术体裁中的表现就是，史诗是无主体的。首先，
"生活的总体性不允许其内部拥有先验的中心点，而且拒绝它的任何一
个细胞拥有支配它的权利"③，所以，史诗也就不可能拥有先验的中心
点，即主体。史诗中的人物是经验的自我，卢卡奇所说的经验是同概念
相对应的。经验是人作为总体的一员，在总体内部进行的活动，而概念
是总体分裂后主体进行的主观性的活动。为此，经验是"定在"与"应
然"的"无以破坏的结合"。在经验中，作为定在的现实，与作为应然
的理想是统一的。卢卡奇说，只有荷马的史诗才是真正的史诗，因为他
在问题提出之前就给出了问题的答案，这问题就是，"生活如何变为本
质"，荷马的回答却是，生活与本质之间不存在根本性的差别，即使有，
也只不过是经验与经验之间的距离。在史诗中，生活并不凌驾于本质之
上，本质也不独立高居于生活之上，二者不曾分离。在史诗中，现实天
然地趋向理想，理想也天然地寓于现实之中。现实只要坚定地走向理想，
就一定能达到自己的完满性，也就是实现它在史诗中作为总体的一部分

---

① 　［匈］卢卡奇：《卢卡奇早期文选》，张亮等译，南京大学出版社 2004 年版，第 19 页。
② 　［匈］卢卡奇：《卢卡奇早期文选》，张亮等译，南京大学出版社 2004 年版，第 36 页。
③ 　［匈］卢卡奇：《卢卡奇早期文选》，张亮等译，南京大学出版社 2004 年版，第 29—
30 页。

应该到达的既定位置。其次，史诗的无主体性体现在史诗对人物的刻画上。史诗的主人公是经验的人，他的命运是先行被决定并被赋予意义的。总体性包含了他的行动和他行动的环境，所以，他并不是创造总体性的主体，而是总体性的有机组成部分。并且，史诗中表现出的人的性格是丰富的、完整的，随不同的情境而展现。他既是儿子，也是父亲，既当丈夫，又当英雄，他生动地展现出人物生活的多面性，但人物性格的任何一个面向都不占主导地位，人物性格的各个方面融洽自在。

（二）从史诗到小说的理论嬗变

在《美学》中，黑格尔没有对小说这种史诗的变种进行具体的分析。卢卡奇认为，既然小说是史诗在近代市民社会的变种，它就"与今天世界状况本质上是一致的"。通过对小说这种艺术体裁的深入探讨，卢卡奇试图揭示出从史诗到小说这种艺术形式的变迁所反映出的它们由以产生的"历史哲学"的变迁。可以说，卢卡奇是接着黑格尔的思路，完成其未完成的美学理论。

1. 小说的理念

《小说理论》是关于小说的理论探讨，参照黑格尔对美学的分析中先进行美学理念的阐释的逻辑思路，卢卡奇也在创作过程中最先对"文学的理念"进行了分析。他将史诗、悲剧、哲学作为"世界文学的伟大的永恒的典范形式"。黑格尔的美学体系是按照"正—反—合"，即"肯定—否定—再肯定"的逻辑方式对美学发展的不同阶段进行分析的。他遵照理念在感性中实现的程度将浪漫型艺术中的诗又分为史诗、抒情体诗和戏剧体诗，其中悲剧是戏剧的一个剧种，与喜剧和正剧都属于戏剧体诗。

卢卡奇并没有严格遵从黑格尔的这种分类方式，他将史诗、悲剧和哲学作为伟大的文学形式，将在希腊时期产生的三种重要的思想表达方式作为后来者应该效仿的范型提炼了出来。三者共同分享的艺术所得以存在的历史哲学为基础：经验现实与赋形理想之间的统一或者平行关系。三者是时间上相继、逻辑上递进的关系。他们之间变迁的判断依据是生活与本质的关系，或者说现实与应然之间的关系。时间上来说，卢卡奇认为可以作为典范的这三种文学样式都以希腊时期为代表，不过代表的是希腊不同的历史时期，在这一点上，卢卡奇并没有像黑格尔美学那样将艺术的发展阶段同人类社会历史时期关联。

卢卡奇认为，史诗反映的是生活与本质统一的早期的希腊世界（卢卡奇视之为总体性的范本），悲剧反映的是本质与生活分裂，并且凌驾于生活之上的稍晚的希腊时期，而哲学指的是以柏拉图哲学为代表的将史诗与悲剧结合起来的对生活与本质的主体解读。

其中，卢卡奇主要对比了史诗与悲剧。首先，如果也以要解答的问题为契机来对悲剧进行理解的话，悲剧提出的核心问题就是"本质如何变得鲜活"。从这个问题本身就可以看出，只有在本质与生活的统一破碎了之后，本质才需要通过某种方式试图再次向生活靠拢，以获得内容，而非停留在抽象的形式。原本在史诗中体现出来的总体性已经不复存在，生活失了本质的内在性，本质被视为唯一真实的实在。完全背离了生活的本质变成了绝对的先验现实，从而将生活视为非存在，因此，生活甚至丧失了作为本质的反题而存在的地位，被作为应然的本质所毁灭。在生活与本质之间裂开了一道无法跨越的鸿沟。在悲剧中，生活与形式的分裂体现在主体地位的突出上。卢卡奇说："沉重在生活领域（史诗）中是琐碎的，如同轻松在悲剧中是琐碎的一样。"① 沉重意味着内在本质的缺席导致的无希望地纠缠于因果关系的泥淖，意味着人将自己从动物性的感性经验中超拔出来而不得的无能为力。悲剧正是这种沉重。其次，史诗是无主体、无中心的，它的主人公是经验的人；而悲剧的主体是概念的自我，他是本质逃离生活之后的藏身之处。本质只有在与生活一争高下的对抗赛中才显出其意义，所以悲剧中的任务正是将这场对抗视为自己存在的前提和动力。维系着人群的意义，即生活的内在性本质的消失，也就是共同体的消失使得人与人之间依靠爱而维系的相互关系被打破了。人与他人之间失去了内在的联系，每个人都是独立的个人，同时，也是孤独的个人。戏剧的表现形式是对话。史诗中不存在对话，因为史诗中的人物分享着共同的实体——共同体，他们之间相互的理解是自然而然的，即使用的词句不同，但是意义却是自明的。而在悲剧中，因为人群的孤独性，每个人都要追求自己的意义，所以他们的话语本质上是

① ［匈］卢卡奇：《卢卡奇早期文选》，张亮等译，南京大学出版社2004年版，第33页。

不同的，这才使对话成为可能。不过，显而易见，这种对话存在着一个沟通的悖论。每个人都是孤独的自言自语者，他们的对话同时就是独白。因为意义的外在性，人与人产生了沟通的需要，但是又因为意义的非同质性，人们沟通的意愿只能成为泡影。悲剧的主人公注定要离群索居，哪怕他们身处闹市熙攘的人群之中，狂欢也不过是终将散场的落寞。于是悲剧对生活表示失望，因为它曾经在追求意义的信仰的激励下，获得了在黑暗中踽踽独行的力量，最终在路上遇见的也不过是自己。

　　内在性的逝去对艺术产生了重要的影响。艺术再也不可能成为摹本，因为总体性的范本已经破裂了，艺术的描绘对象变成了分裂的世界。不过，卢卡奇在《审美理论》中已经表明了自己对资本主义时期业已产生了孤独的个体之不可沟通的社会状况的前提下，如果仍然追求艺术的临摹性，无疑正中了资本主义的下怀，使得艺术彻底丧失对总体性的表现与追求。对分裂世界的单纯描述的艺术是缺乏反思的，只能成为这个世界的喉舌，而无视分裂或者轻易将分裂抹平、创造出直接的总体性的做法也不过是文过饰非。卢卡奇在《心灵与形式》中重点分析了"悲剧的形而上学"，认为艺术应该担当起为失去了形式的生活赋形的重任，它要使生活重获内在性，从而将生活提高到本质的水平。这就是艺术在已经产生了分裂的世界中所能够产生的最宏伟的目标。悲剧在卢卡奇看来只是对"应然"状态的向往，因为这样的艺术并不表达存在的总体性，而是创造出一个理想中的总体性。这正是悲剧继史诗之后试图完成的任务。卢卡奇提出的作为文学典范形式的哲学指的是柏拉图哲学，他认为柏拉图哲学克服了悲剧中生活与本质的对立，复苏了二者绝对的先验性，但却是在概念层面获得的统一。按照黑格尔美学理论，哲学是超越了整个美学范畴的更高的精神表达方式，而卢卡奇却认为哲学是希腊艺术的最高阶段。

　　黑格尔将小说视为史诗发展到一定阶段后产生的变种，他将小说称作"市民阶级的史诗"，认为小说虽然同史诗在叙事方式上相同，都是表现出整个世界的广大背景及在其中发生的事件和人物性格。不过，史诗得以产生的历史背景已经发生了变化，近代意义上的小说不再幸运地享有史诗时代的总体性环境，所以它本身包含了心灵与生活的冲突，并"力图恢复诗已丧失的权利"。黑格尔认为小说是对现代民族生活和社会生活最好的描述方式，但是作为史诗的一个变种，黑格尔并没有对小说进行深入的分析。

可以说，卢卡奇正是接着黑格尔美学中提及小说的这个部分进行了《小说理论》的创作。那么，小说这种文学体裁在卢卡奇的"艺术理念"的发展过程中究竟占据了什么地位？卢卡奇说："史诗与小说是伟大史诗的两种客体化形式。"① 他用"伟大史诗"这样一个概念将史诗与小说统摄起来。史诗是对客观存在的总体性的描述，而小说却是对已经消失的总体性的招魂。卢卡奇认为，当实体，即内在本质与外在经验之间的和谐或者平行的关系被打破之后，艺术也就没有立足之地了。小说恰是对无家可归的先验表达。希腊世界中，历史与历史哲学是同步的，精神发展到哪一个阶段，相应的某种艺术形式便会产生，当精神失去了存在条件的时候，此种艺术形式便会退场。但是产生小说的时代是后希腊时代，这个时代既不存在史诗时期宏大的总体性，也不存在悲剧时期生活与形式的二元对立。属于小说的是一个破碎的时代，这个时代难以归类，琐碎到卢卡奇将之形容为"一地鸡毛"。

2. 小说的特征

小说"以赋形的方式揭示并构建了隐藏着的生活总体性"②。小说诞生于总体性已经碎裂为无数不可归约的多样性的时代，但是，卢卡奇认为小说依然是史诗的一种变种，原因就是小说具有对总体性的渴望，同悲剧不同的是，小说虽然也患有怀乡病，但是它积极追求总体性。"史诗的写作塑造了生活的外延总体性，而戏剧则塑造了本质的内涵总体性。"③ 史诗的总体性是因为其描写的环境本身具有总体性的特征，以悲剧为代表的戏剧存在的时代已经不具有总体性，但是戏剧却在人物的主体性中塑造了一个完满的总体性，从而将生活整个地从本质中分离出去，将本质凌驾在生活之上。

在黑格尔美学中，承担卢卡奇所说的戏剧这一角色的是抒情诗。黑格尔认为戏剧是对史诗和抒情诗二者的统一。小说在卢卡奇的理论里虽然承载了将生活与本质统一起来的任务，却未像黑格尔美学中的戏剧一

---

① ［匈］卢卡奇：《卢卡奇早期文选》，张亮等译，南京大学出版社 2004 年版，第 32 页。
② ［匈］卢卡奇：《卢卡奇早期文选》，张亮等译，南京大学出版社 2004 年版，第 36 页。
③ ［匈］卢卡奇：《卢卡奇早期文选》，张亮等译，南京大学出版社 2004 年版，第 21 页。

样达成了这项任务。"小说是内在生活的内在价值的历险形式;小说的内容是心灵出发寻找自我的故事,是心灵为接受检验的、而且由此找到其本质的历险故事。"① 小说的主人公是一个"探索者",同史诗的无主体不同,小说的主人公就是小说的主体,一切的活动都是从主体出发。史诗中,主人公也经历漫长的游历,最终找回家乡。但是他们的航程是充满紧张气氛但却有惊无险的,因为他们是在总体性之中穿越。消失了的总体性使得小说的主人公在世上的任何行为都具有冒险的性质,因为他的经验与这个世界的意义是分裂的,所以他的行为的结果也充满了不可预期性。所以,小说描述的不是一个既成的总体,而是一个面向总体探索前进的过程。

小说的主人公是个人。史诗中的英雄严格说来是一个群体,一个民族的化身。他处于一个有机的价值系统中,即使英雄也不过是比其他人高明一点,但是却没有什么质的差别。每一个人都属于民族这个有机统一的整体,这个整体就是人与人、人与群体之间的具体的联系。史诗中的人不可能在自身内部形成自我封闭、自我依赖的个性。但是随着总体性世界的破碎,个人不再同群体直接内在等同,他们从群体中剥离出来,分裂为单个的个体;个体与个体之间失去了联系,每个个体都封闭在自身中,相互间没有沟通的渠道。每个人都踏上了自己的旅程,他们只能寻找自己的目标和道路。在史诗中,每个人都是一个范例,是价值的承载者而非基础。而在小说中,主人公既是理想的承载者也是实现者。

小说时代面对的是由第二自然构成的世界。《小说理论》中卢卡奇提到的第二自然的概念基本相当于《现代戏剧发展史》中他所批判的"客观文化"。客观文化的反题是主观文化,主观文化是人类心灵的所在地,是意义的生发处,是人类创造力的源泉。虽然第二自然对应的是第一自然,二者却同主观文化与客观文化之间的关系不尽相同。卢卡奇所说的第一自然指的是"无声的、彰显的和无感知的"、是"适用于纯粹认识规律的""把安慰带给"人类的自然。卢卡奇将第一自然分为规律的自然和情感的自然,实际上同康德哲学的"现象界"类似。相应的,

---

① [匈]卢卡奇:《卢卡奇早期文选》,张亮等译,南京大学出版社2004年版,第62页。

第二自然对应的应该是"物自体"这个概念。物自体作为康德哲学中的最重要的悬设，是知性能力有效性得以成立的统摄性原理，也是道德理性能够行使的内在支撑。这样看来，主观文化在西美尔等人的哲学中扮演的正是"物自体"的角色。而第二自然同客观文化类似，被卢卡奇称为"死去多时的内心的陈尸所"，"它表明：人们自己创造的环境不再是一座可以安居乐业的祖宅，而是一座牢狱"。①

卢卡奇从西美尔和韦伯等人的现代性批判中借用了"铁笼"这种比喻的手法，将人创造出来的客观世界视为远离了人的心灵的冰冷的必然性，是奴役人的牢笼。如果卢卡奇在写作《小说理论》的过程中自觉地将第二自然作为统摄第一自然的"物自体"来运用的话，卢卡奇就已经接近于提出了"物化"理论。可以说，《小说理论》中，卢卡奇确实认为近代——也就是资本主义时代中人们所处的世界就是第二自然，并且，第二自然是人类不可认识的，同时又用无形的必然性统治着人类。不过《小说理论》中的理论分析十分零散，并不系统，只能说卢卡奇在书中初步表现出了对物化问题的思考。

3. 小说的表现手法——反讽

"主体性的自我认识及其扬弃，被最早的小说家、早期浪漫主义美学家称作反讽。作为小说形式的一种正式的构成因素，这意味着标准的创作主体的内部分裂向着作为内在性的主体性——这个主体性反对与其异在的力量联合体，努力在异在的世界上留下其渴望内容的印记——的转化，和一种看穿了抽象也看穿了彼此的主客体世界的局限性、通过把它们的局限看作它们存在的必要条件而理解了这些世界、通过对它们的洞识而承认了世界的二元性存在的主体性。"② 卢卡奇将反讽视为小说创作的方法，并给予其超过了方法论的地位。

"反讽"是西方美学史上使用较多的概念之一，它源自希腊语，意为"佯作无知者"，指古希腊戏剧中的一种角色类型，他明明知道事物的真相，却有意在自以为是的对手面前装作一无所知，首先接受对方的结论，但又在对话中通过诘问引导对方逐步得出相反的结论，从而驳倒

---

① ［匈］卢卡奇：《卢卡奇早期文选》，张亮等译，南京大学出版社2004年版，第40页。
② ［匈］卢卡奇：《卢卡奇早期文选》，张亮等译，南京大学出版社2004年版，第49页。

对方，使对手服输。苏格拉底在同他人的对话中屡屡使用反讽的手法，使人们通过自我反思廓清认识，因此他称自己为"精神助产士"。

不过，罗马时期之后，反讽被仅仅作为一种修辞学，是一种辩论时所运用的语言策略，意为嘲弄、讽刺、言此意彼等。18—19世纪，浪漫主义思潮自觉地认识到了反讽问题，弗·施莱格尔就专门研究过"反讽"，他将反讽上升到哲学的高度，"哲学是反讽真正的故乡，人们应当把反讽定义为逻辑的美"①。他将反讽视为自我的有限性与无限性、把握绝对的必要性与不可能性之间的矛盾。施莱格尔的反讽学说主要来自于费希特的自我哲学。费希特认为绝对的自我为了证明自己所以设定了一个经验的自我作为阻力而存在，正是在克服这个阻力的过程中，绝对自我发展了自己设定一切、创造一切的无限的能动性。不过，无论费希特是如何试图将无限的设定的绝对自我与有限的被设定的经验自我视为同一个我，有限与无限、绝对与经验之间的矛盾依旧没有解决。施莱格尔试图解决这个分裂，他认为，既然无限自我是作为绝对自我的阻力而存在的，这就违背了绝对自我的无限性。只有通过不断地界定经验自我，并超越经验自我，有限自我才能不断地接近无限自我。由此，施莱格尔提出了"生成着的无限"，即无限在未达到完满之时就仍还是有限，有限在生成、流动的过程中亦包含着有限。反讽是"自我创造和自我毁灭的经常的交替"②。

黑格尔将浪漫主义反讽同费希特哲学一同视为纯粹主观性的哲学，并在《哲学史讲演录》和《美学》等著作中均给予了严肃的批评。他认为苏格拉底的反讽与浪漫主义的反讽是完全不同的。苏格拉底的反讽是教人认清"思维的人是万物的尺度"的手段，是将精神作为人的内在的反思提出来的创举。黑格尔将苏格拉底的反讽称作"主观形式的辩证法，是社交的谦虚方式；辩证法是事物的本质，而讽刺是人对人的特殊往来方式"③。他认为反讽是苏格拉底为了引导他人得到真理而使用的将

① ［德］施莱格尔：《浪漫派风格——施莱格尔批评文集》，李伯杰译，华夏出版社2005年版，第49页。
② ［德］施莱格尔：《浪漫派风格——施莱格尔批评文集》，李伯杰译，华夏出版社2005年版，第65页。
③ ［德］黑格尔：《哲学史讲演录》第2卷，贺麟等译，商务印书馆2019年版，第56页。

抽象观念在对话中进行具体化的方式。苏格拉底在获得真理的过程中不断地使抽象观念具体化，使抽象观念得到发展。因为不同的人在对话之初并没有形成对讨论对象的规定性，如果没有普遍的人所公认的规定作为争辩的前提，那么讨论的结果必将是毫无所得。这个对抽象观念进行解释的过程是在苏格拉底高超的与人交往的能力中实现的，这个能力就是运用反讽的技巧：佯装无知，然后引导他人逐步将论题的本质展开。黑格尔说，辩证法是事物的本质，对话的目的就是认识这个本质，对话运用的方法就是反讽这个主观形式。苏格拉底的对话一方面是使抽象问题具体化，另一方面是使特殊问题普遍化。他认为问题的答案就是存在于我们意识中的某种普遍的东西，而不是外在的偶然性的产物。作为"主观性的辩证法"，苏格拉底分析淹没在素材中的普遍性，将之揭示出来，从而使人认识一个普遍的规定。但"在我们现代，已经不容许这种讽刺流行了"。黑格尔认为浪漫主义歪曲了反讽的意义，"苏格拉底的讽刺是与我们现代的这种讽刺大相径庭的；讽刺在他以及柏拉图那里，有着有限制的意义。苏格拉底的一定意义的讽刺，是一种谈话的方式，一种愉快的社交，而不能被了解为那种纯粹的否定，那种否定的态度，——既不是嘲笑，也不是伪善，而嘲笑与伪善不过是对理念开玩笑"①。浪漫主义的反讽是空虚的主观性的体现，是对一切有价值事物的嘲弄和"开玩笑"。

这之后，克尔凯郭尔在其博士论文《论反讽概念——以苏格拉底为主线》中，集中探讨了苏格拉底以来反讽概念的变迁，基本上延续了黑格尔对费希特和浪漫主义反讽的态度，不过克尔凯郭尔的分析更加深入细致。他认为黑格尔对反讽的理解是极确切的，"所有的辩证法都承认人所承认的东西，好像真是如此似的，然后让它的内部解体自行发展，——这可说是世界的普遍讽刺"②。克尔凯郭尔认为每个历史现实都是理念现实化的一个环节，在其自身中已经包含着否定性。克尔凯郭尔运用了黑格尔哲学的语言，将反讽称为"无限绝对的否定性"："它是否定性，因为它除否定之外，一无所为；它是无限的，因为它不是否定这

---

① ［德］黑格尔：《哲学史讲演录》第 2 卷，贺麟等译，商务印书馆 2019 年版，第 60 页。
② ［德］黑格尔：《哲学史讲演录》第 2 卷，贺麟等译，商务印书馆 2019 年版，第 58 页。

个或那个现象；它是绝对的，因为它借助于一种更高的事物进行否定，但这个更高的事物其实并非更高的事物。……这就是反讽。"① 反讽的唯一任务就是否定，摧毁阻碍未来生成的现状；反讽否定的是现实的总体性；反讽不满足于现存，意图向高于现存的方向发展。克尔凯郭尔也明确地提出了反讽的两个规定，第一，现象不是本质，而是和本质相反；第二，主体是消极自由的。第一个规定是对反讽的最恰当的概括，"正话反说"的原因并不是故意嘲弄，而是因为现象与本质之间存在着深刻的矛盾。主体通过反讽将自己从现象中解脱出来，不断地朝向本质迈进。第二个规定正是反讽的效能，它使得主体不束缚于以语言为代表的现象，从而享有自由。

不过，克尔凯郭尔对黑格尔的某些结论并不认同。黑格尔认为苏格拉底是道德的创始人，克尔凯郭尔对此提出了质疑，他认为，苏格拉底并未达到善的观念，他只是"不停的迈进"，"正因为他只向此迈进，只把自在自为的东西当作无限的抽象物，他所具有的绝对物的形式也就是虚无。通过绝对物，实在性变成了虚无，可绝对物也是个虚无"。② 虽然克尔凯郭尔认为苏格拉底是提出反讽的第一人，但他同时意识到，苏格拉底的反讽也有陷入空虚的危险。"反讽既可能是健康的，又可能是病态的。如果它能把灵魂从相对的东西的蛊惑之中拯救出来的话，那么它就是健康的。然而如果它只能以虚无的形式来承受绝对的东西的话，那么它就是病态的。"③ 反讽如果想要达到现实性，也就是与历史结合，就必须有所限定，不能如脱缰野马，肆意纵横。反讽的作用是铲除耕地里的杂草，这是它的否定性大显身手的地方。它只是道路，而不是真理。掌握了它也只是为掌握真理开辟了方向，并不意味着获得了最终的结果。克尔凯郭尔将反讽同实践结合起来，通过分析社会历史发展的规律来理解反讽的意义。他认为，在每个历史转折点上，必将有两个方面的运动。一方面是新事物必然出现，另一方面是旧事物的必然灭亡。面对这个转

---

① ［丹］克尔凯郭尔：《论反讽概念》，汤晨溪译，中国社会科学出版社 2005 年版，第225 页。

② ［丹］克尔凯郭尔：《论反讽概念》，汤晨溪译，中国社会科学出版社 2005 年版，第202 页。

③ ［丹］克尔凯郭尔：《论反讽概念》，汤晨溪译，中国社会科学出版社 2005 年版，第63 页。

折，出现了两种人：一种是预言家，他隐隐约约地听见了未来的召唤，因此他不再为现存效力，但也并不反抗现实；第二种人就是反讽的主体，他们并不知道未来的模样，但是却意识到现实碍手碍脚，必须予以摧毁。他们是悲剧性的英雄。

在《小说理论》中，卢卡奇运用的正是受黑格尔极大影响的克尔凯郭尔的这种反讽的观念。一方面，卢卡奇认识到，反讽不仅是一种修辞方式，也不是一种肆意妄为的主观任性，反讽是为了揭示事物本质而运用的方法；另一方面，卢卡奇掌握了这种方法实施的具体过程，现象与本质是分离的，反讽需要做的就是认清现实是本质到来的阻力，它要不懈地摧毁现实，为本质的实现奠定道路。反讽就是这样否定性的力量，它同时也是悲剧性的，因为它悬在现实与理想中间，永远都在寻找却无处停留。

小说面临的世界是异质离散的，世界的偶然性使得小说的人物也不再是完整的英雄，而是成问题的个人。小说明知道它进行描述的这个世界和它的主人公都是支离破碎的，但是，它坚持将这种分裂用看似有机的一个人物的传记形式统一起来，在对这个人物的冒险过程的叙述中，再揭示出世界的伪有机性，并表达对真正的有机总体的追求。这就是小说的反讽。

首先，小说用反讽的形式表现这个世界的前提是，小说明明白白地知晓存在的现实与应有的理想之间的鸿沟无以逾越。"当历史哲学的情状已经明确地提出小说的要求的时候，叙事诗的创作就不再可能了。"①卢卡奇一直在阐述为什么史诗必须退场并让位给小说，原因在于对史诗存在的希腊时期来说，历史与对历史的反映，即历史哲学是一致的。卢卡奇用黑格尔的术语说道，精神发展到一定的时刻，某种与之相适应的艺术体裁便会诞生，而当精神继续发展以至于达到下一个阶段之时，这种艺术体裁就失去了存在的土壤，自然而然地就退场了。可是这种关系在希腊以后的时代就不复存在了。有机的历史总体变成了经验的历史总体，艺术体裁与这个总体之间的关系错综复杂，不再简单对应。生活意义的内在性无可挽回地消失了，本质越来越背离生活。

---

① ［匈］卢卡奇：《卢卡奇早期文选》，张亮等译，南京大学出版社2004年版，第45页。

不过，小说却不放弃将内在性重新找回来的渴望。反讽是对现实的铲除，对理想的追逐。"对于传记的中心人物而言，只有他与凌驾于他之上的理想世界的关系才是重要的：但是，这个世界反过来又只有通过这些个体的内心生活及其体验的作用才能实现。"① "存在一个对只与本质事物有关的心灵的本质热望，而不管它来自何方、将引向何处；只有当对家园的渴望如此浓烈，以致心灵必须盲目狂热地踏上似乎通向那里的第一条道路的时候，这才有心灵的怀乡症；这渴望如此强烈，以致它总是一条路走到黑；对这样的一个心灵，任何道路都指向本质，指向家园，因为对这个心灵来说，它的自我就是它的家园。"② 反讽是绝对的否定性，它依照对远方的理想世界的向往而摒弃现实的生活。卢卡奇研究过悲剧理论，他将悲剧列为经典文学样式。悲剧也是史诗解体之后的产物，它反映的正是现实与理想之间令人绝望的深渊。非此即彼，连克尔凯郭尔的奋力一跃，也无法达成二者在宗教甚至任何领域内的关联。卢卡奇将试图沟通悲剧中的两极的尝试称作架"彩虹"，不过是一个幻想。可是小说与悲剧不同，小说既是史诗的继任者，也是史诗的一个变种。虽然不能像史诗一样天然就具有有机性，但是小说试图通过结构的严整性来弥补这个缺憾。小说在创作过程中十分重视对情节的安排，以便将相互独立的情节统合成一个整体，这涉及小说创造的技巧，如写作一个序言将本应在小说完结时候才能完全揭示出来的主题提前进行解说等。

可是，小说的反讽并没有停留在明知总体性的不可能依然对其进行追求这一重否定性上，小说的否定性不仅是绝对的，而且是无限的。这无限性就体现在反讽不仅揭示了现实的不真实、无本质，同时也揭示了主体对本质的追求的徒劳。小说的主人公费尽心机，在其冒险的整个旅途中坚持高于生活的理想，可是"艺术之外的创作成分是绝对不能被伪饰起来的，哪怕是用以假乱真的方式接近也是不可能的"③。卢卡奇认为，一切艺术都是源于不和谐，小说的不和谐是因为意义在进入内在生活时遭到了拒绝。理想虽然作为生活的内在意义照射进了生活之中，但是，这束光亮的力量过于弱小，并不能穿透现实，不能改变现实。应有

---

① ［匈］卢卡奇：《卢卡奇早期文选》，张亮等译，南京大学出版社 2004 年版，第 52 页。
② ［匈］卢卡奇：《卢卡奇早期文选》，张亮等译，南京大学出版社 2004 年版，第 60 页。
③ ［匈］卢卡奇：《卢卡奇早期文选》，张亮等译，南京大学出版社 2004 年版，第 47 页。

与实有的冲突依然存在，"对意义的惊鸿一瞥就是生活所能提供的最高体验"①。

卢卡奇认识到了小说具有的"危险性"，即它的左右摇摆：要么成为创造性的主观性的伦理，要么成为规范化的客观性伦理。卢卡奇也提出了消除这种危险的方法，那就是有意识地、一以贯之地将这个非总体性的、脆弱的现实表现出来。这需要小说获得一种平衡的"机巧"。"作为形式，小说代表了生成与存在之间的一种不断波动然而又能保持稳定的平衡；作为有关生成的思想，它显然变成了一种状态。于是，小说通过把自己转变为一种规范之生成着的存在而超越了自己。"② 这就是反讽的过程性。卢卡奇说，反讽是主体性的自我认识及其扬弃。在小说的反讽中，并没有最终的和解，因为小说超出了现实的层次，但是又达不到理想的高度。小说造就一个纯粹形式上的总体，同时又认识到自己的创造活动的不足，并在创造、存在、再创造的循环中一直不停地超越自己。它虽然知道对现实的抗争是无用的，但是，另一方面它认识到，放弃抗争是更深的绝望：因为它已经不可能再去适应那个对于理想而言是卑微的现实世界，它不能忍受自己在对抗这样的现实过程中所承受的失败的卑微，不能忍受由于失败而放弃真实心灵的观念存在的这更深层次的也是更卑微的失败。

小说的反讽表明，现实是虚无的，它的胜利永不是最终的胜利，它将不断地受到理念的新的抗争的冲击。小说是这样的一个悖论，意义没有彻底地将自己贯彻到生活中去的力量，理念在现实中不能完全实现，但是，如果没有意义，现实就会土崩瓦解，成为虚无。这就是小说的反讽对二元对立的抗争方式。反讽是对主观性的不断超越，也是对客观现实的不断反抗。在卢卡奇看来，今天的世界状况是连上帝也无法进入的被遗弃状态，在这个世界中，反讽就是人能得到的最高的自由。

4. 小说的类型

卢卡奇在《小说理论》的序言中指出，此书实际上是精神科学的典型产物，他将自己所受的精神科学的影响归结于对"狄尔泰、西美尔、

---

① ［匈］卢卡奇：《卢卡奇早期文选》，张亮等译，南京大学出版社2004年版，第54页。
② ［匈］卢卡奇：《卢卡奇早期文选》，张亮等译，南京大学出版社2004年版，第48页。

韦伯"的学习。卢卡奇认为精神科学所运用的方法就是，"仅仅借助一个学派、一个时代等等——在绝大多数场合只是被直觉地把握到的——几个特性，就形成一般综合概念体系，然后通过推论进行由普遍向个别现象分析的过渡，并以此达到我们所说的全面的观点"①。实际上，精神哲学并不仅仅是一种运用"任意的综合方法"对事物进行总结的理论。卢卡奇对精神科学的借鉴也并不局限在方法论层面。

狄尔泰是"精神科学"的提出者，他用这个术语归纳与自然科学不同的另一种科学。"精神"一方面指的是人的逻辑推理能力、抽象思维能力，另一方面指的是这种能力的客观化，所以，精神科学可以归纳为研究人的精神能力及其产物的学问。精神的产物在狄尔泰看来主要形成的是社会和历史领域中的种种学科，包括心理学、历史学、社会学、政治学、教育学、美学、哲学等等人文学科，这些学科都是以"体验"为基础的。体验是人的内在经验，人对外在的感性经验并没有确定性，但是对内在的意识、感受、意志却有着直接的、个体的感知力和确定性。这种因人而异的个体体验是精神科学形成的动力，也是理解精神科学的方法。不过，尽管狄尔泰认为体验是具有个体性的，由此形成的世界观也是多样的，但他并不放弃对体验的普遍性的探索。他试图通过建立一种世界观的类型学来消解普遍有效性的要求和世界观的多样性之间的矛盾。狄尔泰认为，不同的世界观之间存在着共同性。这共同性来自于人的心灵上的结构关联。世界观都来自生活环境和生活经验，是由一组人们信以为真或知道确实如此的有关世界的基本观点组成的。世界观形成人们对生活进行估价的基础，产生一定的理念和规范，指导人们的行为。狄尔泰划分了三种类型的世界观：宗教的、艺术的和形而上学的。其一，宗教的世界观体现的是人将某种超越人的认知能力的神秘的造物主当作人的生活的主宰的观念。其二，艺术的世界观，特别是以史诗为代表的艺术表现方式，体现的是人用诗意的想象的方式赋予生活经验以意义的观念。其三，形而上学的世界观体现的是为人生提供普遍有效的意义的尝试。狄尔泰在形而上学的世界观中又区分了三种类型。分别是自然主义的世界观、自由的唯心主义和客观的唯心主义。其中，唯物主义是第

---

① ［匈］卢卡奇：《卢卡奇早期文选》，张亮等译，南京大学出版社 2004 年版，第 IV 页。

一种世界观的代表，柏拉图、亚里士多德、康德和费希特属于第二种世界观的代表，斯宾诺莎、黑格尔则代表了第三种形而上学的世界观。借助类型学，狄尔泰将人对这个世界不同的体验方式概括出来。

　　狄尔泰的精神科学突出它与自然科学的对峙，目的是反对当时流行的实证主义用理解自然的自然科学方法对具有社会性和历史性的人类进行机械的研究的趋势。精神科学与自然科学分享了共同的理论主题，就是反对思辨形而上学的强制性。不同的是，自然科学用实证的方法，通过对经验现象的总结与归纳找出事物间的普遍联系，精神科学却不同意实证主义只以感觉经验为基础研究科学的做法。狄尔泰认为，想要使精神科学成为科学，就不能不从经验出发，但是，人的经验应该是全面的，包括知、情、意等各种体验。这些体验是以人的内在经验为依据的。不过，反对自然科学不意味着精神科学就陷入了历史主义的主观性和相对性中，狄尔泰强调体验尽管是个体性质的，依然也是具有共同性的，因为人是生活在共同体中的，社会生活决定了不同个人的世界观具有普遍性。所以，狄尔泰以精神科学为依托，对思辨哲学、实证主义和历史主义都做了批评，并试图找到研究人的生活的正确的方法。

　　狄尔泰的精神科学同西美尔等人的新康德主义在很多方面有共同点：它们都源自于对思辨形而上学体系和自然科学共同具有的机械的、非人性的特点的批评；都突出人的多方面的特性，认为人不是单面的逻辑思维或者单纯的感性体验；都将研究的重心放在价值领域，即他们认为是人的生存领域的社会与历史中。卢卡奇一直以来对美学的浓厚兴趣正是受这股反对冰冷的理性的潮流的影响。《小说理论》从选材来说，择取的是艺术领域中卢卡奇本人认为最能体现当时社会现状的小说来进行研究，正是反映了他对社会发展、对历史进程的关注；在书中，卢卡奇对精神科学十分重视的内在经验的表达载体——时间进行了细致的分析，促进了文艺理论的发展。不过，卢卡奇之所以说《小说理论》是精神科学的典型产物，是因为卢卡奇运用"类型学"对小说进行了分类。

　　卢卡奇认为心灵与现实的不和谐是艺术产生的原因，他按照心灵同外部世界的关系对小说进行了分类。第一种类型是心灵比现实"逼仄"，心灵过窄的意思是说，心灵不满足于自己的世界，它要冲出自身，并将在现实中实现自我，卢卡奇将这种类型的小说称为"抽象的理想主义"。

卢卡奇认为，史诗中促进情节发展的是"神性"，神性代表的是心灵与现实的统一。但是小说中只有比神性力量弱的精灵性，它才是推动小说反讽得以开展的动力。实际上，"精灵性"就是反讽中的否定性力量。这种类型的小说的主人公凭借着征服现实的信念，勇往直前，无视"理想和理念"之间的区别。卢卡奇将在经验现实中不能达成的思想称为理想，那么，抽象的理想主义指的就是狂热的主观性。《堂吉诃德》是这一类型的"唯一重要的客体化"。它表现了在丧失了骑士存在的社会基础的前提下，主人公是怎样凭着自己主观的一腔热血，一次又一次地投入对现实的战斗中，屡败屡战，试图成为征服现实的英雄。卢卡奇这样总结堂吉诃德的悲剧的原因："在永恒的内容和永恒的态度的时代结束之后，它们也失去了自己的意义；时间把永恒抛到了一边。这是内心针对外部生活的下三烂进行的第一次伟大斗争，也是唯一的一次斗争，内心不仅未受玷污地从斗争中走出，而且将其胜利的虽然也是自我讽刺的诗意光环戴在了它屡战屡败的对手的头上。"① 在这类小说中存在的反讽指的是，主人公对现实的每一次表面上的胜利，实际上都是心灵的失败，因为这样的胜利使心灵陷入更深的与本质的异化之中，越来越脱离客观性，不能摆脱幻想的自我。乌托邦正是在抽象的理想主义阶段产生的，"在那里，外部世界必须以理想世界为蓝本重新创造；而在这里，一个在文学作品中自我完善的内心世界则要求外部世界必须为自己提供自我赋形的合适素材"②。

第二种小说类型与第一种相反，在"幻灭的浪漫主义"中，心灵较之生活更"宽广"。宽广的心灵的意思是说，心灵在自身中就能找到一切内在的意义，它不会同抽象的理想主义一样将自己化为行动，而是将自己封闭在自身之中，并得到满足。由第二自然支配的生活是索然无味的必然性王国，卢卡奇称其为"日常生活"。日常生活中是无所谓意义的，一切都是琐碎的、机械的、松散的异质性。心灵认识到自己根本就不可能穿透现实，所以现实才是一盘散沙。于是为了避免失败，心灵索性放弃了塑造外部的赋形行为。心灵认为自我是应然的唯一的源泉，同

---

① ［匈］卢卡奇：《卢卡奇早期文选》，张亮等译，南京大学出版社 2004 年版，第 73 页。
② ［匈］卢卡奇：《卢卡奇早期文选》，张亮等译，南京大学出版社 2004 年版，第 85—86 页。

时也是应然实现的唯一合适的素材。从写作《现代戏剧发展史》开始，卢卡奇就对浪漫主义持一种批判的态度，《小说理论》更不例外。卢卡奇指出，浪漫主义对自我的过分依赖终将成为无节制的幻想。浪漫主义否定了外部的一切意义，认为肯定外在现实只会给那些市侩的没头脑和墨守成规做辩护，以至麻木不仁地满足现状。可是，这种完全否定外部世界同时一味肯定内在心灵的做法导致的是对无形式的、虚荣的自我的轻佻的膜拜。心灵否定了自己改造世界的可能性，看似它主动放弃了赋形活动，实际上它对自己的无能为力也陷入了怀疑和否定。对内在和外在的双重怀疑造成了一种令人沮丧的悲观主义，在这种浪漫主义情绪下书写的正是幻灭小说。福楼拜的《情感教育》被视为幻灭的浪漫主义的经典。书中主人公怀着对一位理想中的女性的坚持，却经历了一次又一次感情的失败。他将一位现实中的女性理想化，之后按照这个理想的影子来衡量在现实中遇见的其他的对象，从而对现实中的爱情感到十分痛苦，不断缩进自己悬空的幻想中。他对理想保持着荒谬的忠诚，用幸福的幻想覆盖了现实世界。最后却只能恪守残缺，寂寞生活下去。这里存在的反讽正是心灵从完全的自我肯定到自我否定的过程。

抽象的理想主义侧重的是纯粹的行动，幻灭的浪漫主义将行动内在化为沉思，第三种小说的类型就是对这二者的综合的尝试。卢卡奇将描写成问题的个人在经验理想引导下与具体的社会现实之间的和解的小说称为"教育小说"。这种小说认为，内心与世界的和解虽然艰难，但却是可以实现的；在艰难的抗争和险象环生的迷途中可以发现一定存在的和解。教育小说在寻找改造世界的期待和世界的接受能力之间的平衡。小说的情节指向一个具体的目标，并且情节的发展中有他人和偶然事件的介入，从而人物性格可以在事件中得到发展。这样的小说对个体来说是一种学习如何在改造现实的理想和现实对理想的接纳程度之间架设桥梁的手段，所以被称为教育小说。教育小说的主人公表现的既不是对现实世界的抗议，也不是对它的附和，而是在对现实的理解的前提下的体验，这个体验力图使理想与现实得到和解。他将理想不能在现实中实现的原因不仅归结为现实缺乏本质，也归结为心灵的虚弱无力。主人公与现实达成和解的方式其实是，现实的归现实，理想的归理想。他必须认清社会现实，不能一切从主观意愿出发，在认识了现实的客观性及现状之后，积极地将现实中可以被改造的部分进行改造，不能或者暂时不可能进行改造的部分予以搁置，对不能改造这一部分的理想而言，不是理想本身有问题，就是理想目前来说还不够有力，那么，理想就要暂时被封闭在内心中。教育小说同理想主义和浪漫主义不同的是，他不将主人公视为单打独斗的个人，而是试图将他放到社会中来理解。卢卡奇将社会视为由不同的职业、阶级和等级等等组成的团体，这个团体不同于史诗时代天然形成的由血缘关系为纽带的群体，也不同于神秘的自我封闭、将自身实体化的社会秩序，而是在人们相互磨合和相互适应中形成的人与人之间有密切联系的集体。在这个集体中，人与人相互扶持，有共同的实现社会发展的目标。在社会中，意义不是从来就有的，也不是虚无的、不存在的，意义是在个性施展中完成的自我的可能性。也就是说，意义既不存在于外在世界，也不内在于心灵当中，它不是固定不变的实体，而是在人与人进行相互作用的社会活动中形成的过程性的存在。歌德的《威廉·麦斯特》的主人公满怀理想、朝气蓬勃，不满于市民阶层的平庸和唯利是图，他在社会中四处游历，不断追求人性的完善和社会的完美。在这种典型的教育小说中，反讽被表达得淋漓尽致。反讽就是否定性，就是不放弃地在理想与现实之间寻找平衡点。

歌德的小说可以说是表现小说的目的和方式的最好的典型。可是在卢卡奇看来，再好的小说也不过是这个"绝对罪恶时代"的艺术表达，停留于小说这种艺术体裁正是社会现实没有发展的表现。小说与史诗的不同源自于小说存在的世界的总体性的缺失，这也恰恰是小说向往超越史诗并重新实现总体性的原因。整个西方的历史发展过程都被卢卡奇看作是资本主义的"罪恶"，第一次世界大战的爆发更加坚定了他对庸俗的资本主义市民社会的厌恶。同叶莲娜的结合使卢卡奇对俄国思想的兴趣日渐浓厚，并认为以俄国为代表的"东方思想"是解决当前资本主义世界困境的方法。他认为俄国尚存在有机的自然和人类的共同体，这一切都是史诗得以存在的条件。托尔斯泰创造了从小说最大限度地向史诗超越的形式。之所以这样说是因为托尔斯泰在他的作品中描绘了伟大时刻的降临。世俗世界是无限的恶循环，在其中发生的一切都是重复的、机械的、无变化的，从而是无意义的、非本质的。生活在世俗世界中的个人的命运被它所裹挟，照样毫无价值。但伟大时刻，通常是死亡的时刻却要跃出这个无意义的世界，脱离整个人的世俗的社会生活。那之后，人是作为人而存在，而不是在世俗社会中因果关系的必然性中孤独的、唯一的、纯粹的抽象的存在。人本身就具有意义，不需要在社会生活中得到的外在联系中确认其本质。可是，托尔斯泰不过是展现了一个新社会的伏笔，他试图更新史诗形式，却依旧没有逃出资本主义社会这个决定了小说的存在基础的历史背景。卢卡奇在书的末尾将陀思妥耶夫斯基作为超越资本主义社会的艺术家，认为只有陀氏才是新社会的代言人，他属于"新世界"。他由于离开了这个罪恶的世界从而为人们提供了新事物降临的希望。为此，他的作品也就不再是小说，也不再是《小说理论》探讨的对象。

（三）对小说世界的超越——卢卡奇的乌托邦建构

在《小说理论》中，为了对抗在他看来极端罪恶的资本主义社会，卢卡奇建构了两种乌托邦的类型。第一个乌托邦就是希腊世界。为了理解和评价现时代，卢卡奇需要一个规范性的原则，一个"人类本质"的范型，即韦伯所说的"理想型"。当同这种范型进行比较之时，现时代会显出其不足。希腊世界代表的是完全的和谐、完美的一致和无中介的有机共同体与和谐世界的抽象存在。希腊世界是史诗存在的时代，与小说存在的这个二元性的破碎世界形成深刻的对照。不过，在卢卡奇的分析中，希腊世界也是有其历史性维度的：所有回到"黄金时代"的企图都被排除了。过去了的时代和消失了的总体性不可能再原样返回。"对希腊世界的任何复活都或多或少是一种使美学成为形而上学的意识假设，这是一种对艺术领域之外的一切事物本质的强暴，是一种破坏它的愿望，是一种要忘记艺术只是许多领域中的一个的企图，而忘记世界的分裂和不充分性正是艺术能够生存和它得以自觉的前提条件。"①

除此之外，卢卡奇还有另一个纯然乌托邦的建构，这是由他所理解的陀思妥耶夫斯基所提供的。这个范型提供的是一种可以自我实现的自

---

① ［匈］卢卡奇：《卢卡奇早期文选》，张亮等译，南京大学出版社2004年版，第14页。

由，但是并不能在艺术领域得以具体化。根据卢卡奇的理论，所有史诗处理的都是经验性、历史性的现实。更进一步的——这也是卢卡奇超越了《心灵与形式》之处——他们的主体（英雄和艺术创造者）都是经验性的人和经验性的自我，不可能成为彻底的总体性的创造者。古希腊世界是建立在直观确定性上的，没有个人的概念，人与人的关系只是在共同体之中才存在。这个非异化的世界是建立在没有个人自由的或者说个体性还没有发展的有机共同体的基础上——即使当时的艺术作品依旧是无可匹敌的。现代人虽然获得了个体性和一个无限丰富的世界，但是代价就是经受理论和实践、创造者与造物、自我与世界分离的命运。他十分清醒地指出，回到古希腊是不可能的。但是同西美尔不一样，他也不接受一个线性的文化悲剧的观念，他在《小说理论》中形成了一种十分复杂的对异化现象和超越异化的主题的讨论。

小说是对乌托邦的怀乡病和不可穿透的社会监狱的抽象。在这个没有意义没有价值的世界上，人是破碎的，是无家可归的。这个客观化的世界就是人类自己的造物，是第二自然，只有彻底的心灵的形而上学的觉醒才可能超越这个现实，任何不彻底的挣扎也只不过使这铁笼更加坚固。卢卡奇对歌德意义上的乌托邦并没有信心。他认为《威廉·麦斯特》通过"艰辛的奋斗和危险的冒险"，当然再加上自我教育，成问题的个人最终同这个世界取得和解——这种教育小说的类型，实际上预设了一个建立在自我教育过程中可以达到的民主社会的基础上。而这就是其缺陷。在这个"罪恶的时代"，即使客观社会的发展可以取代现存的这个社会结构，但是却不能取缔这结构本身。卢卡奇始终没有忘却无产阶级革命的可能性，但是在 1914—1915 年，他比任何时候都对其产生了更深的怀疑，《小说理论》中阶级重要性的明显缺失就足以证明。同样的迹象也表现在他从歌德的乌托邦类型转向陀思妥耶夫斯基的乌托邦类型中。

卢卡奇对西方世界及其理论产生了深深的绝望，他认为西欧文化深深地植根于社会机器中，而社会作为固化的结构并不能解决由它本身造成的人的异化的问题，如真正的人类共同体的消失等。于是，他转向了俄国，转向了陀思妥耶夫斯基。有学者考证，卢卡奇在为未出版的《小说理论》的脚注中说道，《小说理论》的意图是"揭示出作为新人的预言家和新社会的肖像画者的陀思妥耶夫斯基诞生和超越的土壤"①。从发表的著作尤其是《审美文化》和《精神的贫困》，还有一些对巴拉兹的评论性文章中可以看出，同样的乌托邦在卢卡奇的全部作品中有着极其重要的地位。陀思妥耶夫斯基的乌托邦、俄国思想在这些著作中是个人完全从心理的和社会藩篱中取得自由的理想共同体的预设或希望。在这样一个共同体中，人们可以超越主客体二元性，可以像读自己的心灵一样读到其他人的心灵。

费伦茨·费舍尔从卢卡奇的手稿中重构了卢卡奇整个讨论陀思妥耶夫斯基的想法。《小说理论》在计划中不过是一整套关于陀氏研究的导论。我们所未见的部分是客观精神（国家、教会、法律、形式伦理、德国战争、西方文明）和心灵（共同体、宗教、道德、实质的伦理、俄国思想）的世界历史意义上的对抗，以及后者对前者的取代。在卢卡奇看来，国家靠教会协助而在历史上取得的胜利是对精神的剥夺的历史。卢卡奇的分析涉及从经济到法、从教权主义到民主主义再到国家主义以及所有的制度化形式。无可置疑的是，这是卢卡奇文化批判中最激进的版本，同时，这个乌托邦计划也是其生涯中最不妥协的一个。在卢卡奇的分析中，只有所有机构的废除才意味着不仅仅是在不同的设置上重新创造出原初的问题。国家与机构只能用完全不同的手段来战胜——这就是俄国思想的背景。建立在异化和等级制基础上的国家同一个建立在团结和友爱上的共同体对峙；法和义务的形式伦理同建立在自我牺牲基础上的新型的实质性伦理对峙。在《精神的贫困》中，卢卡奇提到了"善"的伦理，这是一种"绝圣弃智"，同时非功利、超社会的人与人之间直接的关系。这种意义上的乌托邦理想被重新确立，但是如今它具有一个更加集体的而非贵族的基础。这个变化是俄国社会革命影响的结果。卢卡奇对灵魂的牺牲，甚至为了灵魂（为了实现俄国思想）而犯下暴力的罪过也在所不惜的激进观念也是受此影响。

不过，植根于俄国思想的这个乌托邦建设付出了其代价：卢卡奇不得不放弃所有的现实的抵抗，因为一切对抗现存机构的行动自身也会落

---

① Andrew Arato and Paul Breines, *The Young Lukács and the Origins of Western Marxism*, The Seabury Press, 1979, p. 69.

入机构的结构中去。这种语境中的乌托邦被从这个世界的所有可能性的版本中清除了。

这样的一个乌托邦结构产生了几乎不可避免的结论：一切都取决于主体和客体的完全同一。这种同一不能从经验世界中产生；即使是超越个人的、打破自我和他人之间的那堵墙的浪漫的爱情也只能弃权。激进的陀氏乌托邦废除了所有社会建制。从一个没有社会—政治机构的乌托邦共同体中衍生出来的选择是：要么向不可避免的理想和现实的分裂妥协；要么确立和接受以俄国思想的伦理、信仰因素为指导的无政府主义的社会运动。1917—1918 年他写道："无产阶级意识形态依然太过抽象，他们除了阶级斗争的军事武器外，不能提供真正能够影响生活的所有表现的伦理。"①

三　从新康德主义转向黑格尔哲学

在《小说理论》的序言中，卢卡奇不止一次强调，自己当时处在"从康德转向黑格尔的过程"中，甚至"已是一位黑格尔主义者了"。卢卡奇这样解读早年自己的创作有两方面的原因。第一个方面就是此书在文艺理论方面有相当大一部分借鉴了黑格尔的《美学》，直接运用了黑格尔关于浪漫型艺术的美学理论，例如史诗和戏剧艺术的总体模式比较、史诗和小说在历史哲学观念上的异同等等。第二个方面较之内容的借鉴来说更具有深层的理论意义，这就是卢卡奇说的，"美学范畴的历史化或许是黑格尔更重要的一项遗产"②。对美学"历史化"的学习使卢卡奇的思想产生了重大的变化，由于对黑格尔哲学理解的深入，卢卡奇对黑格尔思想的态度由之前一味否定转向了积极学习。

（一）　建立范畴与历史之间的关联

卢卡奇认为《小说理论》中体现出来的本体论比表现主义诗人们更具有批判精神、更深刻，而这正得益于他当时寻找"普遍辩证法"的成

---

① Andrew Arato and Paul Breines, *The Young Lukács and the Origins of Western Marxism*, The Seabury Press, 1979, p. 72.

② ［匈］卢卡奇：《卢卡奇早期文选》，张亮等译，南京大学出版社 2004 年版，第 VII 页。

果。卢卡奇所说的普遍辩证法指的是范畴体系与历史事实之间的关联。他试图在现象中寻找本质，同时理解本质在一定范围内进行的内在变化。用产生范畴的社会历史的变化来解释范畴本身的变化，这就是卢卡奇从黑格尔哲学中得到的本体论方面的启示。实际上，卢卡奇从开始进行学术研究之日起，就清楚地将艺术领域中发生的种种异化现象归结为资本主义社会存在的弊端。可是，正确地指出思想的来源并不保证正确地看待思想与现实的本质关联。旧唯物主义者也承认精神是人脑的机能，照样在分析社会历史时采用新康德主义二元论，认为追求理想的动机和目的是推进社会形成、发展和完善的动力。卢卡奇同样在早期的美学研究中缺乏辩证法，指认一个罪恶的时代是容易的，空泛的理解思想由外在于思想的刺激触发也是自然的，但重要的是具体地把握范畴及范畴间的秩序安排所形成的范畴体系是与现实的各领域如何具体地、历史地产生了关联。通过有意识地对黑格尔哲学进行研读，卢卡奇开始探讨艺术理论的发展与社会进程之间的联系。具体说来就是文学体裁从史诗转向小说的"历史哲学"。

结合《美学》中的相关论述与黑格尔的历史观可以得知，黑格尔将史诗向小说发展的过程视为精神运动的过程。黑格尔在《美学》中多次提及诗是民族与时代的产物，并且认真地讨论了古代史诗形成的社会历史背景。在《史诗的一般世界情况》中，黑格尔分析了史诗时代中人与自然、人与人的关系模式。人在史诗世界里也还没有脱离和自然的生动的联系，人从自然中所取得的满足需要的手段以及这种满足的性质都是直接的。居房和园地、帐篷、床，每一件都使人感到其中有他的全部聪智，有他自己。所以本来是外在的东西因为和人有紧密的联系就打下了人的个性的烙印。古代人们还不曾把这一切事物分出高低等级，它们都是有使用价值的。人们也还不曾使整个生活脱离实用的具体事物而转到纯粹理智的领域，他们为能从这些器具中看到自己熟练的手艺、财富和正当的兴趣而感到光荣。而在处理人与人的关系的领域，在古代即为伦理家庭和民族关系领域已经建立起来而且经过了发展，但是还没有形成固定的道德规章和法律条文之类普遍生效的东西。在史诗时代，虽然总体性占据主导性的地位，但人依然是有自由的，他能行使自己的主观意志。因为客观的道德习俗状况，也即客观文化固然是人的心灵生发出来的结果，但是人也必须要靠自己的行动来实现生生不息的心灵的创作力。另外，反映一个民族的伦理的家庭生活，战争与和平时期社会生活情况，乃至需要、技艺、习俗和兴趣等方面的民族精神，也就是一个民族在整个历史阶段的意识方式是受到民族的实在状况，即地理和精神意识中的民族实体的影响。史诗时代，个人是作为团体，即民族的一分子的身份而出现的，他们之间存在着内在的本质的关联。可是，在黑格尔看来，史诗时代的主客体浑然统一的状态不过是暂时的，因为绝对精神不会使自己囿于未经过具体化发展的抽象同一之中。在《美学》中，史诗之后出现的文学体裁是散文。黑格尔认为，散文是精神发展到以下阶段的产物：近代的分工以及机器生产作为满足人的物质生活需要的方式，与近代国家机构一起，使人受到知解力、抽象普遍概念和不依存于个人心愿的外在意志的控制。人在生产和交往过程中都不再能体会到人本身具有的本质性的作用，产品不再单纯作为使用价值满足人的需要，人与人之间的关系也不再是直接的用心交流，而是以完善的社会机构为中介来进行。精神从浑然一体到将自己二分为主体与客体的对立，外化为确定的经济与政治建制。在黑格尔抽象的哲学语言的背后可以发现，黑格尔将史诗转变为散文的原因初步归结为分工和机器化生产（劳动与人的分离）导致的社会的独立化（社会与个人的分离）。

受到黑格尔美学研究中的历史性的影响，卢卡奇在《小说理论》中多次强调这样的观点，史诗和小说的差异"并不是由其作者创作信念的差异，而是由作者创作时所面临的历史哲学的现实所决定的"[1]。卢卡奇指出了对待历史的两种对立的极端立场：一种是保守的因循守旧的历史观，一种是实证论的历史相对主义。新康德主义者李凯尔特和精神科学的倡导者狄尔泰等人将价值与价值的实现二元化，称二者之间的对立是永恒的、不可调和的。斯宾格勒等人否定无论是美学、伦理学还是逻辑学等任何范畴具有超历史的合法性。第一种历史观中的历史是没有变化的、永恒的；第二种历史观中，历史是绝对的变化，是无限不循环的分裂的序列，没有统一进程。二者殊途同归，绝对的静止与绝对的运动都否定了变化及变化的规律，从而都成为了静止的观点，否定了发展，取

---

① ［匈］卢卡奇：《卢卡奇早期文选》，张亮等译，南京大学出版社 2004 年版，第 32 页。

消了历史。卢卡奇不同意这二者中的任意一种历史观，他要寻找的是价值与价值实现的统一。此时，卢卡奇已经不再坚持认为悲剧是近代资本主义社会的典型象征，小说才是作为总体性消失的现代社会的最恰当的反映。小说既不是心灵与现实之间绝望的对立，也不是二者之间直接的联通。小说是生活与本质之间的和解，它为生活追求本质，同时又自觉地限制本质在生活已经准备好接纳它的范围内改造生活，使理想与现实结合起来。卢卡奇同意黑格尔将历史作为某种规律性的精神发展的轨迹，社会中的一切精神的具体表现形式，包括艺术，它们何时、以什么方式生成和发展的根据是精神的产生和消亡。结合卢卡奇之前就分工理论对客观文化形成的作用的研究可以看出，卢卡奇开始自觉地抛弃新康德主义的二元论，取而代之的是用社会历史发展的过程来解释意识发展。

（二）反讽取代二元论

不过，即使在本体论上，卢卡奇肯定了黑格尔的理论，但是在具体的理论阐释方法的运用上，却使用了反讽而不是辩证法。黑格尔《美学》是辩证法在艺术领域的具体运用。黑格尔严格按照"肯定—否定—再肯定"的三段论进行理论论证。例如，黑格尔认为诗由三种类型组成，史诗、抒情诗和戏剧体诗。其中史诗中外在情境占主导地位，抒情诗中主体的内心感受是主要方面。二者是矛盾对立的关系，并且双方都有缺陷。戏剧体诗是主体在经验环境中的活动，它克服了主观和客观各自的片面性，是矛盾的解决。矛盾对立双方的和解是黑格尔辩证法的核心。可在卢卡奇的小说理论中，他强调的是反讽作为小说发展动力和叙述方法的重要性。卢卡奇也承认，反讽来自于施莱格尔等浪漫派的理论，并认为反讽是"对黑格尔的一般轮廓起到了补充和具体化的作用"。黑格尔的辩证法是螺旋上升的模式，表现的是精神由低级到高级，由抽象到具体的展开过程。而卢卡奇的反讽表现的却是现实和理想之间的平行的往来反复的关系。现实不断地趋向理想，理想也努力适应现实，在二者不间断的沟通过程中，反讽是二者认识自我并否定自我从而向对方转化的力量。卢卡奇认为反讽是辩证法的一种补充形式的含义应该就在此。黑格尔对浪漫主义反讽进行过严厉的批评，他认为"讽刺"是费希特抽象自我的浪漫化表达，很容易造成无节制的放纵而不是自我限制的辩证发展。卢卡奇本人也对浪漫主义持否定的态度，认为浪漫派不切实际，陷入空想。实际上，卢卡奇的反讽概念在一定程度上吸收了辩证法思想。卢卡奇的反讽不是从绝对的主体出发，而是居于主体和客体之间，力图找到二者的平衡点。卢卡奇的时间观正是他的反讽思想的表现。他借用柏格森的"绵延"来表现小说中反讽用以沟通过去、现在和未来的作用，他的时间观是非线性的，同时也不是黑格尔上升的螺旋形态，而是在同一个平面上的循环往复。正因为在这个平面中没有向上的路径，卢卡奇才会借助陀氏的非小说实现跃迁的目的。

在黑格尔哲学中，本体论和方法论是统一的，但是在当时卢卡奇的思想中，虽然也已经对二者的对应关系有了模糊的认识，但是还未真正统一起来。卢卡奇虽然基本认同了黑格尔的哲学，也尝试着将社会历史看作是有规律的发展过程。但是，西美尔、韦伯等人的新康德主义和生命哲学的影响依然残存在《小说理论》之中，这就是卢卡奇认为自己当时的作品是"左"的伦理学和右的认识论结合的原因。卢卡奇批评自己脱离了具体的社会历史现实，不断地导致任意的建构。小说理论"建立在纯粹的乌托邦的基础之上——这种幻想以为人应该具有的自然生活能够从资本主义的分裂中产生，也能从与这种分裂相一致的、无生命和敌视生命的社会和经济范畴的毁灭中一下子产生出来。……利用社会的方法来超越经济世界这种观念，到了20年代，渐渐地并越来越凸现出其反动的特征"①。卢卡奇认为写作本书时自己持有一种具有伦理色彩的悲观现实主义。他极端厌恶战争，认为无论鹿死谁手都不能结束当时那"罪恶时代"：西方文明的奴役。但是问题在于，卢卡奇写作此书时仅仅认识到了时代的罪恶是西方文明的结果，但是他对西方文明的具体内涵、形成和维持的原因以及解放出路的分析缺乏正确的立场与方法，卢卡奇自认这些问题的解决之道1917年才形成。根据时间推测，也就是《历史与阶级意识》形成之时。

---

① ［匈］卢卡奇：《卢卡奇早期文选》，张亮等译，南京大学出版社2004年版，第XII页。

第三章 扬弃黑格尔哲学

《小说理论》于 1916 年发表在德国美学权威杂志《美学和一般艺术科学》上。一年之后，俄国十月革命爆发。十月革命的胜利，使各国的无产阶级大受鼓舞。1918 年 10 月匈牙利也爆发了武装无产阶级革命，并于同年 11 月成立了匈牙利共产党。次月，卢卡奇加入匈牙利共产党，从此投身于无产阶级革命事业。1919 年 3 月，匈牙利成立了苏维埃共和国，卢卡奇出任主管文化和教育的人民委员。不过，新政权只存在了五个月即被推翻，革命宣告失败，卢卡奇同许多政治流亡者一样，移居维也纳。1923 年出版的《历史与阶级意识》正是卢卡奇在维也纳完成的。

一　转向马克思主义

罗伊在《总体性的历险》中说道，如果卢卡奇于 1917 年停止写作，也就是俄国革命的那一年，他将仅被作为战前资本主义文化创造性的催化剂而被记住。那时，卢卡奇是因为对文化、伦理和哲学问题，而非社会、政治和经济问题的研究而被熟知的，只有少数出版著作中提到了对第二国际的理论和实践的嘲讽。在方法论上，俄国革命前的卢卡奇是资本主义文化特别是新康德主义的坚定的拥护者。他早前的理论导师是狄尔泰、西美尔、韦伯和拉斯克。[1] 可是，卢卡奇却于俄国革命后迅速加入了共产党，并在思想上成为了一名马克思主义者。

---

[1]　Martin Jay, *Marxism and Totality*: *The Adventures of a Concept from Lukács to Habermas*, University of California Press, 1984, p. 82.

（一）俄国革命的现实感召

学者们对卢卡奇转向马克思主义这一过程有不同的理解。卢卡奇的朋友们认为这是突然发生的，是出其不意的，用莱兹奈的话来说，卢卡奇的这一思想转变是"从扫罗到保罗"，涉及从一种信仰到另一种信仰的飞跃。詹明信也认为卢卡奇的思想转换是半宗教性质的，打破了他一贯的立场和认识论理解。① 不过，实际上卢卡奇清楚地认识到自己思想转变的原因，他在自传中写道："我从 1917 年的俄国革命找到了对我的问题的答案，那是我早就寻找的第三种可能性。"② 卢卡奇在《小说理论》的序言中一再强调，自己反对第一次世界大战，因为他认为无论是封建王朝，还是资本主义的西方民主，都不能将人类从文明的梦魇中解救出来。表现在《小说理论》中的，就是卢卡奇对资产阶级文化中产生出来的小说这种文学体裁的不信任。小说是对破碎世界的最恰当的表达，它运用反讽这种接近于辩证法的方式在理想和现实之间穿梭，寻找平衡二者的可能。小说所做的尝试可谓勇气可嘉，但是根据卢卡奇对小说产生的社会背景的分析来看，这种二元论的努力只能随着资本主义社会一同破碎。不过，卢卡奇为《小说理论》预留了一个开放性的结尾。他认为陀思妥耶夫斯基的著作代表了对小说的超越，同时也预示了对小说表达的社会的超越。反抗资本主义社会对人类文明的践踏、对人本身的侮辱是卢卡奇一直以来的理论诉求，俄国革命为卢卡奇在理论上对俄国思想的同情提供了转化为政治立场的动力。

（二）思想转变的新旧交锋

将卢卡奇转向马克思主义的思想过程归结为"从扫罗到保罗"，大意是马克思主义对卢卡奇来说是如此异质性的因素，在他过去一切思想发展中都无迹可寻。这显然是没有意识到卢卡奇通过创作《小说理论》，已经熟悉了黑格尔的辩证法，俄国革命作为马克思主义理论在现实世界

---

① 参见 David Kettler, Culture and Revolution: Lukács in the Hungarian Revolution of 1918/19, Telos, Vol. 1971, No. 10 (Winter 1971)。

② ［匈］卢卡奇：《卢卡奇自传》，杜章智等编译，社会科学文献出版社 1986 年版，第 84 页。

中的实现，固然对卢卡奇产生了极强的思想震动，但是，没有黑格尔研究作为理论准备，让文艺评论时期笃信新康德主义的卢卡奇直接接受马克思主义，才是不可思议的。当然，革命的热情和哲学的探索相互促进但并不时刻保持同步。接受了马克思主义的卢卡奇要在彻底地批判德国古典哲学的前提下才能理解马克思主义的理论变革，实现自己思想的真正转变。

　　由于卢卡奇在这一时期的思想转变本身经历了艰难的理论探索，在矛盾思想的挣扎中，必然流露出思想斗争的痕迹。所以在对其进行研究的过程中，如果不能把握本质的方面，即脱离康德哲学、同时也超越黑格尔哲学，朝向马克思主义发展的大方向，很容易迷惑于其思想表达中存在的一些新旧范畴并存的状态。所以，《历史与阶级意识》在马克思主义理论研究中的里程碑式的意义是无可置疑的，但是，令学者们不那么确定的是它能否算作"纯粹马克思主义"。分歧集中在，它是卢卡奇在资本主义思想这个前视域的借尸还魂呢，还是马克思主义本身的发展了的形式。秉着前一种观点的人认为，《历史与阶级意识》不过是挪用了一些马克思主义的术语和表达，原则上还是非理性的生命哲学，认为它是"资本主义思想中浪漫主义的反科学创痛对马克思主义理论的第一次主要入侵"[1]。但是，对倾向于认同第二种观点的人来说，这本书是对马克思早期著作中人本主义因素的非同凡响的重现，而他们所说的马克思的早期著作指的是《历史与阶级意识》出版十年之后才问世的马克思的《1844年经济学哲学手稿》。[2] 对坚持第一种观点的人来说，卢卡奇之后对《历史与阶级意识》的自我批评是他理论成熟的标志，表明了他放弃了战后一段时期的弥赛亚式的宗派主义。反对者们认为，他晚期的事业正是被他同《历史与阶级意识》中所批评的那种理论和实践的含糊的妥协所玷污了。卢卡奇晚年对《历史与阶级意识》一书中的观点的拒绝正是表现了他同权力和权威签下了"魔鬼契约"[3]。

　　[1]　Gareth Stedman Jones，"The Marxism of the Early Lukács：An Evaluation"，*New Left Review*，70. 1971，p. 33.

　　[2]　对卢卡奇同青年马克思的相似性的精彩论述，参见 Andrew Feenberg，Lukács，*Marx and the Sources of Critical Theory*，N. J.：Totowa，1981。

　　[3]　George Steiner，"Georg Lukács and His Devil's Pact"，*The Kenyon Review*，Vol. 22，No. 1（winter 1960）.

对《历史与阶级意识》的评价的两极化事实上可以归结为对这样的一个问题的回答：卢卡奇是否陷入了黑格尔主义之中而误解了马克思主义。《历史与阶级意识》取得"西方马克思主义的圣经"这一至高无上的地位是由于它恢复了黑格尔哲学在马克思主义研究中的作用；而使其被当时的马克思主义理论阵营激烈批评的原因也正是他声称马克思的思想同黑格尔有直接的渊源。可以说，理解卢卡奇这一时期对黑格尔哲学的认识是评价《历史与阶级意识》的主要标准，同时也是对卢卡奇在马克思主义发展中的历史地位进行评判的重要参照。

二 黑格尔主体—客体统一的辩证法 与马克思主义研究

1918—1923 年间的德国、匈牙利、芬兰等国的工人运动，尽管声势浩大，却都最终难逃失败的厄运。卢卡奇深刻反思无产阶级工人运动的经验教训，将第二国际庸俗的马克思主义作为革命失败的思想原因提了出来。

20 世纪 20 年代，资本主义处于自由资本主义向帝国主义过渡的"和平"时期。巴黎公社运动失败后，资本主义经历了四十多年的持续稳定发展。资本主义经济发展的承平之势使无产阶级内部发生了分化，因为表面看来，当时资产阶级和无产阶级的对立似乎不再如马克思本人所说的那么尖锐。于是，在共产国际内部出现了马克思主义的阶级斗争理论已经过时的判断。受此影响，加上伯恩斯坦、考茨基、拉法格等人对流行的实证主义思潮的接受，他们将马克思主义片面地解读为经济决定论。他们认为，无产阶级革命的成败完全取决于经济条件的发展状况，经济发展是社会历史进程中唯一起决定性作用的因素。人类不需要通过"超经济的暴力"，即阶级斗争，只需要遵守经济发展的"自然规律"，促进经济发展，在物质水平达到一定高度时就能实现从资本主义向社会主义的过渡，这就是第二国际"和平长入"社会主义的思想。考茨基在《现在怎么办？》这篇论文中提出了一种"消耗战略"，从中可以清楚地看到这种思想带来的实践后果。这种战略即为："通过工人运动包围资产阶级的堡垒，对它釜底抽薪，使敌人不得不经常付出沉重的代价；工人阶级不断地分化敌人，直到最终攻下敌人的堡垒。"① 在理论上将马克思主义视为一种经济决定论，必然导致实践上的历史宿命论。这无疑是放弃了无产阶级进行阶级斗争的权利，放弃了对资本主义长驱直入的抵抗。

　　卢卡奇坚决反对第二国际理论家将马克思主义变成实证主义的反映论，在他看来，马克思主义不是对一般事实"不偏不倚"的科学认识，不是居高临下、与人无涉的僵化的所谓客观规律，与理论的直观态度相反，马克思主义是对社会现实的批判。在与第二国际争夺马克思主义的"正统"地位时，他激进地强调，哪怕马克思主义的一切观点都随着条件的变化而过时，都可以被更新，但是，作为马克思主义的本质的辩证法不能被抛弃。是否坚持辩证法是评判某一种理论究竟是修正主义的还是马克思主义正统的标准。卢卡奇坚持将马克思主义理解为辩证的方法，就是要强调马克思主义不是静观的坐以待毙的哲学反思，而是指导无产阶级通过阶级斗争获得解放的资本主义社会批判理论。而实现这一理论复兴的途径就是澄清黑格尔和马克思的关系，恢复辩证法的革命性。马克思主义者对黑格尔哲学在马克思主义理论中的地位问题早有阐发。马克思本人就曾称自己是黑格尔的"学生"，恩格斯也明确将德国古典哲学当作马克思主义的三大来源之一，列宁则在认真研究了黑格尔的逻辑学的基础上提出要重视黑格尔辩证法思想在马克思主义形成过程中发挥的重要影响。只是到了第二国际的庸俗马克思主义者那里，考茨基称自己对黑格尔哲学完全提不起兴趣，伯恩斯坦认为黑格尔哲学是马克思主义中的"叛卖性因素"。他们提出要清理"马克思主义中的黑格尔主义"。实际上，庸俗的马克思主义者将马克思主义同黑格尔哲学严格区分开来的目的并不是想要真正维护马克思主义的科学性，而是通过剔除黑格尔的因素，清理出马克思主义的哲学地基来，用康德主义二元论来"补充"马克思主义，因为据他们分析，马克思成熟时期的思想是纯粹的经济学，完全没有哲学，主要是没有伦理学的位置，无法在传统的道德实践领域运用，无法构建社会活动规范，所以必须修正马克思主义，补足空场，使马克思主义"新康德主义化"。列宁对此曾进行过深刻的

---

　　①　张康之：《总体性与乌托邦》，吉林出版集团有限责任公司 2007 年版，第 14 页。

批判，他指出："在哲学方面，修正主义跟在资产阶级教授的'科学'的屁股后面跑。教授们'回到康德那里去'，修正主义就跟在新康德主义者后面蹒跚而行。……教授们轻蔑地把黑格尔视作一条'死狗'，耸肩鄙视辩证法，而自己却又宣扬一种比黑格尔唯心主义还要浅薄和庸俗一千倍的唯心主义；修正主义者就跟着他们爬到从哲学上把科学庸俗化的泥潭里面去，用'简单的'（和平静的）'演进'去代替'狡猾的'（和革命的）辩证法。"[①]

卢卡奇认识到，伯恩斯坦等人提出的要防止任何妨害"不偏不倚"的科学认识的说法要针对的就是辩证法。他认为，从历史唯物主义的方法中去掉辩证法正是产生了这种机会主义的、没有革命的"进化"理论的原因。

（一）物化社会理论

卢卡奇在《小说理论》中就开始向黑格尔学习，要寻找范畴变化背后的社会历史原因，当时他将史诗向小说转变的社会基础归结为资本主义社会的形成与发展。加入共产党并成为马克思主义者之后，卢卡奇对资本主义的分析不再单纯停留在文化领域，而是扩展到社会生活的方方面面。他将发展到现阶段的资本主义社会称为物化社会。由于没有阅读过马克思的《1844年经济学哲学手稿》和《1857—1858年经济学手稿》，卢卡奇无从接触马克思自觉发现和运用的经济学—哲学统一的辩证方法。仅凭对《政治经济学批判》和《资本论》这样未明言经济学与哲学关联的文本的研究，卢卡奇依然洞察了马克思的政治经济学研究与资产阶级经济学家的庸俗经济学之间的区别，理解了马克思的商品拜物教理论，并提出了自己的物化理论。他认为，资本主义现阶段发展中所遇到的所有问题，都可以在商品结构中找到解答。因为现代资本主义社会是一个商品形式占支配地位、对所有的生活形式都有决定性影响的社会。商品结构的基础是，人与人之间的关系获得物的性质。卢卡奇从两个方面对"人获得物的性质"进行分析。其一，从客观方面看，商品社会是高度合理化的社会。分工达到了这样的程度，要求劳动过程的每一个细

---

① 《列宁选集》第2卷，人民出版社1995年版，第3页。

节都具有严格精确的可计算性。劳动整体被肢解为无限细化的组成部分，并经过精密的统计，换算成量化的可控的机械化的活动。资本主义的理性就体现在计算、量化、专门化和机械化上。由于劳动的每一个环节都被单独地进行量化，它们之间就失去了有机的联系，成为独立的局部。每个劳动环节之间存在的都是偶然的、任意的衔接关系。① 其二，生产的客体被分成许多部分，这种劳动过程的合理化造成的是作为工人的人的分裂。人不再是劳动过程的主人，因为他不过是机械地对生产的某一个细节进行无限的机械性的重复工作，而劳动的整体流程与他无关，是外在于他而根据合理化的、科学的、合乎规律的方式制定好的、自动的运行过程。生产过程的物化也导致了生产关系领域的物化，整个社会建制是一种程序化、标准化、精确化、自动化的机器，人在社会生活中的经历同他在劳动过程中一样机械。这就导致了物化的更深入也更严重的表现——工人意识的物化。工人在劳动和社会生活中日渐符合合理化和机械化的标准，越来越失去了自己的主动性，成了资本主义社会的提线木偶。工人对社会的态度变成了无意志的"直观"②。他本身将自己视为一项特殊的商品，即使在生产商品的过程中，他也不过是机器上的一个齿轮，在资本主义生产的"自然规律"中自动运行。

十分显然，卢卡奇的物化理论与韦伯的合理化思想有密不可分的关系。较之西美尔对他在艺术方面的启蒙来说，卢卡奇认为"韦伯的影响来得较晚，但是更深刻"③。韦伯认为，人类社会不断的发展过程实际上就是不断地祛魅的过程，也就是合理性程度不断提高的过程。理性就是可计算性、数字化、符号化、抽象化、专业化，他由此提出了合理性思想和法理型社会机制。施路赫特将韦伯的理性主义归结为三个方面：第一，理性主义指的是通过计算去支配事物的权力，是经验和技术的成果，这种理性主义是广义的"科学—技术的理性主义"；第二，人不满足于将世界作为一个充满意义的宇宙来把握，而是要在思想层面上，运用知

---

① 参见［匈］卢卡奇《历史与阶级意识》，杜章智等译，商务印书馆2009年版，第152—153页。

② ［匈］卢卡奇：《历史与阶级意识》，杜章智等译，商务印书馆2009年版，第154页。

③ ［匈］卢卡奇：《卢卡奇自传》，杜章智等编译，社会科学文献出版社1986年版，第66页。

性将意义之间的关联加以探讨，形成系统化的理论，这是"形而上——伦理的理性主义"；第三，人不仅将意义关联理论化、系统化，在此基础上，人还将这种系统化的理性主义伦理运用到实际生活中去，这种理性主义为"实际的理性主义"①。在韦伯看来，合理化是人类社会发展的必然趋势，合理化的程度是衡量一个社会进步程度的标准，现代社会就因为其生产和生活等各个领域均高度合理化而成为资本主义社会。不过，韦伯作为康德主义的信徒，在经历了第一次世界大战后，思想也十分矛盾。理性主义在使人逐步摆脱传统社会束缚的过程中，也渐渐变成了禁锢人的"铁笼"。现代人虽然从"宗教—神本位"中解脱出来，却也因此而失去了灵魂的内在寄托，整个生活成为无根的漂浮状态；职业的分化使人们的工作效率提高，但是同样，纯形式的理性化使得人成为专业化的机器，丧失了任何人的特征，成为资本主义运作过程的傀儡；科层制摆脱了封建的专制，却同时使人又成为了组织机器中的无生命的螺丝钉。本是作为改变传统的革命性力量的理性主义现在为权力与金钱保驾护航，成为了现代人不可逃脱的束缚。

卢卡奇在1967年为《历史与阶级意识》写的新版序言中，对自己书中曾提出的物化理论进行了比较严厉的批评，不过，他没有将批评的靶子指向韦伯的悲剧说，而是认为自己同黑格尔一样，将异化与对象化混为一谈②，从而将物化视为永恒的"人类状况"。这明显跟后来卢卡奇已经研读了《1844年经济学哲学手稿》，看到了马克思专门对黑格尔的物化理论进行的批评有关。跟随卢卡奇的自我批评，不少学者也认为卢卡奇犯了同黑格尔一样的错误，没有认识到马克思异化理论的复杂性。③有学者认为，卢卡奇虽然在提出问题方面成为了马克思主义研究者的先锋，但是在分析问题方面，却开了一个坏头，因为他不加区分地使用了异化、物象化、拜物教和物化的概念，导致学界一直对这些概念的区分

---

① 参见［德］施路赫特《理性化与官僚化：对韦伯之研究与诠释》，顾忠华译，广西师范大学出版社2004年版，第5页。

② 有学者将之称为"卢卡奇命题"，见韩立新《对象化与异化是否同一——"对黑格尔的辩证法和整个哲学的批判"的重新解读》，《吉林大学社会科学学报》2010年第1期。

③ 张一兵：《革命的辩证法与批判的历史唯物主义——解读青年卢卡奇的〈历史与阶级意识〉》，《理论探讨》2000年第2期。

问题不予理睬。①

可实际上，《历史与阶级意识》中，卢卡奇并没有认为资本主义是人类不可逃脱的命运，也并没有将对象化与现代资本主义的异化方式——物化同一。他反对韦伯悲观失望的消极主义，也并没有认为黑格尔的异化理论是保守、错误的，取而代之的是，他恰恰认为黑格尔的辩证法可以撬开"铁笼"，消除物化。诚然，他对物化的分析运用的是韦伯的社会学逻辑和他自己的哲学逻辑，并没有达到马克思在《资本论》中对商品拜物教进行的经济学——哲学分析的高度②，但是，他显然理解了马克思运用经济学对资本主义社会经济运行方式所做的剖析，并用自己对资产阶级意识形态的批判，结合韦伯对资本主义社会的精彩分析，提出了对西方马克思主义影响深远的物化理论。卢卡奇确实没有用不同层次的概念来指涉同一个社会现实，他用"物化"这一个概念来统摄了他对现代欧洲资本主义发展阶段的理解。

（二）主体—客体统一的辩证法

在《历史与阶级意识》中作为序言的作用而出现的第一篇文章《什么是正统的马克思主义》中，卢卡奇开宗明义地指出，所谓正统的马克思主义就是辩证的方法。这种辩证法是唯物主义辩证法、革命的辩证法。卢卡奇直接将辩证法问题作为革命的问题，即作为与实践密不可分的理论问题提了出来。对辩证法的革命性的强调恰恰就是为了超越资本主义的物化现象。这种革命性从何而来？卢卡奇从黑格尔主体—客体辩证法中得到了深刻的启发。"卢卡奇对马克思主义辩证法即总体性方法的解释是直接导源于黑格尔的《精神现象学》的。"③

由于卢卡奇创作《历史与阶级意识》时并无缘得见《1844年经济学哲学手稿》和《神圣家族》，所以只能说在重视黑格尔《精神现象学》方面，二人不谋而合。这正是因为二人都认识到了《精神现象学》在黑格尔哲学体系中的地位，它是"作为整个体系的导言、作为整个体系的

---

① 韩立新：《异化、物象化、拜物教和物化》，《马克思主义与现实》2014年第2期。
② 关于马克思分析商品拜物教形成过程的分析，可参见仰海峰《商品拜物教：从日常生活到形而上学》，《马克思主义与现实》2014年第2期。
③ 孙伯鍨：《卢卡奇与马克思》，南京大学出版社1999年版，第77页。

第一部，并且作为一个自身的全体"①。

黑格尔正是在《精神现象学》中阐述了实体与主体的统一。"一切问题的关键在于：不仅把真实的东西或真理理解和表述为实体，而且同样理解和表述为主体。"② "活的实体，只当它是建立自身的运动史，或者说，只当它是自身转化为其自己之间的中介时，它才真正是个现实的存在，或换个说法也一样，它这个存在才真正是主体。……唯有这种正在重建其自身的同一性或在他物中的自身反映，才是绝对的真理，而原始的或直接的统一性，就其本身而言，则不是绝对的真理。真理就是它自己的完成过程，就是这样一个圆圈，预悬它的终点为起点，而且只当它实现了并达到了它的终点它才是现实的。"③ 所谓"真理即全体""绝对即精神"都是同样的意思。

马克思在《神圣家族》中正确认识到："把实体了解为主体，了解为内部的过程，了解为绝对的人格，这种了解方式就是黑格尔方法的基本特征。"④ 马克思正确把握了理解黑格尔《精神现象学》乃至整个哲学体系的"钥匙"。"在黑格尔的体系中有三个因素：斯宾诺莎的实体，费希特的自我意识，以及前两个因素在黑格尔那里的必然的矛盾的统一，即绝对精神。"⑤ 斯宾诺莎认为实体的存在是自因的，事物的原因就在事物本身之中，它既不需要从事物外去寻找，也不需要从人的观念去寻找。这个实体是自然本身，所以说斯宾诺莎"坚持从世界本身来说明世界"。黑格尔吸收了斯宾诺莎实体说中的自因论思想，但又不满于斯宾诺莎僵死的实体，黑格尔认为必须把实体"了解成自身活动的，活生生的，并从而把它规定为精神"⑥。实体通过自身的辩证运动成为主体，"实体作为主体，本身就具有最初的内在必然性，必然把自己表现为它自在地所是的那个东西，即把自己表现为精神。只有完成了的对象性表现才同时

① ［德］黑格尔：《精神现象学》上卷，贺麟等译，商务印书馆 2012 年版，第 2 页。
② ［德］黑格尔：《精神现象学》上卷，贺麟等译，商务印书馆 2012 年版，第 12 页。
③ ［德］黑格尔：《精神现象学》上卷，贺麟等译，商务印书馆 2012 年版，第 12—13 页。
④ 《马克思恩格斯全集》第 2 卷，人民出版社 1957 年版，第 75 页。
⑤ 《马克思恩格斯全集》第 2 卷，人民出版社 1957 年版，第 177 页。
⑥ ［德］黑格尔：《哲学史讲演录》第 4 卷，贺麟等译，商务印书馆 1997 年版，第 102 页。

是实体回复到自身的过程，或者是实体变成自我（或主体）的过程"①。
同斯宾诺莎相反，费希特将主体设定为自我，自我返还自身的过程在黑
格尔看来虽然发挥了主体的能动性。但是，黑格尔同时认为费希特主观
的自我是抽象的。在黑格尔看来，"自我"应该否定自己的主观性，而
把自己客观化，并经过对作为自己客观化产物的否定而返回自身。这样
一来，"自我"或主体才真正成为了实体。通过对斯宾诺莎和费希特两
个方面的改造，黑格尔提出了自己的"实体即主体"的理论。绝对精神
正是主体与实体的统一体。不过，黑格尔批评了谢林的同一哲学，这种
哲学将精神视为静止的、直接的、抽象的普遍性，"它并没严肃地对待
他物和异化，以及这种异化的克服问题"②。实体与主体的统一是活的实
体建立、发展、回复自身，从而成为主体的运动的过程。

　　既然从本体论方面来讲，实体与主体处于矛盾运动之中，从认识论
方面来说，对这个运动过程的表达就是辩证法。绝对精神之所以可以被
认识到，就是因为它同时是认识的主体，也是认识的对象。黑格尔说，
"真理是全体"，"开端是结果"，指的都是对精神的认识就是对精神的辩
证运动过程的揭示，也就是辩证法。辩证法的任务就是通过中介环节一
步一步地将自在的精神实体展开为自为的自我意识，最后使二者合而
为一。

　　卢卡奇十分推崇黑格尔的辩证法。他认为，第二国际庸俗的马克思
主义者陷入了物化的社会，将马克思主义庸俗化为物化的意识。甚至连
恩格斯也并不能理解黑格尔和马克思共享的主客体辩证法。卢卡奇提出，
恩格斯的过程论试图保持"流动的概念"，他认为"辩证法是由一个规
定转变为另一个规定的连续不断的过程，是矛盾的不断扬弃，不断相互
转换，因此片面的和僵化的因果关系必定为相互作用所取代"③。可是，
根据黑格尔的逻辑学，相互作用还只不过是站在概念的门槛上。之所以
如此，卢卡奇认为正是恩格斯等人忽略了"最根本的相互作用，即历史
过程中的主体和客体之间的辩证关系"④。如果这一中心的理论被忽视，

---

①　［德］黑格尔：《精神现象学》下卷，贺麟等译，商务印书馆 2010 年版，第 304 页。

②　［德］黑格尔：《精神现象学》上卷，贺麟等译，商务印书馆 2012 年版，第 13 页。

③　［匈］卢卡奇：《历史与阶级意识》，杜章智等译，商务印书馆 2009 年版，第 50 页。

④　［匈］卢卡奇：《历史与阶级意识》，杜章智等译，商务印书馆 2009 年版，第 50 页。

"流动的"概念就会成为资产阶级直观唯物主义和古典经济学的"纯科学"的推演,导致宿命论或唯意志论。二者不过在表面上来看是对立的,实际上都清楚地表明了资本主义社会制度产生的问题的无法解决。

卢卡奇在《历史与阶级意识》中对主体与客体统一的辩证法的重视直接服务于革命实践。他并不满足在哲学思辨的意义上证明概念之间的关系问题,他要做的是改变这个物化的社会,途径就是找到"同一的主体—客体,行动的主体,'创世的我们'"①。"只有当主体(意识、思维)同时既是辩证过程的创造者又是产物;只有当主体因此在一个由它自己创造的、它本身就是其意识形式的世界中运动,而且这个世界同时以完全客观的形式把自己强加给它的时候,辩证法的问题及随之而来的主体和客体、思维和存在、自由和必然等等对立的扬弃的问题才可以被看作是解决了。"② 这个主体就是无产阶级。为什么无产阶级能够作为同一的主体—客体,冲破将自己作为商品的物化的意识呢?这是由无产阶级在整个资本主义社会结构中的地位决定的。同马克思在《1844年经济学哲学手稿》中对工人所处的异化地位的分析类似,卢卡奇认为,工人阶级既是历史的创造者,是主体,同时又作为资本主义社会的纯粹客体出现。"在日常生活的一切方面,当单个工人以为自己是自己生活的主体时,他的存在的直接性立刻就把这一幻想撕得粉碎。"③ 工人被当作商品进行买卖,同时,他也被置入了合理化和机械化的过程之中。对资本家来说,对工人的剥削只是数量上的可计算的直接的形式,可是对工人来说,则是他的全部的肉体、精神和道德的被剥夺。这时,工人认识到,他本身就是商品。卢卡奇认为,当工人认识到自己是商品时,他就开始撬动了物化意识的坚冰,开始认识到,资本主义社会中物与物背后掩盖的,是人与人之间的关系。但是,仅仅是认识,还只不过是对社会的直观,是对客体的意识,而不是自我意识。一个认识到自己是奴隶的奴隶,和一个无意识的奴隶之间没有本质的区别。

按照黑格尔的主体—客体辩证法,卢卡奇提出了摆脱物化的力

① [匈]卢卡奇:《历史与阶级意识》,杜章智等译,商务印书馆2009年版,第232页。
② [匈]卢卡奇:《历史与阶级意识》,杜章智等译,商务印书馆2009年版,第223—224页。
③ [匈]卢卡奇:《历史与阶级意识》,杜章智等译,商务印书馆2009年版,第253页。

量——无产阶级，同时提出了无产阶级解放的要求。但是可以看出，黑格尔的自我意识理论的长处是，它能使无产阶级认识到自己是商品社会的奴隶，而黑格尔哲学的缺点是，它只能是资本主义自身逻辑的反映。

（三）对实证主义的批判

卢卡奇认为，欧洲几次无产阶级革命失败的原因在于无产阶级没有形成正确的阶级意识，而这与第二国际用实证主义庸俗化马克思主义、用新康德主义"修正、补充"马克思主义有着直接的联系。伯恩斯坦等人鼓吹"经济决定论"，认为社会发展同样遵循"自然规律"，只要跟着生产力发展的脚步，资本主义就会自行崩溃，工人阶级也可以通过议会斗争合法取得领导权，得以使资本主义社会最终"和平长入"社会主义。实证主义作为资本主义社会中的典型的物化意识，对无产阶级阶级意识的形成具有极大的危害。以物化和克服物化的主体—客体辩证法理论为基础，卢卡奇对实证主义进行了批判。

卢卡奇认为，所谓科学的实证主义也不过是资本主义社会的意识形态。实证主义所谓事实方法论的本质究竟是什么呢？这就要从实证主义的理论对象"事实"是什么说起。实证主义者将经济生活中的每一个情况、技术和素材都作为直接给定的经验事实，认为它们是自在的独立于人的。这种观点在卢卡奇看来甚至还没有达到康德哲学的高度。康德的"哥白尼革命"正是指出了现象界的主体性质，而实证主义却幼稚地认为只要对"事实"进行简单的列举，而不加以说明，就是陈述了一个客观的现实。可是，卢卡奇指出，所谓的客观事实已经是主体加工过的产物。指出这一点在理论上并不稀奇，因为康德早就对主体运用范畴对对象的解释进行过系统的阐述。卢卡奇超越了康德哲学而提出的问题是，"生活中什么样的情况，而且是在采用什么样的方法的情况下，才是与认识有关的事实呢？"①

这就涉及理论产生的社会背景。卢卡奇指出，"科学的"实证主义基础正是资本主义特殊的社会结构。"资本主义的发展本身倾向于产生出一种非常迎合这种看法的社会结构"，只有辩证方法才能"戳穿这样

---

① ［匈］卢卡奇：《历史与阶级意识》，杜章智等译，商务印书馆 2009 年版，第 52 页。

产生出来的社会假象，使我们看到假象下面的本质"。①

第一，这种所谓的科学方法总是试图将现实世界的现象放到"能够不受外界干扰而探究其规律的环境中"，提炼所谓的"纯事实"，这种做法把现象仅归结为数量关系。这种抽象的量化过程实际上是资本主义经济发展过程中的物化现象的表现。第二，量化的方法使事物失去了时间的维度，失去了质的联系。事实成为抽象、孤立的空间中不相关的质点，一切有机性质都被剔除了。这就导致了第三点，就是这种"非常科学的方法的不科学性就在于它没有看到，并去说明作为其依据的事实的历史性质"②。无时间、无历史，这就是实证主义作为资本主义意识形态的表现。实证主义本是资本主义发展的产物，但是，它拒绝对自身的起源作出历史的解释，而是直接地依附在既定的现状上，将资本主义视为从来就有，将会永恒存在的社会。"当'科学'认为这些'事实'直接表现的方式是科学的重要真实性的基础，它们的存在形式是形成科学概念的出发点的时候，它就是简单地、教条地站在资本主义社会的基础上，无批判地把它的本质、它的客观结构、它的规律性当作'科学'的不变的基础。"③ 这就是实证主义非批判性的根本原因，是它表面上坚持不偏不倚的"科学性"，实际上却作为资本主义根深蒂固的物化意识为资本主义进行辩护。

只有对实证主义进行"历史的和辩证的考察"，才能解释其"科学性"后掩藏的意识形态性质，才能破除静观的、宿命论的经济决定论。革命的历史辩证法能够了解这些"事实"本来的"历史制约性"，"抛弃那些认为它们是直接产生出来的观点：它们本身必定要受历史的和辩证的考察"，这样才能"前进到真正意义上的事实"。不存在孤立的、静止的、非历史的"事实"，"历史发展的倾向构成比经验事实更高的现实"。④ 现存的经验都是过去的产物，在资本主义社会中，过去支配着现在，资本支配着劳动，只有使经济现象从事物变回到过程，变回到变化着的具体的人与人的关系，人们才能认识到，"'事实'也只是整个过程

---

① ［匈］卢卡奇：《历史与阶级意识》，杜章智等译，商务印书馆 2009 年版，第 53 页。
② ［匈］卢卡奇：《历史与阶级意识》，杜章智等译，商务印书馆 2009 年版，第 54 页。
③ ［匈］卢卡奇：《历史与阶级意识》，杜章智等译，商务印书馆 2009 年版，第 55 页。
④ ［匈］卢卡奇：《历史与阶级意识》，杜章智等译，商务印书馆 2009 年版，第 273 页。

的一部分，是分离出来的、人为孤立的和僵化了的环节"①。将"事实"作为部分与社会总体联系起来，作为阶段与社会发展的趋势联系起来，这就是"辩证法不顾所有这些孤立和导致孤立的事实以及局部的体系，坚持整体的统一性"②。而这个将社会现状放到社会发展趋势中进行考察的理论的目的就是反对第二国际将马克思主义实证主义化后带来的消极的宿命论。

三　超越黑格尔哲学

卢卡奇并没有因为黑格尔的辩证法可以为马克思主义批判性和革命性的复兴提供契机而盲目地肯定整个黑格尔哲学。他认为，黑格尔哲学作为资本主义思想的顶峰，同整个德国古典哲学一样，都是资产阶级思想二律背反的代表。

（一）黑格尔哲学是资产阶级思想二律背反的代表

卢卡奇指出，资本主义创造出了这个物化了的社会，而康德哲学是这个物化社会的思想自觉，他的"物自体"理论深刻反映了资本主义社会造成的主体和客体的分裂，尽管康德试图在其伦理学（实践）和美学领域填补这一鸿沟，但是他不仅没能完成这一任务，反而使得主体本身也发生了分裂，"行动"变得根本不可能。"自在之物"问题及其解决的种种尝试的失败实际上正表明了问题的不可解决。不过，卢卡奇认为，康德的伟大之处正在于"他不是随心所欲地、独断主义地决定沿着哪个方向前进，从而掩盖问题的不可解决，而是坦率地、不折不扣地突出了问题的不可解决"③。

经费希特、谢林至黑格尔，弥合主体与客体，也就是自由与必然之间鸿沟的努力一直激励着哲学家们。黑格尔无疑是其中翘楚，其哲学也被卢卡奇认为是德国古典哲学的顶峰。黑格尔将矛盾视为发展的必然动力，他的辩证法努力寻找着主体与客体的统一、思维与存在的

---

① ［匈］卢卡奇：《历史与阶级意识》，杜章智等译，商务印书馆2009年版，第277页。
② ［匈］卢卡奇：《历史与阶级意识》，杜章智等译，商务印书馆2009年版，第54页。
③ ［匈］卢卡奇：《历史与阶级意识》，杜章智等译，商务印书馆2009年版，第212页。

统一，并试图将之实现于"思想规定的起源和现实生成的历史的统一中"①。但是，黑格尔同其他的理性主义者一样，将问题局限在思维领域中。

理性主义者试图建构一种形式体系，这个体系统摄的是"人在自然和社会中的生活所面对的全部现象相互联系的原则"②。因为只有纯粹的思维形式才是可以完全被理性所把握的方面，理性主义为了追求理性的统一性，坚决抛弃了现象的内容方面、物质性的方面。在他们看来，因为经验事实是不可"融化的"阻力，如果哲学不想放弃对整体的追求，只能"反求诸己"，从思维内寻找统一性。可是，康德的"物自体"却为理性设定了边界，这当然不能让黑格尔满意，他积极地寻找能够统摄这个分裂了的主体和客体的方法。黑格尔认识到，从前的理性主义者视之为认识障碍的，实际上不是具体的物，而是生成、变化，即历史。也就是说，实体不是庸俗唯物主义者或者斯宾诺莎哲学中的物质，也不是费希特哲学中的纯粹自我，实体是生成具体内容的历史。能够使主体和客体、自由和必然、具体和总体得到统一的唯一场域就是历史。历史不是认识的障碍，只有在历史的生成中才能找到思想规定的起源。通过精神的自我旅行，黑格尔认为他在"世界精神"中找到了统一的主体，其具体形态是"国民精神"。但是，这实际上并不是黑格尔哲学的终点，"国民精神"也不过是"绝对精神"的傀儡，于是，黑格尔还算是接近现实历史的这个发现也变成了其体系的一部分，而不是体系本身。"国民精神"不过是资产阶级社会在思想上的再现。这是因为资本主义生产和再生产着使资本主义得以维系下去的经济和社会条件，资产阶级思想作为这种现象的直观的反映，只能也只愿意研究卢卡奇反复批判的"事实"，将资本主义社会的现存视为从来就有的，也会一直存在下去的社会形态，从而提出资本主义的永恒性理论。资产阶级思想家不承认资本主义是一个有产生、发展和衰亡的历史过程，于是，对他们来说，资本主义社会的起源与命运、整体与结构，正是资产阶级思想家们所面对的"自在之物"。资本主义的历史发展成为了资产阶级思想的禁忌，资产阶

---

① ［匈］卢卡奇：《历史与阶级意识》，杜章智等译，商务印书馆2009年版，第227页。
② ［匈］卢卡奇：《历史与阶级意识》，杜章智等译，商务印书馆2009年版，第184页。

级思想家们将探讨资本主义社会的由来与走向视为不可能完成的任务。资本主义正是借着对其地位的永恒性的宣扬和对革命实践的否定和压抑为前提而存在的。

既然无论康德的"物自体"和现象的对立还是黑格尔的实体和主体的统一，都没有脱离现代社会的物化结构，对热衷于构造形式的理性主义来说，现实永远是其非理性主义的界限，由于把物质基础置入先验的领域，从而使其保持着偶然性的、不被触动的、永恒的既定事实的性质，以德国古典哲学为代表的资产阶级思想就一定会陷入自然和自由不可调和的二律背反中。卢卡奇通过物化社会的批判来分析物化思维，认为只有把物质基础这个领域纳入经验范围，也就是客观的改造世界的物质方面，而不仅是精神方面，在解决现实社会的物化问题的同时才能解决精神领域的二律背反。

（二）物质生产实践作为主体—客体统一的基础

用实践统一主体与客体并不是从卢卡奇的《历史与阶级意识》才开始的。康德的实践理性、黑格尔的绝对精神发展过程的提出都是为了找到主体与客体统一所需要的能动性因素。卢卡奇的《历史与阶级意识》之所以遭受广泛的批评，主要原因正是他提出"借助实践原则解决直观的二律背反"，"实践"被理解为黑格尔的精神实践，也就是唯心主义实践。卢卡奇在多次的自我批评中也着重强调了自己的实践观点是"抽象的、唯心主义的实践概念"。并且他总结了自己犯这种"理论错误"的原因："对经济还是做了过于狭隘的理解，因为它的马克思主义基本范畴，作为社会与自然之间物质变换的中介的'劳动'被遗忘了。……它意味着，马克思主义世界观的最重要的现实支柱不见了，从而，这种以最激进的方式推断马克思主义根本革命内涵的尝试失去了真正的经济基础。不言而喻，这意味着，作为这种物质变换基础的自然本体论客观性必须消失。"① 可以说，所有对卢卡奇的批评中，卢卡奇本人的版本是最切中要害的。可问题是，卢卡奇对自己受到的各方面的批评的这一总结是否确实是卢卡奇本人所犯的错误？可以肯定的是，在《历史与阶级意

---

① ［匈］卢卡奇：《历史与阶级意识》，杜章智等译，商务印书馆2009年版，第11页。

识》中，卢卡奇对实践的表述确实是含混的。实际上，由于使用了黑格尔的表述方式"主体即客体"，卢卡奇自觉地将自己的整个理论笼罩在了黑格尔思想的光环和阴影中，作为主体—客体统一中介的实践也不例外，极容易引起歧义。卢卡奇对自己写作《历史与阶级意识》时期的思想发展阶段有很清醒的认识，当时他并没有阅读到马克思的《1844 年经济学哲学手稿》，虽然他早就研究过《资本论》，并从中得出了物化社会的理论，但是他本人并没有对资本主义经济学进行过深入的学习和研究，没有自觉认识到哲学与经济学之间的辩证关联。在讨论实践概念的时候，他更多的是突出了其"能动性"的方面，而对实践的现实的、物质的属性没有进行深入的分析。

不过，这并不能说明卢卡奇的实践概念等同于黑格尔的精神演变。实际上，哪怕是黑格尔的实践观也是与社会经济发展有密切的联系，这一点在卢卡奇日后的《青年黑格尔》中有十分精彩的表述。如果说卢卡奇对实践做如下表述——"实践的本质就在于消除自在之物问题在方法论上所反映的形式对内容的无关紧要性"时，实践在他看来究竟有没有客观现实性是模棱两可的，但在他提出"实践的原则作为改造现实的原则必须适应行为的具体物质基础，以便能由于自身发生作用而对这个物质基础发生影响，而且是以适应这一基础的方式来发生影响的"[1] 时，可以看出，卢卡奇对实践的理解基于社会生产实践。卢卡奇在书中一直没有脱离马克思对现代社会的资本主义性质的分析，他在商品经济的基础上分析工人的行为和意识，对商品的生产和交换都进行了阐述，物化社会就是在商品生产和交换过程中形成的资本主义社会的新的存在形式。所以可以说，卢卡奇在对《资本论》的研究中掌握了实践的现实的物质的内涵——社会生产，但由于没有意识到经济学研究对哲学认识的基础性地位，他的实践观点的历史唯物主义性质是模糊的，直到对马克思和黑格尔的经济学都进行了深入的研究后，卢卡奇实践概念的客观现实意义才明晰起来。

（三）工人阶级作为主体—客体统一的载体

卢卡奇认为，只有马克思发现了真正的作为"历史和社会发展过程

---

① ［匈］卢卡奇：《历史与阶级意识》，杜章智等译，商务印书馆 2009 年版，第 201 页。

的同一的主体—客体"——无产阶级。只有无产阶级才能真正认识其自身存在的社会整体,"无产阶级的自我认识同时也就是对社会本质的客观认识。追求无产阶级的阶级目标同时也就是意味着自觉地实现社会的、客观的发展目标"①。可是,无产阶级与资产阶级同是资本主义社会的产物,面对着同样的社会整体,为什么资产阶级只能得到虚假意识,而无产阶级却必然能够获得真理?

卢卡奇援引马克思在《共产党宣言》中对无产阶级的境况所做的分析,并认为这根源于阶级立场问题。资产阶级的命运是和资本主义社会的持存直接联系在一起的,这种直接性使得资本主义丧失了找到历史中介的意图和能力。这种直接性的认识使得其认识对象——资本主义社会成为"直接既定的物的形式,它们的直接的存在和存在方式似乎是首要的、真实的、客观的,而它们的关系则相反,似乎是次要的、纯主观的"②。于是,在资产阶级思想中,资本主义以前是有历史的,而其本身却是没有历史的。资本主义成了永恒的"自然规律",历史"消亡了"。但是无产阶级不同,无产阶级因为其生存问题而必然内在地超越了直接性,其被剥削的阶级地位决定了它看待资本主义社会的方式是否定性的,是被中介的。认识到自己也是一种商品是无产阶级自我认识的第一步,但是如果局限在这种既定的社会现象中,它就只能局限于商品的自我意识。更重要的是认识到在"物"的背后隐藏的是人与人的关系,是劳动关系赋予了社会结构以当前的形式。而无产阶级必须认识其起源,认识其自己的客观具体的结构和其发展的倾向——获得真正的无产阶级意识。觉醒了的无产阶级才可能将其关于社会的正确意识付诸实践,"经济发展只能赋予无产阶级以改造社会的可能性和必要性。但是,这一改造本身却只能是无产阶级自身的自由的行动"③。

四　批评与自我辩护

《历史与阶级意识》一经发表就遭到了来自德共领导人赫尔曼·顿

---

① 〔匈〕卢卡奇:《历史与阶级意识》,杜章智等译,商务印书馆 2009 年版,第 232 页。
② 〔匈〕卢卡奇:《历史与阶级意识》,杜章智等译,商务印书馆 2009 年版,第 238 页。
③ 〔匈〕卢卡奇:《历史与阶级意识》,杜章智等译,商务印书馆 2009 年版,第 310 页。

凯尔激烈的批评，他认为卢卡奇"冒充马克思主义者，但不研究马克思主义学说的积极内容"。毫无意外，将卢卡奇视为在党内最激烈敌人的库恩·贝拉紧随其后指责卢卡奇犯了修正主义的错误，企图以消除唯物主义来阉割辩证唯物主义；鲁达斯·拉斯洛更是代表匈牙利共产党对卢卡奇进行激烈的批判，认为卢卡奇用其"救世主"的、唯心主义的观点来反对自然辩证法，否定马克思主义。在苏联，党的官方哲学家德波林也将对卢卡奇的批判重心放在反对自然辩证法问题上。1924 年召开的共产国际第五次世界代表大会上对卢卡奇的讨伐使得这次批判达到了高潮。布哈林认为卢卡奇重新陷入了老黑格尔主义，季诺维耶夫则将卢卡奇的理论扣上了"修正主义"的帽子。

这之后，党内讨伐不断，学术界争论不休。时隔数年，1961 年，法国举办大型讨论会："辩证法是否仅仅是历史规律？它是否也是自然规律？"与会学者就卢卡奇的理论展开辩论。直至卢卡奇逝世后，英国共产党刊物《今日马克思主义》依然对此问题进行讨论。时至今日，关于卢卡奇的自然观争论也没有消失。

多年来，学者们对卢卡奇为何未在争论刚开始的时候就参与进去，而只是在 20 世纪 30 年代以后的各种"自我批判"中否定自己的观点进行了不同的猜测。①《尾巴主义与辩证法》一书的出现澄清了这一问题。该书以手稿的形式在共产国际和苏联共产党的中央档案馆被发现，并于1996 年以德文—匈牙利文对照的形式发表。针对党内党外的各种评论，卢卡奇认为孟什维克主义者德波林和尾巴主义者鲁达斯并没有对《历史与阶级意识》一书进行正当的批评，而是借歪曲此书之机，意图将孟什维克的因素偷运进马克思主义中去。于是，1925 年或 1926 年，卢卡奇写作了《尾巴主义与辩证法》一书进行自我辩护。本书的写作在时间上紧跟《历史与阶级意识》，二者是补充强调的姐妹篇关系，卢卡奇在与批评者的对话中使《历史与阶级意识》中的基本概念更加清晰。

（一）阶级意识问题

卢卡奇首先回应对其"唯心主义、不可知论、折中主义"的批评。

---

① Michael J. Thompson ed., *Georg Lukács Reconsidered*, New York: Continuum International Publishing Group, 2011, p. 65.

卢卡奇认为，机会主义者每一次对革命的辩证法进行攻击都是扛着反对"主观主义"的大旗进行的，德波林和鲁达斯也不例外。卢卡奇同时指出，二者对其理论上的攻击的实际目的是反对布尔什维克主义。

1. 阶级意识与黑格尔主义的唯心主义

《历史与阶级意识》之所以引起轩然大波的十分重要的原因就是卢卡奇提出解决资本主义社会物化现象的方法是无产阶级革命，而前提是要克服被物化的社会物化了的意识，当物化意识被无产阶级真正的阶级意识——革命的历史辩证法，即主体—客体统一的辩证法——所克服之际，也就是无产阶级发动革命打破这个物化的资本主义社会之际。通过唤醒无产阶级的意识从而达到实行无产阶级革命的做法，最先遭到苏联哲学家激烈的批判，他们称卢卡奇的辩证法是"黑格尔主义的唯心主义"，是典型的"修正主义"，认为主体—客体统一的辩证法不过是黑格尔"思存同一"的翻版。

为了澄清对自己理论的歪曲，卢卡奇认为，首先需要弄清的问题是，通过"主体"这个概念可以理解的是什么；第二个问题是，主体在历史发展的进程中起什么作用？

德波林批评卢卡奇的主体与客体关系理论，他认为："对'相互影响'的唯一的唯物主义解释只能由劳动的过程、生产的过程、活动、社会与自然之间的交换来理解。"[1] 也就是说，根本就不存在阶级斗争一说，有的只是"客观"的社会与自然之间经由劳动中介的交换。卢卡奇将德波林的理论归结为：主体＝个体，客体＝自然，或者主体与社会同义，客体与自然同义。德波林没有意识到，历史过程正是发生在历史之中，而认识到这一点才能正确地认识主体与客体的关系。相反，鲁达斯倒是承认阶级斗争的存在，他甚至有时在书中还提到无产阶级活动和党的作用的存在。不过，他反对阶级意识在阶级斗争中是存在的，更无需提及其重要意义："什么是'历史作用'？（历史作用）就是同其他任何作用一样独立地发生于人类意识的作用。"[2]

正是基于将主体与客体截然分开，并且忽视主体的作用的思想，鲁

---

① 转引自 Georg Lukács, *Tailism and Dialectic*, London and New York：Verso, 2000, p. 49。

② Georg Lukács, *Tailism and Dialectic*, London and New York：Verso, 2000, p. 49.

达斯等人将1919年匈牙利无产阶级革命的失败归因于纯粹客观的障碍：军事撤退、军官叛国和封锁。卢卡奇当然不否认这些客观因素对局势产生的重要影响，但是，这些客观因素不可能独立于主体的因素而单独起作用。卢卡奇认为，与之共同起作用，甚至是比之更加重要的因素来自于主体方面：没有一个共产主义的党来指挥革命。不过，如果仅仅强调主体的作用，卢卡奇就与他批判的对象并无二致，同为康德主义者了。卢卡奇接着就对主体方面的缺失的客观原因做了分析，并认为，主体与客体的分裂在现实的历史过程中是不存在的，历史的过程不可能在某项原则的单独作用下进行。

卢卡奇在批判二人主体与客体二元论的同时，也对其抽象地理解主体进行了反驳。在卢卡奇看来，"主体"并不是抽象的概念，不是普遍的"人类"，也不是单独的"个人"，而是无产阶级与其政党。卢卡奇批评鲁达斯捏造事实，将每个阶级进行斗争的决定性的时刻规定为此阶级有能力抓住社会总体之时。不难理解卢卡奇对这种对其理论进行歪曲的愤怒，在《历史与阶级意识》中，卢卡奇花了很大的力气证明，只有资本主义社会才使得社会成为了整体，也只有无产阶级社会才有能力认识这个社会总体。

2. 阶级意识与革命时机

鲁达斯等人没能正确地认识革命的真正主体，他们也不可能找到革命的正确"时刻"。在卢卡奇看来，单单找到了进行革命的力量不足以进行革命，革命需要"天时地利人和"。只有敏锐地抓住这个独一无二的革命"瞬间"和"时刻"，革命才有成功的保证。不过，显然鲁达斯等人对卢卡奇的"时机"理论并不赞同。在他们看来，"时机"这个概念充满了偶然性，并且，充满了唯心主义和理想主义的色彩。历史是一个自然行进的过程，当客观条件成熟之刻，也就是革命自然成功之时。在卢卡奇看来这正是"尾巴主义"——作为辩证法的反面——所必然得出的结论。尾巴主义割裂了主客体，也割裂了过程与时刻。诚然，历史过程是由一个又一个时刻构成的，但是这并不代表着每个时刻的意义都是相同的。也就是说，历史不是一个均质的过程，总有这样的时刻，它与其他的时刻有明显的区分，并且指引了前进的趋势。所谓"机不可失时不再来"，正是卢卡奇在此所要表达的意思，也是列宁所说的，历史绝不会原谅因为革命者错失了革命良机而导致的革命的失败。

在历史向我们开放的这个时刻，无产阶级意识是革命最终胜利的决定性因素。这个时刻，主体的意识将自己提升为独立的行动。不过，辩证法较之尾巴主义的区别就是，它从不将主体与客体机械地分裂开来，总能够看到它们之间的具体联系。客观条件决定了主体的意识和活动并不假，卢卡奇从来也没有否认过这一点，相反，他总是能够对客观条件进行具体的分析；但是，主体的意识与活动对客观形势的影响却是无论如何不能在历史的过程中被抹杀的，甚至在他所说的决定性的"时刻"中，主体因素才是起决定作用的因素。这非但不是割裂主体与客体的做法，而恰恰就是辩证法讲求的差异性的统一。所以卢卡奇的"主客体同一"的概念既不偏向于客体一方，也不可能偏向于主体一方，而是要在二者的联系中找到推进历史前进的方向。

3. "被赋予"的阶级意识

由于尾巴主义者鲁达斯将主体与客体分离，同时也就分裂了"纯粹理性"与"实践理性"。鲁达斯不反对阶级意识在革命中发挥的重要作用，但是，与卢卡奇不同的是，他认为阶级意识不过是客观环境发展到一定阶段而自动生成的产物。政治上的意识形态需要的是"教育工作"，而除了意识形态外的其他影响则是靠经济因素自动进入人的头脑中。卢卡奇宁可承认自己是鲁达斯等人口中的"主观主义者"，也不肯低估教育工作的重要性。

首先，什么是阶级意识。尾巴主义者之所以为尾巴主义者正是因为他们不能正确地引领群众走向历史的前方。他们盲目地相信群众的自发性，正如鲁达斯一样。而卢卡奇在本书中同在《历史与阶级意识》中一样强调了，并不是大多数无产者的意识，也不是他们意识的平均值是真正的无产阶级阶级意识，无产者在生产过程中自发形成的意识有可能并不符合他们的阶级地位。这是因为，即使他们是唯一有能力对社会总体进行正确认识并得出符合其阶级地位的阶级意识的主体，但是，可能性与现实性毕竟不能直接等同。鲁达斯等人认为客观时机尚未成熟是无产者不能形成阶级意识的首要原因，而一旦客观条件成熟了，无产阶级也就会同步、自动地获得相应的意识，而马克思主义者需要做的也不过是"期待过程的发生"。卢卡奇对这种静观的、无所作为的机械论十分反感。他认为，根据历史唯物主义的观点，客观条件是极有可能先于主观条件成熟的，此时，世界性的无产阶级政党的任务就是对无产阶级阶级意识的发展进行有效的干预，从而使无产者的意识达到在当时的客观条件允许的情况下的最高水平。

鲁达斯认为阶级意识不成熟的另一方面原因就是工人们并没有处于无产阶级阶级意识所应该身处的典型位置上。"如果无产者没有正确地感受到'阶级意识'，或者甚至对其阶级感受到敌意，那么，这是因为他们在经济进程中的地位本身并不是完全典型的。他们要么并不在大工厂工作，要么属于小资产阶级的无产者。"① 卢卡奇也对鲁达斯机械地对待意识与现实之间关系的荒谬结论进行了批评。他认为，阶级意识当然跟鲁达斯所说的"典型性"是有关系的，但是它根本就不可能根据工人的地位而有如此直接的、泾渭分明的区分，哪怕是同一间工厂的不同的无产者个体也可能会有不同的意识，运用公式对工人们的意识进行人为的划分只能导致宿命论。并且，如果仅仅凭借直接性的物质条件的先进与否来判定阶级意识，那么，很容易就会将工人贵族的意识认定为无产阶级阶级意识。在此，卢卡奇重申了《历史与阶级意识》中他对无产阶级阶级意识所下的定义："人们在特定生活状况中，如果对这种状况以及从中产生的各种利益能够联系到它们对直接行动以及整个社会结构的影响予以完全把握，就可能具有的那些思想、感情等等。"②

其次，如何成为无产阶级。卢卡奇将无产阶级阶级意识与经验性心理感受进行了区分，可是，这样做面临的风险就是对其沦为康德主义的指控。如果无产者日常生活和生产中所直接体验到的都是经验性的，表面性的心理层面的东西，那么，无产阶级阶级意识如何可能达到？

鲁达斯所批评卢卡奇将阶级意识建基于上帝或诸神的头脑。如果当下的经验性的现实与需要努力追寻的应该之间存在着不可逾越的鸿沟，那卢卡奇也确实不可能在俗世中找到阶级意识。

但是，卢卡奇却找到了沟通二者的桥梁，或者说将无产阶级心理提升至阶级意识的渠道：共产党。卢卡奇认为，阶级意识是具体的范畴，

---

① 转译自 Georg Lukács, *Tailism and Dialectic*, London and New York：Verso, 2000, p. 68。
② ［匈］卢卡奇：《历史与阶级意识》，杜章智等译，商务印书馆 2009 年版，第 106—107 页。

它是形式与内容、过程与时机的统一，不过不是直接的、自动的同一，而是以党组织作为中介的有机统一。离开无产阶级立场，就不可能有历史唯物主义，同样，离开党组织的革命实践，也不可能有阶级意识的全面生成。

黑格尔认为："中介不是别的，只是运动着的自身同一。"① 马克思抛弃了黑格尔抽象的哲学，他的讨论带有直接的现实性意义。《共产党宣言》中，马克思指出：共产党人"没有任何同整个无产阶级的利益不同的利益"②。发现"党组织"这个中介使得卢卡奇得以在书中反驳对其为"神创论"和"目的论"的指控。卢卡奇对列宁的党组织理论十分推崇，因为在列宁的理论中，党并不是脱离了无产者、脱离了无产阶级阶级意识的异己力量，党员是群众的汪洋中的一滴水，是"先闻道"的先驱，他们的作用只是引领群众，但是，引领群众的前提是他们正确地认识了历史的道路。③ 可以说，这也难免导致另一种诘难：精英论。认为党员比群众觉悟高，认为群众需要被领导。但这种批评也是基于党员与群众的分离为前提。事实是，党员并不是一种与生俱来的身份，不是上帝指定的带路者。党员也不过是普通群众的一员，但因为他们率先认识到了其阶级地位及阶级的发展道路，于是得以成为党组织的一员。党员不同于官员，也不是一种身份，却是一种责任。卢卡奇强调的是党组织有责任将尚未对"阶级历史地位"有所自觉的无产者进行"教育"，帮助他们将自己的意识提升到至今为止最高的水平——也就是最正确的、适合于当前的实际情况的水平。④

从此可以看出，对卢卡奇的阶级意识理论是目的论的指责也并不属实。卢卡奇并没有设定一个遥远的、彼岸的目标，相反，他认为，提高无产者阶级意识并不是一个无尽头的（抑或有限的）发展过程，并不是一个永远朝着确定的目标前进的过程，而是辩证的过程。它是发生在与社会现实不间断的相互联系之中的。卢卡奇举例到，由于革命先驱犹豫不定或者阶级意识不足而引发无产阶级运动的失败进而也会导致客观的

① ［德］黑格尔：《小逻辑》，贺麟译，上海人民出版社 2009 年版，第 14 页。
② 《马克思恩格斯选集》第 1 卷，人民出版社 2012 年版，第 413 页。
③ Georg Lukács, *Tailism and Dialectic*, London and New York：Verso, 2000, p. 73.
④ Georg Lukács, *Tailism and Dialectic*, London and New York：Verso, 2000, p. 77.

形势陷入低潮。正是因为意识教育活动与革命运动之间的辩证关系，阶级意识的教育活动不可能是一个线性的上升过程。也就是说，鲁达斯等人所说的依靠等待直至条件成熟，从而群众得以自发形成阶级意识的情况是不可能发生的。没有阶级意识的觉醒也就没有所谓客观条件的成熟，而客观条件的不足又限制阶级意识的提升，从而造成恶性循环。这也正说明了卢卡奇"阶级意识"概念中的非"目的性"。卢卡奇所说的"能够联系到它们对直接行动以及整个社会结构的影响予以完全把握"的阶级意识是限定"在特定生活状况中"，即阶级意识是具体的概念，它在不同的时期是有特定内涵的，它是受这种特定情况影响，并通过参与到行动中去改变这种情况，同时也改变自身。所谓阶级意识的提升也并不是一下子或者最终提高到某个先前设定好的目的，而是提升到最符合当下社会现实整体的意识水平。

所以，卢卡奇实际上一直在强调无产阶级并不是所有的工人或者说无产者的集合。无产阶级不是现成，而是生成；不是现状，而是未来。要"成为"无产阶级，也就是要先具备无产阶级阶级意识，只有对自身的阶级地位有所自觉的无产者才能算得上是无产阶级。"共产党人的最近目的是和其他一切无产阶级政党的最近目的一样的：使无产阶级形成为阶级，推翻资产阶级的统治，由无产阶级夺取政权。"①

再次，区分需要被引导的农民阶级。卢卡奇在《历史与阶级意识》中对当时社会中存在着哪些阶级做了划分，大致还是依照马克思的分析框架。他认为，在资本主义社会中，存在的最典型的阶级就是资产阶级和无产阶级，小资产阶级和农民阶级实际是等级社会的残余，在严格的马克思主义的意义上不能算作一个阶级，其意识也相应地并不能算作"阶级意识"。卢卡奇引用马克思在《路易·波拿巴的雾月十八日》中对农民的评价，认为农民在经济生活条件和其他方面的社会生活上与其他阶级迥然有别的意义上，是一个阶级，但是，由于小农经济的自给自足的性质，他们之间并没有广泛的社会交往，没有政治组织，不能形成阶级。鲁达斯用所谓"精确的""科学的""社会学"来确定阶级，以经验心理为准绳来衡量阶级意识，从而对卢卡奇的观点提出了质疑。他认为，

① 《马克思恩格斯选集》第1卷，人民出版社2012年版，第413页。

一切经济状况不同的群体都应该算作阶级，而且，一切反映这种经济状况的意识也都是阶级意识。卢卡奇认为鲁达斯并没能领会马克思在《路易·波拿巴的雾月十八日》中对农民的阶级属性的分析，并毫不客气地用黑格尔批判谢林等人的神秘主义时说的"黑夜里一切牛都是黑的"来批判鲁达斯。如果不能认清资本主义社会中存在的各阶级（如果小资产阶级和农民阶级在非严格意义上也可称为阶级的话）的属性，就不能确定资本主义社会存在的阶级矛盾，不能看清引领社会革命的阶级。

由于卢卡奇开篇就明确地表明，所有的论述指向的都是无产阶级阶级意识，在"被赋予的阶级意识"都写到"农民阶级"一节，意图也很明显了。卢卡奇是想要在已经阐明了古往今来，只有无产阶级才能认识社会的总体，才能有意识地冲破资本主义，摆脱"人类史前史"阶段而引领人类走向解放的基础上，说明社会中处于资产阶级和无产阶级中间的所有其他阶级在实践上最终走向解放的途径只能是接受无产阶级的领导，站在无产阶级的立场上去把握资本主义社会，融入无产阶级革命的洪流。无产阶级的阶级意识从根源上来说是被历史发展本身赋予的，而不是个别人的个别理论强加的；具体来说，农民阶级想要在资本主义社会里形成本阶级的阶级意识——也就是无产阶级阶级意识，是要靠作为整体的无产阶级本身来自我赋予的。这是贯穿在主体—实体统一中的，自我设定自我的历史过程。

（二）自然辩证法问题

《历史与阶级意识》中，卢卡奇始终标榜"自然是一个社会范畴"[①]，"这就是说，在社会发展的一定阶段上什么被看作是自然，这种自然同人的关系是怎样的，而且人对自然的阐明又是以何种形式进行的，因此自然按照形式和内容、范围和对象性应意味着什么，这一切始终都是受社会制约的"[②]。不仅如此，他更是通过批判恩格斯的自然辩证法来佐证自己的结论。"恩格斯对辩证法的表述之所以造成误解，主要是因为他错误地跟着黑格尔把这种方法也扩大到对自然界的认识上。然而辩证法

----

① ［匈］卢卡奇：《历史与阶级意识》，杜章智等译，商务印书馆2009年版，第206页。
② ［匈］卢卡奇：《历史与阶级意识》，杜章智等译，商务印书馆2009年版，第325页。

的决定性因素，即主体和客体的相互作用、理论和实践的统一、在作为范畴基础的现实中的历史变化是思想中的变化的根本原因等等，并不存在于我们对自然界的认识中。"① 卢卡奇对自然和历史之间关系的理论自《历史与阶级意识》发表以来一直成为被批判的中心，原因就是这个问题涉及哲学的根本问题——本体论问题。如何理解卢卡奇的自然概念对客观地评价卢卡奇的辩证法的性质和他对马克思主义理论的理解都具有重要的意义。

1. 卢卡奇在《历史与阶级意识》中提出的自然概念

在《物化与无产阶级阶级意识》的第二部分"资本主义思想的二律背反"中，卢卡奇引入了"第二自然"的概念，这也是他分析自然与社会的关系、研究辩证法的适用范围，从而反对自然辩证法的语境。"第二自然"指的是必然性即使在由人创造出来的社会中也占了上风，规律本身成为了社会发展的主体，而受规律摆布的人即使进行"活动"，这"活动"也并无能动性，成为了事件的客体。

在此基础上，卢卡奇对自然概念在资本主义历史上的嬗变做了精彩的分析。

第一，科学技术与资本主义的联姻使得"自然"获得了其在资本主义社会的第一种认识形态："即事件规律的总和"②，而与人异在的、无情的必然性是其基本特征——也就是卢卡奇所说的"第二自然"中"自然"的含义。开始时它是数学家、科学家建立的理性化的认识模型，而近代哲学家以之为认识理想，试图借助它把所有的现象——无论是自然科学领域还是社会领域——都变成精确计算的对象。一旦如此，越来越彻底合理化——即可量化、可计算——的现实使得行为主体被编织进规律的网里，无从挣脱，所谓"行为"也就变成了纯直观的。同"自然"的规律性这一点纠缠不清的另一个，或者说其引申特征即为"规律"所代表的价值判断：必然性，正确性。资产阶级社会用其通过宣扬其同封建社会的虚伪、专权和混乱相比，自身是"合规律的"，是天然合理的，因此也将是永恒存在的。

---

① ［匈］卢卡奇：《历史与阶级意识》，杜章智等译，商务印书馆 2009 年版，第 51 页。
② ［匈］卢卡奇：《历史与阶级意识》，杜章智等译，商务印书馆 2009 年版，第 214 页。

第二，卢梭所代表的浪漫派的自然概念却是跟第一种"规律"概念正相反的。自然不是人们必须遵守的规律，不是钳制牛鼻的鼻栓。正因为资本主义的物化是人类所谓文明的必然产物，那么，只有摆脱了文明的压抑的非人为的，有机成长的东西才是"自然的"。"自然"非但不是必然性，相反，"自然"是自由。在价值方面的反映就是对"天然"的、没有被人所染指的"我们过去是的东西"和"我们应该重新成为的那种东西"的渴望，就是对毫无束缚的自由的向往。卢梭的《爱弥儿》正是这种精神的实践方面的代表。

第三，在一边是作为资产阶级合规律性的自然，另一边是作为原始天成须得无为而治的自然的中间，出现了第三种自然观念。同样是浪漫主义者，但与卢梭的非人的才是自然不同，第三种自然概念并不认为人为的就是非自然的，而只有在特定的社会形态中，即资本主义中产生的物化形式才是非自然的。与物化相对的"自然"则表象为真正的人的存在："人作为自身完美的总体……对他来说，自由和必然是同一的。"①所以，克服非自然的手段不是无所为，而是积极主动地弥合前两种概念之间的分裂。浪漫主义者不仅在理论中找到了这种自然的概念，他们还在现实中找到了实现这同一的具体领域：艺术。他们赋予艺术以世界观性质的意义，企图在美学中找到解决人的社会存在的意义的问题的钥匙。可是，正如卢卡奇批评康德的"实践理性"不过是将现象与自在之物的分裂带入了主体之中，将"世界美学化"的方法也回避了真正的问题，将主体的分裂增加了一个新的领域。

卢卡奇在这段分析中清楚地揭示了"自然"概念的社会历史性：对自然的认识是随着社会发展而变化的。并且，卢卡奇认识到，马克思早已对此有了深刻的阐述，"按照笛卡儿下的定义，动物是单纯的机器，他是用与中世纪不同的工场手工业时期的眼光来看问题的。在中世纪，动物被看作人的助手"②。而达尔文在自然界发现的生存竞争也不过是资本主义社会自由竞争的映射。

既然以上三种"自然"观念在卢卡奇看来都陷入了资产阶级意识

---

① ［匈］卢卡奇：《历史与阶级意识》，杜章智等译，商务印书馆2009年版，第215页。
② ［德］马克思：《资本论》第1卷，人民出版社2004年版，第448页。

形态，那么，卢卡奇有没有提出站在无产阶级立场上从而超出了"资产阶级思想的二律背反"之后而提出的"自然"概念是什么？书中卢卡奇没有再专门对这个问题进行过探讨。不过，通过他对浪漫主义者意图通过艺术来统一自由与必然，从而使人成为其本身的做法的分析可以看出，虽然卢卡奇批评了浪漫主义者的手段，但是没有否定其目的。只有无产阶级的革命的实践才可能打破物化的资本主义，才能够使人成为人：当然这里并不排除卢卡奇此时怀抱着人本主义的理想追求。

在详细的阐发"自然是一个社会范畴"这个命题的同时，卢卡奇自称"有点离题地"批评了恩格斯对"自在之物"的理解，也正是这批评将卢卡奇对自然的理解推向了风口浪尖。卢卡奇认为恩格斯对实践的理解实际上没有超出资产阶级思想的窠臼，因为恩格斯将工业实验等同于实践，而实验"恰恰是最纯粹的直观"，是遵循"自然规律"的，也就是说应了资本主义社会的第一种意义上的"自然"的含义。而恩格斯之所以犯了如此错误的原因是，他没有意识到，"工业"实际上就是资本主义工业。他没有理解马克思在《〈政治经济学〉导论》中对生产一般的分析，没有对实践进行辩证的、历史的考察。

2. 卢卡奇对自然概念的澄清

基于此理论引发的激烈争论，卢卡奇在《尾巴主义与辩证法》的第二部分中分别予以回应。

卢卡奇在本书的第一部分批判了鲁达斯的尾巴主义在阶级意识问题上由于缺乏中介的思想而陷入了直接性和唯心主义。接着，卢卡奇在第二部分意图更进一步，"寻找驱动力的驱动力"，也就是要对理论的物质基础进行分析。不过，这并不是通过对生产力状况的直接描述，而是通过对"自然"的理解进行的。

首先需要澄清的问题就是，卢卡奇无论在《历史与阶级意识》还是在《尾巴主义与辩证法》中，讨论的都是"对于自然的认识"，而非"自然"本身，是认识论问题，而不是本体论问题。并且，卢卡奇点明了自己与德波林和鲁达斯在"自然"这个领域中争论的焦点问题：辩证唯物主义的出发点是："物质生活的生产方式制约着整个社会生活、政治生活和精神生活的过程。不是人们的意识决定人们的存在，相反，是人们的社会存在决定人们的意识。"① 既然如此，"人们用以表达他们与自然的关系的精神形式难道是一个例外吗？或者说：人们是与自然处于直接的关系中，还是人们与自然的新陈代谢是被社会中介的？"② 显然卢卡奇认为我们与自然的关系是被社会历史中介了的，相应的，我们对自然的认识也就是一种被社会存在决定的社会意识。或者用回答卢卡奇问题的方式来理解卢卡奇本人的解释：人们对自然的意识或者说认识也是社会意识，既然所有的社会意识都要受社会存在制约，自然认识显然也是受到社会存在制约的。在此基础上，"自然是一个社会范畴"讲的并不是本体论上没有独立于"我"的自然，而只是说，对自然的认识是在社会历史中进行的，并受制于社会历史的客观条件。

接下来，卢卡奇具体地对这个结论进行了分析，并且，与鲁达斯等人对他的"唯心主义"相反，整个阐述过程卢卡奇都是在"人类生产活动"的基础上进行的。同《历史与阶级意识》中一样，卢卡奇并没有泛泛地界定"历史"，而是将其论述范围限制在"资本主义社会"之中。

首要的问题就是自然的在先性。大多数对卢卡奇"自然"理论的批评认为，卢卡奇否认了自然是马克思主义的本体，犯了唯心主义的错误。即使是对卢卡奇自然理论有深入研究的施密特也认为，"自然是一个社会范畴"的说法"恐怕还应再加上这样的话，即反过来，社会也总是一个自然的范畴，就是说，社会的每个时期的每个形态，也和社会所占有的自然的一个片段一样，依然停留在仍没有被人力广泛渗透的作为整个现实的一般自然之内"③。

这一点卢卡奇有没有看到？实际上，卢卡奇在青年时期并没有对本体论予以过多的关注，这也正是其晚年书写《社会存在本体论》的原因。卢卡奇确实反对自然辩证法，他将辩证法限定在人类历史领域中，认为没有人的地方就没有辩证法，因为辩证法讲的是主体与客体的统一、理论与实践的统一、社会存在与社会意识的关系。但是，卢卡奇并不反对自然的存在——这是常识，哪怕是贝克莱这样的主观唯心主义者也并

① 《马克思恩格斯选集》第2卷，人民出版社2012年版，第2页。
② Georg Lukács, *Tailism and Dialectic*, London and New York：Verso, 2000, p. 96.
③ ［德］A.施密特：《马克思的自然概念》，欧力同等译，商务印书馆1988年版，第181页。

不会犯这样的低级错误。《尾巴主义与辩证法》中，卢卡奇为了纠正对自己《历史与阶级意识》中"自然"理论的错误理解而强调了这样的观点："不言而喻，社会是从自然中产生出来的。不言而喻，自然及其规律先于社会而存在（即先于人类）。"① 人们的意识"当然是自然的产物"②。承认这一点并没有对卢卡奇的理论产生什么实质性的改变，正如在没有强调这一点时，卢卡奇的理论也没有否定任何与这一点有关的结论。卢卡奇在写作《尾巴主义与辩证法》时也未能一睹《1844 年经济学哲学手稿》，但是，这并不妨碍他与马克思在"自然界的在先性"上的共鸣。

其次是关于自然认识的社会历史性问题。卢卡奇向来反对人与自然之间存在着直接性的关系，过去没有，现在没有，将来也不可能有。任何素朴的、物化的或者乌托邦的对人与自然的理解对卢卡奇来说都是不能忍受的。"我的观点是，我们关于自然的知识是被社会中介了的，因为其物质基础是被社会中介了的；并且我认为马克思主义关于历史唯物主义方法的公式：'社会存在决定社会意识'是真理。"③ 自然知识的物质基础是什么？为什么说它是被社会中介的？

文中，卢卡奇将人类与自然所进行的物质交换，也就是"人类生产活动"作为意识活动的物质基础。卢卡奇对马克思的《〈政治经济学批判〉导言》《资本论》和《剩余价值理论》中关于生产与社会的关系的论述进行了分析。马克思为了论述的方便而对生产进行了抽象，提取出了任何社会阶段都要进行的物质生产的共性。在这种抽象中，并不涉及劳动过程中人与人之间的关系。不过，适用于任何社会的"生产抽象"同时也就对任何社会都没有意义。因为"一切生产都是个人在一定社会形式中并借这种社会形式而进行的对自然的占有"④。显然，卢卡奇不仅指出了意识活动以生产为基础，也指出了生产的社会性。正是因为人与自然的物质交换——是这种交换关系，而不是物质自然本身——是意识的基础，那么，卢卡奇认为辩证法并不包含自然辩证法也就不足为奇了。

① Georg Lukács, *Tailism and Dialectic*, London and New York：Verso, 2000, p. 102.
② Georg Lukács, *Tailism and Dialectic*, London and New York：Verso, 2000, p. 98.
③ Georg Lukács, *Tailism and Dialectic*, London and New York：Verso, 2000, p. 106.
④ 《马克思恩格斯选集》第 2 卷，人民出版社 2012 年版，第 687 页。

社会与自然之间的物质交换过程和对这个过程的意识是同一历史过程的两个方面。哪怕是原始的黑人村落离开了对自然过程一定程度的正确认识也不能存在一天。同样，自然认识的方式和程度也取决于社会经济结构。卢卡奇拿资本主义社会作为典型，认为，资本主义不仅为自然科学的发展提供了有利的条件，也就是说，不仅仅是资本主义产生了现代自然科学，而且自然科学的进步也促进了资本主义的发展，发达的自然科学是资本主义发展的必要条件，二者是共生关系。

卢卡奇认为，自然认识的社会历史性在资本主义社会之所以如此难以被接受不仅是因为资本主义意识形态的阻碍，其深层的原因是当前社会的客观情况。在封建社会中，哥白尼革命引发的不仅仅是科学上的争论，同时也是阶级斗争的意识形式。而在资本主义社会中，仿佛科学是独立于任何领域，特别是意识形态领域存在的。为什么对自然的理解在封建社会和资本主义社会有着天壤之别，却在目前，也就是从资本主义向社会主义过渡的过程中差距甚微？卢卡奇此处的分析并不是十分明确。只有资本主义社会才使得其生产方式渗透进了社会的方方面面，才使得与之相应的意识形态也空前普遍地占据了人们的头脑。正是这种与前资本主义的巨大差距导致了对自然认识与社会状况之间的关系的理解在两种社会形态之间的差别。卢卡奇认为，即使到了社会主义，也只有等到全面消除了资本主义的劳动分工、脑体劳动和城乡差别后，对自然的认识才会有一个质的转变。

最后，卢卡奇探讨了自然认识的客观性问题。具有社会历史性的自然认识是否就如鲁达斯所批评的纯然是主观的，也就是"唯心主义的"呢？卢卡奇对此反唇相讥："这简直是胡扯。"卢卡奇从两个方面论证了自然认识的客观性。

其一，自然认识是社会存在的产物，而社会本身是客观存在的。其二，自然认识的内容本身是充分、客观和系统的（相对而言）。卢卡奇认为自然知识的内容的正确性是具有相对性的，但是他反对相对主义。相对主义者认为无论是原始的黑人村落还是当今的资本主义社会都是受到他们的社会存在的经济结构决定的，所以，他们对自然的认识在程度上同等地接近客观真相。但是，根据马克思主义的观点，知识的物质基础是具体的、客观的历史过程，但并不是线性上升的机械过程。所谓知识的相对性只是说前一个社会阶段中产生的知识可能被社会更高级阶段中产生的知识所证伪。但是，卢卡奇认为，客观真理是存在的，并不随着对它的不同的解释而有所变化。但是，人们对客观真理的认识却会随着社会和自然之间的物质交换的深入展开而更加深化。而且，即便是对真理的片面的认识也并不是错误的认识，而是具有相对的正确性。

3. 对卢卡奇自然概念的理解

至此，我们可以理解什么是卢卡奇所说的"对自然的认识"。卢卡奇实际上指的并不仅是具体的科学结论，不仅是这些知识的"现状，而是它们是什么，怎么成为其所是"，这更接近于自然哲学，或者是卢卡奇认为自然科学应该前进的方向。

"自然是一个社会范畴"，对我们来讲，这个命题之所以并不容易接受，其中一个原因是没有认清卢卡奇所说的"自然"是关于自然的历史性认识，从而误认为卢卡奇否定了马克思主义的物质本体论；另一个重要的原因就是一般来讲，认为语言文字、形式逻辑、自然科学属于非意识形态的社会意识形式，独立于任何社会关系。如果将卢卡奇的"自然"理解为自然科学，并且又将自然科学按照卢卡奇物化的方式理解为永恒不变的规律的体现，加之同时又将社会理解为主观性的领域，自然会得出卢卡奇是一个不折不扣的唯心主义者的结论。

实际上，深入分析不难发现，卢卡奇的观点与马克思《手稿》中"人化自然"的概念，和《德意志意识形态》"凡是有某种关系存在的地方，这种关系都是为我而存在的"命题实际上并无龃龉之处。结合《历史与阶级意识》中关于自然规律的阐释可以得知，卢卡奇认为资本主义社会中对自然的认识，对科学的研究已经被物化意识俘虏了。卢卡奇似乎独树一帜地标榜"自然是一个社会范畴"，其实也不过是强调自然知识要"受历史的和辩证的考察"。要突破物化意识就要知道知识的基础：社会与自然在一定的社会经济结构中的物质交换（说明卢卡奇实际上并没有遗忘"劳动"，没有遗忘社会发展的物质基础）；知道其来源：自然知识是具有社会历史性的，现代科学意识是资本主义社会的产物，当然，同时也是其助力；知道其走向：对自然的认识既然是社会范畴，就应该将自己提升为辩证法，认识社会总体，为无产阶级阶级意识觉醒和阶级斗争服务。

（三）卢卡奇与"黑格尔主义的马克思主义"的关系问题

结合对《历史与阶级意识》和《尾巴主义与辩证法》中卢卡奇对该书所受批评而做的自我辩护的上述分析，我们可以初步回答卢卡奇究竟是不是一个"黑格尔主义的马克思主义者"这个备受争议的问题。

1. 卢卡奇主客体辩证法超越了黑格尔的资产阶级立场

指认卢卡奇的哲学是黑格尔主义的观点主要认为卢卡奇所说的主体—客体辩证法是对黑格尔绝对精神自我运动过程的复活。有学者指出，资本才是马克思所说的主客体的同一体，卢卡奇所说的阶级跟黑格尔哲学中的精神一样，都是对资本主义社会唯心主义的认同。[①] 更早之前，马尔库塞就提出结构主义的马克思主义，将个人主体和集体主体都视为意识形态建构。称承认主体存在是马克思青年时期不成熟的表现，而成熟后的马克思放弃了用主体解释社会发展的思路，转而使用生产方式、经济基础、上层建筑、生产力及生产关系等范畴，寻求一整套把握社会现实的新概念，从而走向了历史唯物主义。诚然，创作《资本论》的马克思由于要描绘的是充斥着拜物教的资本主义社会的运行状况，它本身就是对资本主义社会现实的理论上的正确反映。由于资本主义正是一个无主体的社会，或者说，由商品—物为核心的自动运行的系统取代了人作为主体的社会结构，马克思主义正是揭示了资本主义社会的这个特性。但是，如果将此视为马克思提出的历史唯物主义的全部内容，马克思主义就会同卢卡奇批判的实证主义一样，将现存作为永存，看不到事物发展的倾向，不能把握发展中的现实。马克思主义以无产阶级及全人类解放为旨归，承认人民群众是历史的创造者。卢卡奇站稳了阶级立场，细致分析了阶级意识与阶级的形成过程，党组织在这个过程中起到的中介作用，视无产阶级为通过自身的革命实践达到解放的力量，是符合历史唯物主义的。

2. 卢卡奇的现实辩证法超越了黑格尔的思维辩证法

另一种观点认为，卢卡奇的辩证法是思维辩证法，不是对社会发展

[①] Moishe Postone：《主体与社会理论：马克思与卢卡奇论黑格尔》，任致均译，《杭州师范大学学报》（社会科学版）2012年第5期。

客观运动过程的真实的反映，因为卢卡奇提出的实践不是现实的物质生产活动。实际上，在《历史与阶级意识》中，卢卡奇就有"现实"这一概念的分析，而且他认为，马克思和黑格尔正是在这一概念上分道扬镳了。黑格尔不能理解历史的真正动力，取而代之的是神秘的"绝对精神"，而马克思和恩格斯却正确地认识到，"历史过程中的决定性因素归根到底是现实生活的生产和再生产"。在《尾巴主义与辩证法》中，卢卡奇也是多次提到了人类的生产生活、物质实践、生产力、生产方式等概念。当然，仅仅提到并不能代表他认识到人类的物质生产和再生产是历史的真正动力。他的论述是，人们的意识是由其物质基础决定的，此物质基础即为人与自然的物质交换的社会经济结构；资本主义为共产主义社会的到来提供了物质前提（如高度发展的科技），但是，生产力和生产关系必须在社会与自然进行物质交换的过程中携手并进，取得统一。生产力只有在真正消除了资本主义社会中形成的劳动分工和其他差别（城乡、工农、脑体差别）的基础上才可能实现超越资本主义生产的质的飞跃。

由此可见，卢卡奇已经基本扬弃了黑格尔哲学，成为了一名用发展马克思主义来坚持马克思主义的马克思主义者。当然，由于此时卢卡奇对经济学的研究还不深入，对物质生产实践中范畴和范畴间的联系的理解还比较抽象，亟待以更具体、更现实、更客观的现实生产过程的范畴表达来充实。

第四章 以马克思主义解读
青年黑格尔哲学

从拒斥黑格尔哲学到学习黑格尔哲学，最后对黑格尔哲学进行批判，通过扬弃黑格尔哲学，卢卡奇走向的是对马克思主义的深入研究和理解。通过对黑格尔哲学是马克思主义理论思想来源的指认，卢卡奇继马克思、恩格斯和列宁之后，追本溯源，挖掘马克思主义的深层理论价值，从而与社会上流行的形形色色的对马克思主义思想的歪曲进行了不懈的理论斗争。没有对黑格尔哲学的学习与批判，卢卡奇就不能进入马克思主义的理论深处，不能理解马克思、恩格斯创造马克思主义时所面对的社会状况和理论背景，从而不能体会马克思主义在思想史上所具有的开创性地位。所以，对卢卡奇来说，黑格尔哲学可以说是通向马克思主义的敲门砖，不过，在接受了马克思主义之后，他依旧没有放弃对黑格尔哲学的研究，而是运用马克思主义对黑格尔哲学进行理解和改造，为正确认识马克思主义和发展马克思主义提供理论契机。

在《历史与阶级意识》一书受到国际共产主义内部的激烈批评之后，卢卡奇虽然立即写作《尾巴主义与辩证法》为自己辩护，但是这本书在卢卡奇有生之年都没有公开发表，取而代之的是卢卡奇本人的数次自我批评。因为卢卡奇吸取了科尔施由于坚持己见而被开除出党的教训，在他看来，承认错误是必要的革命策略，是为了继续留在党内进行革命事业，自我批评正是参加反对当时正在逼近的法西斯主义斗争的"入场券"。可是，卢卡奇实际上并没有放弃《历史与阶级意识》中取得的理论成果，即将马克思主义作为研究现实的方法而不是教条。通过分析匈牙利社会和经济情况，卢卡奇提出了"工农联盟"的革命计划，用以取代库恩·贝拉集团建立苏维埃共和国，实行无产阶级专制的革命纲领。

这就是1928年卢卡奇提出的著名的"勃鲁姆提纲"。这个提纲在匈牙利党内也造成了轩然大波，卢卡奇被作为"取消主义""机会主义"而被严厉批判，并遭到了开除出党的威胁。此时，卢卡奇采取了相同的策略，即自我批评。可是，自己的理论一再遭遇不被理解和接受的困境，卢卡奇开始对自己的政治实践道路产生了怀疑。"如果我像我坚持的那样，很明显是正确的一方，但又仍然无法避免如此轰动的失败，那么，我一定是严重地缺乏实际的政治才干。因此，我感到可以问心无愧地退出现实政治的舞台，再次集中精力于理论活动。"①

1930年，卢卡奇离开了维也纳，来到莫斯科，在马克思恩格斯研究院进行理论研究。其间，两份手稿的发现与研究对卢卡奇的学术研究生涯具有重要的意义。一份是马克思的《1844年经济学哲学手稿》，一份是黑格尔的《耶拿实在哲学》。1930—1931年，卢卡奇应梁赞诺夫之邀到苏共中央马克思恩格斯研究院工作，辨识马克思的手稿。梁赞诺夫让卢卡奇阅读了当时尚未公开出版的《1844年经济学哲学手稿》。正是这份手稿日后为西方马克思主义研究者们提供了取之不竭的思想材料，也是使卢卡奇的《历史与阶级意识》成为"西方马克思主义的圣经"的关键性的理论支撑。对手稿的细致研究使卢卡奇欢欣鼓舞，因为一方面，他看到了自己的理论同马克思青年时期思想的众多的一致性；另一方面，马克思对哲学与经济学之间关系的研究也启发了卢卡奇加深对马克思主义，特别是对辩证法思想研究的必要性和途径的认识。同时，马克思在手稿中对黑格尔哲学的集中批判使卢卡奇反思自己的"物化理论"，提高了自己的理论深度。

1931年，卢卡奇被共产国际派到柏林从事文化工作。在此期间，他于第一时间看到了荷夫迈斯特编辑出版的两大卷《耶拿实在哲学》，其中第一卷收编的是黑格尔1803—1804年在耶拿大学的讲稿，第二卷收编1805—1806年的讲稿。实际上，从1905年狄尔泰的《黑格尔的青年时代》的出版开始，德国就一度兴起了一股研究黑格尔青年时期思想的"黑格尔热"，人们开始重视黑格尔青年时期所写的提纲和笔记。诺尔、荷夫麦斯特、拉松等人在德国陆续编纂发行了《黑格尔青年时期神学著

---

① ［匈］卢卡奇：《历史与阶级意识》，杜章智等译，商务印书馆2009年版，第28页。

作》《耶拿时期实在哲学》《黑格尔政治和法哲学论文集》等文献著作，为研究黑格尔早期思想提供了十分丰富的原始资料。马克思早期手稿的发现与对黑格尔早期手稿的研究热情一道，使卢卡奇取得了十分重要的理论发现。他发现，青年马克思同青年黑格尔思想发展具有惊人的相似性：他们都是通过对经济学的研究而产生并发展了自己的辩证法。而研究青年黑格尔提出辩证法的过程无疑会对理解马克思主义的辩证法提供思想借鉴。由此，卢卡奇创作了在黑格尔哲学研究历史上占有重要地位的著作——《青年黑格尔——对辩证法与经济学之间关系的研究》（以下简称为《青年黑格尔》）。

　　同众多的研究黑格尔哲学的思想家不同，由于基本掌握了历史唯物主义原理，卢卡奇在分析黑格尔哲学的时候具有充分的方法论自觉，"我们再重复地说：我们在这本书里所研究的乃是历史事件在思想上的反映"[①]。卢卡奇坚持"社会存在决定社会意识"的历史唯物主义原理，同时，由于在《历史与阶级意识》的讨论中，卢卡奇通过批判第二国际的实证主义的马克思主义而充分认识了经济决定论的由来和危害，他认为必须在反对唯心主义的同时反对机械唯物主义。卢卡奇在《青年黑格尔》中正确运用了《关于费尔巴哈的提纲》中马克思对旧唯物主义和唯心主义的批判：旧唯物主义不懂"能动的方面"，而唯心主义虽然发展了"能动的方面"，却也由于不懂得"真正现实的、感性的活动"而只能"抽象地发展"能动性。所以，卢卡奇不仅要揭示青年黑格尔辩证法思想产生的"具体社会环境"，还要"具体地找出这个'能动的方面'对辩证法的产生所起的作用"。

　　卢卡奇指出，青年黑格尔思想产生的经济背景为英国工业革命带来的资本主义的发展，社会政治背景是由资本主义发展导致的法国大革命中资产阶级的胜利，当然，作为德国思想家，他所直接面临的是德国社会对英国的工业革命和法国大革命的反应。由于德国落后的经济政治环境，先进的思想家不得不将较为发达的资本主义社会一切方面的发展都反映为意识形态的变迁。对青年黑格尔来说，他面临的思想资源是英国发达的经济思想和法国先进的政治思想，它们是对资本主义社会发展的

　　[①]　［匈］卢卡奇：《青年黑格尔》，王玖兴译，商务印书馆1963年版，第23页。

反映，由于没有同样发达的社会基础，黑格尔的思想就不是对德国社会所进行的直接的反映，而是对英法思想的反思，也就是卢卡奇所说的"反映的反映"。这是黑格尔思想的局限，不过同时，对先进的英法思想的哲学反思同时也使德国在思想上跻身先进国家的行列。

卢卡奇将黑格尔青年时期进行了细致的分期：伯尔尼时期，卢卡奇将其称为黑格尔早年的共和国时期（1793—1796）；法兰克福时期，这一时期黑格尔的社会观产生了危机，并且萌生了辩证法思想（1797—1800）；耶拿时期，又分为耶拿早期——客观唯心主义辩护期（1801—1803）和耶拿晚期——与谢林决裂和创作《精神现象学》时期（1803—1807）。实际上，卢卡奇在书中着重讨论了三个问题：第一，卢卡奇重点研究了黑格尔在伯尔尼时期的宗教神学作品，批判了将黑格尔哲学浪漫主义化、非理性主义化的理论倾向。第二，通过分析黑格尔法兰克福时期和耶拿时期对经济学的研究，卢卡奇指出了黑格尔辩证法的形成与政治经济学研究之间的关系。第三，对《精神现象学》中辩证法方法的解读和研究，进而分析黑格尔辩证法在德国古典哲学和马克思主义唯物辩证法之间所起到的承前启后的作用。

一 反对将黑格尔哲学非理性主义化

卢卡奇创作《青年黑格尔》一书的直接目的之一就是反对将黑格尔哲学非理性主义化。卢卡奇在此书的序言中十分清楚地表明了《青年黑格尔》和《理性的毁灭》之间的密切联系。《理性的毁灭》一书写于1952年，是卢卡奇在反思德国法西斯主义和第二次世界大战的思想来源的基础上写就的。书中，卢卡奇将法西斯主义产生的意识形态方面的原因归结为德国非理性主义的盛行。卢卡奇批评了谢林之后的非理性主义思想，包括谢林、叔本华、克尔凯郭尔、尼采、狄尔泰和新黑格尔主义、德国社会学、社会达尔文主义等种种非理性主义的代表人物与思潮。而早在1938年创作《青年黑格尔》之时，卢卡奇就通过反对生命哲学和新黑格尔主义以及对黑格尔哲学进行的浪漫主义的理解而批判了非理性主义的诸种表现形式。

（一）对非理性主义代表人物的批判

卢卡奇认为，德国古典哲学沿着谢林至尼采最终走向法西斯主义这一脉是非理性主义思想的必然的发展路径，而沿着黑格尔哲学至马克思主义这一脉是理性主义，也是社会主义发展的必然的路径。研究青年黑格尔的思想与批判理性的毁灭都是为了揭示"马克思在德国文化上过去和现在的意义问题"①。他认为，忽视马克思主义的作用是德国文化的重大缺陷，德国由于不重视马克思主义而丧失了革命传统。考察马克思主义的"德国根源"并由此探讨马克思主义的社会价值正是卢卡奇的理论旨趣。

1848 年之前，叔本华就用反历史观念取消了德国古典哲学对辩证法的发展，恢复了形而上学的现实观念，并且清除了康德哲学中的唯物主义倾向。而后来的新康德学派的李卜曼奉行了叔本华的路线，把康德装扮成一个主观主义者和不可知论者，拒绝承认意识之外的客观现实，"黑格尔被当成了'死狗'"②。鲁道夫·海姆在其代表性著作《黑格尔和他的时代》中，批判黑格尔的客观主义和辩证法的"非科学性"，认为黑格尔哲学在一切方面都是反动的。

到了帝国主义时期，一些德国资产阶级学者们为了满足意识形态理论构建的需要，开始在不触动新康德主义不可知论的条件下，复兴客观唯心主义。这场德国古典哲学的复兴运动，首先是复兴黑格尔哲学。但是，"帝国主义时期的古典哲学的'复兴'并不是黑格尔辩证法的更新和发展，并不是黑格尔历史主义的具体化，而是想利用黑格尔哲学改造新康德主义使之更加有利于帝国主义的更加反动的一种企图"③。由此产生的新黑格尔主义学派要把黑格尔引回到康德的道路上去。帝国主义时期的迈涅克等人则把黑格尔哲学看做俾斯麦政治的指导思想，突出黑格尔哲学的反动动机。

"狄尔泰式的黑格尔主义所取得的巨大声望，恰恰就是由于黑格尔的

---

① ［匈］卢卡奇：《青年黑格尔》，王玖兴译，商务印书馆 1963 年版，第 5 页。
② ［匈］卢卡奇：《青年黑格尔》，王玖兴译，商务印书馆 1963 年版，第 9 页。
③ ［匈］卢卡奇：《青年黑格尔》，王玖兴译，商务印书馆 1963 年版，第 10 页。

辩证法在这里已被沿着反理性主义的哲学方向篡改了。"① 狄尔泰在《黑格尔的青年时代》一书中，以黑格尔青年时代对宗教问题的思考为根据，并着重将黑格尔早期对"生命"概念的探讨解释为生命哲学的体现，强调黑格尔哲学中反理性的神秘主义成分，意图将黑格尔塑造成为一名浪漫主义者。虽然狄尔泰这种错误的做法也起到了将曾经散落各地、无人问津的大量黑格尔青年时期创作的手稿搜集起来的作用，但由狄尔泰开启的将黑格尔哲学浪漫主义化的风气影响了不少学者。卢卡奇认为，将青年时期的黑格尔思想与浪漫主义的反理性主义倾向嫁接，甚至将神秘主义泛化为解释黑格尔整个哲学生涯的做法歪曲了黑格尔哲学。

从哲学史的角度看，卢卡奇认为："狄尔泰向帝国主义的反动的浪漫主义复兴倾向靠拢了，因为他不考虑甚至歪曲最重要的历史事实，把黑格尔跟哲学的浪漫主义密切联系起来。"② 卢卡奇求学于浪漫主义思想长期浸淫的德国，19世纪浪漫主义思想对德国哲学的发展产生了重要的影响。浪漫主义对尼采和叔本华的唯意志论，柏格森的生命哲学，文德尔班、西美尔等人的新康德主义的产生均有重要意义。并且，这些哲学之间因为都具有浪漫主义的因素又在发展过程中相互影响。

政治上，德国浪漫主义表现了进步的知识分子对复辟的封建现实强烈的不满情绪以及对"平庸的"资产阶级革命极度的失望；哲学上，它表现了对启蒙理性和工业化所改变的现实生活日益失去崇高理想和内在深度所发出的抗议。从这种面向来看，浪漫主义是积极进取的，但是在德国理论正统中，浪漫主义被视为一种病态的、反动的思潮。这一评价是由歌德率先提出的，他将古典的称为健康的，将浪漫的称为病态的。③ 继歌德之后，海涅也将浪漫主义定性为一种倒退的、反动的思潮，是唯灵论的，是中世纪诗情的复活。④ 施米特在《政治的浪漫派》中也批判了浪漫派对现实的逃避，在政治上的软弱，它"不会行动，更不会落实

---

① ［匈］卢卡奇：《青年黑格尔》，王玖兴译，商务印书馆1963年版，第12页。
② ［匈］卢卡奇：《青年黑格尔》，王玖兴译，商务印书馆1963年版，第12页。
③ ［德］爱可曼辑录：《歌德谈话录》，朱光潜译，人民文学出版社1978年版，第188页。
④ 参见［德］亨利希·海涅《论德国》，薛华等译，商务印书馆1980年版，第29、35页。

什么"①。引起最持久误解的是斯塔尔夫人在其著作《论德意志》中提出的观念：德意志盛产诗人和哲学家而非实干家。因为没有政治生活的空间，所以那些有抱负和才华的人被逼转入内在的思想世界，他们是非政治的，或者说政治上消极的，梦幻般地漫游在思想世界。② 这当然是与浪漫派自身的哲学表达有关。浪漫派实际上想要弥合启蒙主义所留下的应有与现有的鸿沟，但现实在浪漫派的眼中实在破败不堪，是无可救药的庸常，应该予以彻底遗弃。他们陶醉在由诗歌等艺术所构建的理想的天堂中，其表达方式多是文学性的，意象繁复，用语考究，但是多显矫揉造作。

黑格尔作为具有启蒙精神的思想家，同时为最早最深入对启蒙理性进行批判的哲学家，自然深知浪漫主义思想建立在以大革命的失败为前提的失望情绪中，同时，黑格尔与谢林的思想渊源也使得他深知浪漫主义非但不是浅薄无知，反而是对康德—费希特哲学的反思。虽然他指认费希特哲学是对康德哲学遗留问题的解答，而浪漫主义只不过是费希特自我意识的"诗意"的、"预言式"的、"仰望式"的夸大表达，但是浪漫主义哲学实际上是"力图超越主观性"。③ 浪漫主义试图以感性、生命、宗教、自然等前反思的存在克服自我的主观性以求精神的客观性，但这些在黑格尔看来，都是无概念的直观，达不到绝对的领地。哪怕是唯一超出了费希特自我意识哲学的谢林哲学，也只是"美的思想，但不是知识"。

（二）黑格尔"神学时期"的反神学倾向

受德国落后的政治环境制约，德国思想家的政治思想革命是在宗教思想研究的领域中进行的，黑格尔也不例外。并且，由于在图宾根神学院主修神学与哲学，黑格尔对宗教思想有深入的研究。诺尔编纂的《黑格尔早期神学著作》中收录了黑格尔在伯尔尼和法兰克福时期创作的

---

① ［德］卡尔·施米特：《政治的浪漫派》，冯克利等译，上海人民出版社 2004 年版，第96 页。

② 参见［美］特里·平卡德《德国哲学 1760—1860：观念论的遗产》，侯振武译，中国人民大学出版社 2019 年版，第 167 页。

③ ［德］黑格尔：《哲学史讲演录》第 4 卷，贺麟等译，商务印书馆 1997 年版，第336 页。

《民众宗教和基督教》《耶稣传》《基督教的权威性》《基督教的精神及其命运》及《1800 年体系残篇》等论文，集中反映了黑格尔早期的神学思想。根据这些论文，诺尔和拉松等人将宗教和神学视为黑格尔思想体系的轴心，希林则将黑格尔归结为企图对人民进行宗教教育的"人民教育家"。对于将这个时期定性为黑格尔"神学时期"的观点，卢卡奇态度鲜明地予以驳斥："说青年黑格尔曾有过一个'神学'时期，则纯然是帝国主义辩护人的一种历史捏造。"①

卢卡奇并不否认黑格尔在早期集中对宗教问题进行过研究的事实，但是在分析黑格尔对宗教的研究成果时，卢卡奇得出了同其他学者不同的甚至相反的结论。"那么黑格尔青年著作的这些神学性质究竟有多少呢？公正的和用心的读者在这些著作里将会发现神学的东西非常之少，甚至将在青年黑格尔那里遇到一种鲜明的反神学的情调。"② 自《历史与阶级意识》以来，卢卡奇就将黑格尔哲学视为马克思主义直接的理论来源，认为马克思主义正是由于扬弃了黑格尔的辩证法才克服了以往的一切旧哲学，找到了超越物化社会的途径。卢卡奇很难接受黑格尔曾经有过一个信奉宗教神学的阶段，更加不能接受用神学思想解读黑格尔整个哲学的倾向。卢卡奇坚信，思想是对历史事件的反映，社会存在决定了社会意识，黑格尔的作品和其与其他思想家的通信表明，黑格尔深受资产阶级法国大革命胜利的鼓舞，他支持资产阶级推翻封建君主专制的斗争，是一个进步的资产阶级思想家。卢卡奇指出，青年黑格尔十分熟悉德国、法国、英国的全部启蒙著作，图宾根时期，黑格尔几乎对所有的德国启蒙运动思想家的著作进行过学习，到了伯尔尼时期，他的研究范围扩展到了法国和英国启蒙思想家，卢卡奇认为，这表明了"在贯穿着整个德国启蒙运动的内部方向的斗争中，黑格尔愈来愈站在民主的左翼方面，而左翼是对于德国启蒙运动因迎合德国的效果专制政治而产生的那些倾向展开批评和斗争的。从图宾根到伯尔尼的发展，恰恰是青年黑格尔的兴趣愈来愈强烈地从德国转向法国和英国的启蒙思想的发展"③。所以，在卢卡奇看来，黑格尔研究宗教的出发点是反对宗教，而对宗教

---

① ［匈］卢卡奇：《青年黑格尔》，王玖兴译，商务印书馆 1963 年版，第 48 页。
② ［匈］卢卡奇：《青年黑格尔》，王玖兴译，商务印书馆 1963 年版，第 37 页。
③ ［匈］卢卡奇：《青年黑格尔》，王玖兴译，商务印书馆 1963 年版，第 32 页。

的斗争在他所处的那个时代具有间接的政治性质。

卢卡奇进一步地深入分析黑格尔探讨神学的作品并指出，黑格尔是在启蒙思想的指引下进行神学研究的，他对神学的兴趣反映的是他希望建立新的伦理道德规范的需要。卢卡奇认为青年黑格尔的形象是一位充满政治兴趣和抱负的左翼民主人士，体现在其理论研究方面，则表现为黑格尔青年时期对纯粹哲学研究的淡漠态度。"青年黑格尔在图宾根和伯尔尼的时候没有深入地钻研过真正的哲学问题，他当时的兴趣从来没落到认识论问题上去。"① 虽然黑格尔讨论过认识论问题，即对《纯粹理性批判》进行过探讨，但是，他真正的兴趣点却是康德的《实践理性批判》，他想要把康德的伦理观运用到社会和历史上。"一方面，黑格尔把社会问题主要当作道德问题看待；另一方面，对他来说，实践问题，即人对社会现实的改造问题，构成着他的思维中心问题。"② 卢卡奇在创作《心灵与形式》时曾追随克尔凯郭尔指认黑格尔逻辑学的压迫性和强制性，认为黑格尔的体系哲学是非伦理的、不自由的，对黑格尔青年时期哲学旨趣的深入了解使卢卡奇完全摆脱了这种观点。

将宗教的发展视为历史发展的动力，并用宗教思想解释历史的变迁，这就是卢卡奇认为黑格尔哲学是唯心主义的依据。黑格尔将宗教分为"实证的"宗教（或客观宗教）和"非实证的"宗教（或主观的公共的宗教），将古希腊与基督教、主观宗教与实证宗教对立起来。卢卡奇认为："对于青年黑格尔，实证的基督教是专制与压迫的一种支柱，而非实证的古代宗教则是自由与人类尊严的宗教。对黑格尔说来，恢复古代宗教是他那个时代的人要求实现的一个革命目标。"③ 实证的宗教指的是教条主义的、非主体的宗教，这种宗教是强迫主体接受外来的、既定的（上帝安排好的）教义，抹杀主体的创造性，培养的是盲从和迷信。宗教的实证性意味着主体自由的丧失，随之而来的是道德自主性的丧失，宗教就沦为专制和压迫的工具。可是，在青年黑格尔看来，只有主体自己所创造的东西才是值得遵守的。人不能仅仅作为对象、作为纯粹接受的客体而存在，人必须是创造性的、实践的能动主体。基督教正是堕落

① ［匈］卢卡奇：《青年黑格尔》，王玖兴译，商务印书馆1963年版，第35页。
② ［匈］卢卡奇：《青年黑格尔》，王玖兴译，商务印书馆1963年版，第35页。
③ ［匈］卢卡奇：《青年黑格尔》，王玖兴译，商务印书馆1963年版，第49页。

的私人社会的思想表现，它把道德律当做某种被给予的东西强加给人，使人失去了自由，没有自由的人就不能自觉地运用理性。所以基督教，或者说实证的宗教是非理性的。实证的宗教与人的自由之间有着不可调和的矛盾。黑格尔"将基督教视为'私人'的宗教，资产者的宗教，丧失人类自由的宗教，维护千百年来专制与奴役的宗教"①。基督教的兴起就意味着共和国的瓦解，人类伟大的自由社会的没落。基督教作为私人的宗教，是丧失了人类自由的宗教，是维护千百年来专制与奴役的宗教，是青年黑格尔反对的"实证宗教"。

相对应的，黑格尔认为，非实证的宗教是纯粹道德感的自由抉择。主观宗教如同自然界的生物本身而客观宗教则相当于动物的标本。主观宗教是一种"人民宗教"，只有恢复主观和公共宗教才能克服实证的宗教。按照黑格尔的解释，主观宗教的条件是："（1）它的学说必须都是建立在一般理性上的。（2）它必须使想像、心灵和感觉从它这里各有收获而不是全无所得。（3）它必须是一切生活需要的——国家的公共措施的，汇集点。"②

（三）黑格尔对实证宗教的批判

青年黑格尔认为重大的历史转折都与宗教的转变密切结合。具体来说，黑格尔是怎样通过宗教研究批判了封建专制，又是如何建立了新的伦理体系呢？卢卡奇虽然对黑格尔在宗教批判方面的进步性予以了充分的肯定，但他也不是没有认识到青年黑格尔思想的局限性。

卢卡奇清楚地意识到黑格尔终其一生都是一个唯心主义者，青年时期的黑格尔即使思想中带有启蒙主义的因素，却因为从没有发展到唯物主义的无神论而终究不是一个启蒙主义者。黑格尔青年时期的唯心主义体现在，"他想找出一种社会条件来，在这种条件下，专制和奴役的宗教可以重新为古代范型的自由宗教所代替"③。为了取代现存的社会和宗教，黑格尔对历史做了划分。

第一阶段是古代的自由阶段，即古希腊城邦共和国阶段。黑格尔将

---

① ［匈］卢卡奇：《青年黑格尔》，王玖兴译，商务印书馆1963年版，第39页。
② ［匈］卢卡奇：《青年黑格尔》，王玖兴译，商务印书馆1963年版，第64页。
③ ［匈］卢卡奇：《青年黑格尔》，王玖兴译，商务印书馆1963年版，第39页。

古希腊城邦共和国视为对现实来说完美的参照物，认其为民主和自由的象征。在共和国中，共同体是人行动的单位，同时人与人之间是平等的，个体可以充分行使自己的理性，人只服从于自己创造出的制度和宗教。在创造客体和依循自己的创造行事的过程中，主体本身也得到了丰富和发展。

在青年黑格尔的观念中，古典社会基本上是无阶级的，因为一旦阶级差别在经济和政治上固定下来，真正的自由就结束了。希腊或罗马人的生活以公共领域为中心，人是自由、自主、有自己命运的人，人们遵守自己创造的法律，自己选择的权威，国家不断地由他们的活动产生。

第二阶段是中古和近代的专制时期，即从古希腊民主崩溃后一直到黑格尔所处的时代。黑格尔认为，古希腊城邦共和国的瓦解是人类伟大社会的没落，城邦共和国的英雄市民向现代社会的自私自利的资产者转化。自私自利的"私人"取代了英雄，专制精神已经贯穿到各个领域。宗教的实证性是中古和近代生活的决定因素。实证宗教的外在的僵死的统治势力的客体破坏了古代的自由的亲切的生活，把一切生活问题变成了不可知的非理性所能及的超验的问题。

在共和政体中，人们按照其应有的理念而活，这个理念如同一个统一的伟大的心灵，它促使着人们将全部身心精力都用在实现这个理念的方向上，人们的活动由于围绕着为理念的实现服务而具有统一性。而在君主制中，只有君主一个人享有自由地服务于理念的权力，其他人只为特定的具体的事物而活，理念由此对大多数人来说都是外在的，他们不再遵照自己创造的神。当然也有虔诚地献身于自己理想的基督徒，但他们是神秘的狂热者，追逐的只不过是一个虚构的想象。

黑格尔认为，使古典社会中曾经存在的民主自由被侵蚀的原因是财富不平等的出现。最初耶稣教导了他们的门徒，而后基督教发展成为具有明显实证性元素的宗教教派，通过教义在社会的广泛传播，基督教成为占主导地位的教会。卢卡奇认为，黑格尔讨论了耶稣在原始社会中对特定教义和戒律的各种修改，并展示了在成熟的基督教会中，这些教义和戒律是如何发展出极度的实证性和伪善的专制主义。对黑格尔来说，基督教社区的数量扩张与社会和经济差异的出现密切相关，财富不平等起着至关重要的作用。随着社区的发展，原来的亲密联盟和兄弟般的感情消失了，社会越来越多地由许多社会和经济上不同的阶层组成。最初的财产只能与其他人共同持有的共有财产规则终结了。相对公平的财产分配构成了古代共和自由的经济基础，而古典时代后期日益严重的不平等是共和自由衰落的基础，是古代城市人向现代资产阶级和私人腐败的基础。

共和的美德和自由的消亡以及生活各个方面的日益私人化导致了个人主义的大肆泛滥。这种个人主义只关心自己狭隘的物质需求，或者至多是个体的精神需求。人们认为自己是一个孤立的"原子"，个人的社会活动只能是一个巨大机器中的一个小齿轮。罗马帝国中社会心理的衰落同黑格尔对近代资本主义社会中个人主义的盛行有相似的结构。现代个人主义是社会分工的产物，人既不能也不想理解这个机器的整体目的。在一个私人社会中，自然会出现对私人宗教的需求。罗马帝国需要一种新的宗教，而基督教满足了这种需要。黑格尔认为，基督教的实证性特征本身就具有拜物教的性质。

第三阶段是从专制过渡到新的自由阶段。走出基督教的实证性僵局道路只有一条，即恢复希腊人特有的自由。在这一阶段想达到世界的革新就要对基督教进行批判并在此基础上通过复古来使得古希腊的一切得到复兴。而对德国社会来说，比起古希腊，更切近的参照物是法国大革命后产生的资产阶级社会，是大革命给了黑格尔对自由迫切的向往。在卢卡奇看来，无论是以古希腊为模板，还是以大革命为榜样，黑格尔对实证宗教的批判，对非实证宗教的提倡都具有政治上的积极意义。

卢卡奇认为，宗教的实证性无疑是一个非常普遍的客观性概念，它本质上是历史发展的结果，是一个历史的自由的真实发现的起点，尽管它有着高度抽象和唯心主义的辩证形式。在伯尔尼时期，黑格尔把历史过程看作是一个单一的巨大的整体结构：第一阶段意味着人类社会的原初自由和自我激活；第二阶段意味着在实证性的霸权下这种自由的丧失；第三阶段意味着失去的自由的恢复。

矛盾的是，虽然黑格尔认识到，古典社会的非实证的、自由的宗教的失落根子在私有制的诞生，这极大地启发了卢卡奇对黑格尔思想中的唯物主义因素的发现，同时也帮助卢卡奇理解了黑格尔哲学之所以能对马克思产生深远影响的积极方面。但是，青年黑格尔对人的解放的追求并没有片刻落到经济解放，甚至也不在政治解放上，而是在最表层的宗教解放上。自由的丧失和恢复都需要在宗教精神的变迁中得到解释。对黑格尔来说，要理解和摆脱专制的枷锁，首先意味着把人从在当时的政治和社会生活中占支配地位的宗教中解放出来。但黑格尔同启蒙运动中的唯物主义哲学家不同，他没有明确地提出消灭宗教的口号，他的思想的革命性总是若隐若现。黑格尔的宗教解放的途径是消除宗教中的实证性，恢复非实证的宗教，哪怕非实证的宗教实际上是一种哲学的、理性的唯名论，徒有宗教的名义，而行使哲学的功能。黑格尔此时需要借助宗教超越世俗的目标，同时让哲学提供一种理论，来揭露实证宗教把人实体化，摧毁了人的主动性的反动性，以重建古典宗教中主体创造自己的神并自觉遵守的非实证的主体性。

卢卡奇在对黑格尔的非实证性的分析中认识到，作为非实证性的根本内容的是其中蕴含的积极性这个概念，它表示的是主体的能动性，这是一个不稳定的、矛盾的概念。在黑格尔看来，这种辩证法贯穿于整个基督教历史。在发展的过程中，基督教成为与其创始人的意图有本质区别的东西。一方面，它表达了一种极端的唯心主义的主体性，对所有客观性予以否定；另一方面，它包含了一些模糊的物化迹象，即马克思后来所称的"拜物教"。① 根据第一种倾向，整个人类历史以及所有诞生和逝去的社会形态都是人类本身活动的产物，人是历史的创造者；而根据第二种倾向，所有历史形态实际上都脱离了人类的控制，成为自身具有主体性的力量。所谓非实证性和实证性，正分别代表了这两种倾向，二者相互对立。黑格尔此时对辩证法的运用并不娴熟，自由—异化—自由的复归的简单模式很难反映出辩证发展的连续性、有机性和现实性。青年黑格尔开始突破启蒙哲学对待历史的形而上学，不再从理性/非理性的二元论出发看待历史的发展，他按照费希特的主体哲学，对自我设定自我、自我设定非我、自我返回自身的三段论感兴趣，开始逐渐发展出自己肯定—否定—否定之否定的三段论，这个过程以他对实证性的认识为最佳说明。基督教历史的逻辑形式是：非实证性—实证性—非实证性的

---

① Georg Lukács, *The Young Hegel*: *Studies in the Relations between Dialectics and Economics*, Translated by Rodney Livingstone, London: Merlin Press, 1975, p. 82.

复归；或者，自由—异化—自由的复归。乍看起来，这同基督教本身的叙事逻辑，天堂—堕落—复归如出一辙，但在黑格尔的宗教辩证法中，正渐渐展示出了新的因素，即范畴的社会性来源。黑格尔视基督教中最具超验性的元素（全能的神、启示、奇迹等）为社会内部过程的产物，是罗马帝国对共和国进行分裂和衰败的产物。

卢卡奇认为，黑格尔之所以是具有"历史感"的哲学家，绝不仅仅由于他对作为史料的历史进程进行系统化、辩证化的梳理，更因为他从根本上改变了我们对历史的看法：从历史的现实发展过程中来寻找逻辑，使历史和逻辑统一。当然，这个过程对黑格尔本人来说也是逐步发展起来的。在黑格尔对实证宗教进行批判的过程中，历史不再抽象地从幻想中的完美展现人的自由的希腊城邦开始，东方的历史也进入了他的视野。取代历史的进程越来越偏离自由—失去自由—恢复自由那种起源于卢梭式的三段论的，是自由思想在历史进程中普遍增长：一个人的自由（东方专制主义）→少数人的自由（古典古代）→所有人的自由（基督教和现代）。《精神现象学》正是对这一更新了的历史观念的高度逻辑化的表达。

（四）黑格尔对实证性概念的历史化与哲学化发展

法兰克福时期，黑格尔对实证性的定义与伯尔尼时期一致，但在研究过程中，这一概念变得更加具体和灵活，被更有意识地进行了哲学化的表达。在伯尔尼，对实证性的分析主要是作为对社会问题的批判出现的，还没有被自觉地主体化。但在法兰克福它开始积极地困扰黑格尔，"只要自然界有永恒的裂痕，不可调和的事物被结合在一起，那就是实证的"[1]，实证的概念超出了保守、僵化、客体化含义，一切阻碍着世界历史向着统一的方向发展的因素，都具有了实证性的性质。

对青年黑格尔来说，由于不断的理论学习和深入思考，实证性与非实证性之间僵化的对立开始逐渐瓦解为辩证的过渡关系。他的理论任务从批判现实宗教的实证性，从而劝解人们放弃实证性，回归非实证性的

---

① Georg Lukács, *The Young Hegel*: *Studies in the Relations between Dialectics and Economics*, Translated by Rodney Livingstone, London: Merlin Press, 1975, p. 127.

宗教，发展成寻找目前宗教实证性的社会来源，以及如何现实地使已经实证化了的宗教转变为非实证的宗教。鉴于对德国人来说，由于政治解放的领域荆棘丛生，一切政治革命、社会革命只能包装在宗教革命的背后，黑格尔的宗教革新表达的是社会革命的纲领：如何使实证的社会非实证化？怎么促进社会的解放？他开始初步而抽象地认识到，进步的动力并不是神秘的神意，而是要从社会的发展本身中寻找。因此，突破传统柏拉图主义，包括康德主义善/非善、正义/非正义、理性/非理性的形而上学二元论，他开始从历史的角度来考虑各种政治和社会制度，即一个原本是好的制度，随着时间的推移，可能会阻碍进步，这背后的原因是什么。

黑格尔的实证性概念被历史性所具体化。随着时间的推移，曾经符合人们习俗的制度已经脱离了他们的生活，变成了实证的制度。而一种新的精神可能会在旧的、僵化的生活中开始活跃，新旧之间的对立和较量会使被取代的旧事物成为"实证的"现象。卢卡奇认为，黑格尔开始以历史发展过程中的新旧事物来对实证性和非实证性进行存在层次的区分，这是黑格尔第一次尝试区分存在的不同层次，而不是在相对主义的相互关系中来界定矛盾，这已经非常接近恩格斯提出的历史辩证法。[1] 恩格斯指出，"这样，在发展进程中，以前一切现实的东西都会成为不现实的，都会丧失自己的必然性、自己存在的权利、自己的合理性；一种新的、富有生命力的现实的东西就会代替正在衰亡的现实的东西"[2]。

黑格尔对非实证性取代实证性的分析自然地暗示了消除实证性的唯一途径是主体的自由的活动。主动与被动不再严格地对立，实证性在每一个具体的行动中予以消除，最终的效果在"正确的统一"中产生。[3] 所谓正确的统一来自于康德的自由概念。"道德是与法则相符合的，它是与生命法则相统一的——如果这个法则不是生命法则，而是某种异质

---

① Georg Lukács, *The Young Hegel*：*Studies in the Relations between Dialectics and Economics*, Translated by Rodney Livingstone, London：Merlin Press, 1975, p. 143.

② ［德］恩格斯：《路德维希·费尔巴哈和德国古典哲学的终结》，人民出版社2018年版，第8页。

③ Georg Lukács, *The Young Hegel*：*Studies in the Relations between Dialectics and Economics*, Translated by Rodney Livingstone, London：Merlin Press, 1975, p. 154.

的东西，那么我们就有了最大的分裂——客观性。"① 道德不是遵守某种习俗或者权威规定的清规戒律，道德是主体对绝对命令，即黑格尔说的生命法则的遵守。但是，在康德的伦理学中，目的和效果之间的关系是偶然的。一个符合绝对律令的行为是否能在现实中使主体得到功利性的回报是不能得到任何保证的。虽然康德认为人类永恒的和平与幸福建立在实践理性的基础上，建立在每个人以他人为目的的伦理要求的基础上，但是作为高悬的价值导引，其现实意义毫无担保。康德的伦理观是对已经原子式的社会的哲学反映，伦理行动的出发点是独立于一切时代、一切社会关系、一切物质条件的个体。早在《历史与阶级意识》中，卢卡奇就认为康德试图在伦理领域中使人获得自由的方法不仅没能使人真正地在结合自然和社会的基础上使必然和自由统一，反而是增加了一个分裂的领域。本来资本主义社会已经使人在自然和社会中都得不到自由，实践理性宣称不仅主体不能作用于真实的客体，并且"自我"实际上也是一分为二的，作为"自在之物"的不仅是自在的自然、自在的社会，还有自在的自我。人不仅不能认识客观世界，人连产生能动性的主体自身也并不能认识。从认识论的角度来，人的认识能力限制在自在的"物"和自在的"我"之间这狭小的现象范围内。康德把客体和主体二者都放逐出人的认识领域，使它们不受人的主观性的随意支配，意图创造出一个摆脱机械因果率支配，摆脱无穷后退的逻辑困境的世界。但是黑格尔意识到，二元论不可能实现人的现实的自由，必须寻找自然和自由领域得以统一的依据。青年黑格尔思想同康德最大的不同就是康德的伦理观是建立在个人的基础上，而黑格尔却始终将道德的基础放置在社会之上。黑格尔确实认为国家共同体是解决德国分裂现状和"自私自利"的资本主义问题的力量，在早期对实证宗教的批判中，这一社会问题解决的思想间接反映在他企图恢复古希腊宗教来取代基督教从而实现人的自由这一解放路径的设置中。

卢卡奇认为，黑格尔对现实的关注和他的唯心主义立场是一对不可调和的矛盾。黑格尔对历史和社会的理解常常迫使他超越以宗教神学为

---

① Georg Lukács, *The Young Hegel：Studies in the Relations between Dialectics and Economics*, Translated by Rodney Livingstone, London：Merlin Press, 1975, p. 155.

代表的唯心主义的观点。但由于他毕竟认为世界发展的最终动力是某种形式的精神，即便不是神的精神，也是冥冥中独立于个体又独立于社会的绝对精神，所以显然早在其青年时期就已经被取代的宗教思想总是以不同的形式重新出现在哲学中。以至费尔巴哈正确地评价其哲学为"理性神学"。黑格尔认为，基督教的实证性问题，人与上帝之间的和解问题，只能通过首先解决有限和无限之间的关系问题来解决。因此，卢卡奇认为，黑格尔思想的发展历程具有矛盾性。黑格尔越是被迫放弃青年时代的革命理想，他越是坚定地"调和"自己与资产阶级社会的统治，他的思想越少触及新的可能性。这样他内心的辩证法观念就会越强烈、越自觉地觉醒。①

从法兰克福时期开始，黑格尔的实证性概念逐步发生变化，积极因素开始凸显，即从过去主要表示主体性在实证宗教中的丧失，转变为强调行动的主动性与客体的相互作用。之后，"实证性"变得越来越罕见，取而代之的是"外化"这个术语越来越频繁地出现，但多年来这两个术语一直并行使用，直到 1805—1806 年，这两个概念才得到适当的区分。② 思想的发展如此艰难，导致术语的变化非常缓慢。到耶拿时期，黑格尔旧的"实证性"概念终于被后来广泛和持续运用的"外化"或"异化"所取代。这种改变不仅仅是术语上的改变。实证性强调的是客体方面，指的是社会形态、对象、事物的特性。"外化"从特定的人类活动方式出发，强调形成特定的社会制度的客观行动。

在分析黑格尔对实证宗教批判的过程中，卢卡奇极力为黑格尔洗刷非理性主义的声名，包括反对诺尔等人将青年黑格尔视为宗教神秘主义的代言人，反对狄尔泰等人把他塑造成浪漫主义的生命哲学的倡导者，也反对新黑格尔主义企图将黑格尔和康德思想进行无缝联结的企图。但是即便如此，卢卡奇也并不能合理地解释如下的问题：黑格尔确实唯心主义地用宗教的更迭来解释历史的发展；黑格尔将主体与客体、主观与客观、实证与非实证、古代与现代等种种范畴进行二元划分，并在人本

---

① Georg Lukács, *The Young Hegel*: *Studies in the Relations between Dialectics and Economics*, Translated by Rodney Livingstone, London: Merlin Press, 1975, p. 234.

② Georg Lukács, *The Young Hegel*: *Studies in the Relations between Dialectics and Economics*, Translated by Rodney Livingstone, London: Merlin Press, 1975, p. 314.

主义的基础上追求人的自由的实现，这同狄尔泰、西美尔等人的生命哲学提倡的"主观文化"和"客观文化"的对立并没有实质的区别。

写作《小说理论》时期的卢卡奇的思想处于从新康德主义向黑格尔思想转变的过程之中，仔细对比黑格尔与卢卡奇二人早期思想不难发现，由于卢卡奇本人也经历过同黑格尔青年时期相似的困境，而且通过对黑格尔哲学的初步的学习和研究，《小说理论》中的观点同青年黑格尔的思想不无契合之处。《小说理论》中，卢卡奇认为在现代社会中，主体是支离破碎、无家可归的，并用史诗时代作为范型对小说时代进行反思。接受了马克思主义之后，卢卡奇实际上已经具备了批评青年黑格尔和自己更早时期思想的能力，他并非没有看到青年时期黑格尔思想的二元性、唯心主义和非历史主义的局限。不过，《青年黑格尔》中，卢卡奇着重运用历史唯物主义来分析黑格尔青年时期思想形成的社会背景以及社会历史事件对其思想产生的影响，对黑格尔同自己早期思想中一致的不成熟之处采取了比较宽容的理论态度，将伯尔尼时期的黑格尔的思想纳入黑格尔整个辩证法演进的过程中进行理解，从而得出"从人本学走向历史主义化是黑格尔终生发展的一般标志"的结论。这个走向是通过辩证法的产生得以实现的。

二　黑格尔辩证法的产生与经济学研究的关系

在《历史与阶级意识》中，卢卡奇认为正统的马克思主义就是辩证法，并将辩证法理解为主体—客体辩证法。由于坚持认为黑格尔哲学是马克思主义的直接来源，并将马克思主义辩证法用黑格尔哲学术语归纳为主客体辩证法，卢卡奇日后不断被指认为"黑格尔主义者"，其理论是"黑格尔主义的马克思主义"，言下之意也就是说卢卡奇是一个"唯心主义者"。即便卢卡奇在《尾巴主义与辩证法》中对自己的主客体辩证法的中间环节——实践进行了较详细的分析，意图为自己马克思主义者的身份正名，不过，一方面因为该书很长一段时间并未发表，另一方面也因为卢卡奇虽然正确地指出了辩证法得以成立的能动因素是实践、是工业劳动，但局限于本人的经济学水平，卢卡奇的自我辩护并没有取得实际的效果。而卢卡奇在苏联得以见到马克思尚未公开出版的《1844

年经济学哲学手稿》（以下简称《手稿》），这对卢卡奇来说无疑是一个极其振奋的事件。首先，卢卡奇通过比照自己在《历史与阶级意识》中的观点与马克思《手稿》中的观点，可以大致确认自己的理论无论研究方法还是得出的结论都是符合马克思主义的。并且，通过对马克思将哲学思考建立在经济学研究的基础上的方法的启发，卢卡奇认识到，历史唯物主义形成于政治经济学批判。这个发现极大地启发了卢卡奇接下来的研究方向。他认为："辩证唯物主义的诞生——从科学学说的观点来说——与这种经济生活辩证法的发现出于同时，决不是偶然的。恩格斯在《德法年鉴》里论述经济学范畴的那个'天才的草案'和马克思的《经济学—哲学手稿》，都明确地标志着这个开端。"①

　　不久后，卢卡奇接触到了黑格尔青年时期的大量研究材料，要证明黑格尔哲学是马克思主义思想来源的理论的正确性，卢卡奇就必须结合自己的新发现——辩证法与经济学的关联来对黑格尔早期思想进行分析。根据卢卡奇的研究，正是黑格尔开启了在对社会经济的研究中发展辩证法的哲学研究方向。据此，较之《历史与阶级意识》中对马克思主义与黑格尔哲学承继关系的直接性的指认，卢卡奇用历史唯物主义的方法，深入到意识产生的存在根源中，证明了自己更早时期的结论。并且，卢卡奇指出，认为经济问题与青年黑格尔的自觉的辩证法的形成具有重大意义的观点，"只不过是把马克思的天才观点试图应用来说明黑格尔的青年期发展罢了"②。马克思的这个"天才观点"在卢卡奇看来，就是"黑格尔的《现象学》及其最后成果——辩证法，作为推动原则和创造原则的否定性——的伟大之处首先在于，黑格尔把人的自我产生看作一个过程，把对象化看作非对象化，看作外化和这种外化的扬弃；可见，他抓住了劳动的本质，把对象性的人、现实的因而是真正的人理解为他自己的劳动的结果"③。

　　卢卡奇将青年黑格尔手稿中涉及经济学的部分进行了集中的、深入的分析，并从中得出经济学研究是黑格尔辩证法产生的物质基础的结论。在卢卡奇看来，黑格尔之所以能够提出精神发展的辩证过程，就是依靠

①　［匈］卢卡奇：《青年黑格尔》，王玖兴译，商务印书馆1963年版，第28页。
②　［匈］卢卡奇：《青年黑格尔》，王玖兴译，商务印书馆1963年版，第24页。
③　［德］马克思：《1844年经济学哲学手稿》，人民出版社2000年版，第101页。

对经济学，主要是劳动的理解。

（一）经济学研究对青年黑格尔思想发展的重要性

伯尔尼时期的黑格尔热衷于区分宗教的"实证性"和"非实证性"，并将二者对立起来，企图以人道主义的方式解决资本主义的社会问题。可是，到了法兰克福时期，黑格尔多次公开承认，自己的社会观产生了危机，"这个时期他处于不幸的疑病状态，自我摧毁和自我崩溃状态"[1]。原因正是他意识到，资产阶级社会是一个"基本的、不可改变的事实"，并不是可以通过对理想的古希腊社会的恢复就可以轻易跳过的社会阶段。由于黑格尔依旧希望通过实现理想而消除理想与现实之间的对立，所以，在思想上和行动上对资本主义社会现实的本质和规律进行分析就是必需的。由于认清了社会现状及其历史地位，黑格尔的思想的历史性开始增强。更重要的是，不同于伯尔尼时期黑格尔仅通过法国大革命来透视德国或者整个资本主义社会，在法兰克福时期，黑格尔开始认真研究经济问题，所以，英国的经济发展开始成为塑造黑格尔哲学的重要因素。

卢卡奇认为，无论是黑格尔同时期的哲学家还是他的学生或者研究者都没能对经济学研究与哲学思想形成之间的关系有正确的认识，即使是黑格尔认为唯一能够理解自己的罗森克朗茨都没能认识到进行政治经济学研究对黑格尔辩证思想发展的重要意义。罗森克朗茨是黑格尔的学生，也是黑格尔的第一个传记作者。他掌握了黑格尔青年时期的大部分笔记和手稿，根据他的《黑格尔生平》，黑格尔对经济学的兴趣始于法兰克福时期，在这个时期，黑格尔阅读了斯图亚特的主要著作《政治经济学原理研究》，并对其进行了评述。"黑格尔所有关于市民社会的本质，关于需要和劳动，关于劳动分工和财产，关于贫穷、警察、税收等等观点最终都集中在他写于1799年2月19日和5月16日之间的对斯图亚特关于政治经济学的著作的德国译本的评论中。"[2] 不过可惜的是，黑格尔法兰克福时期关于经济学的笔记均已遗失，从剩下的手稿中很难总结出当时黑格尔经济学研究的成果，只能从罗森克朗茨的记述中大致推

---

[1] ［匈］卢卡奇：《青年黑格尔》，王玖兴译，商务印书馆1963年版，第93页。

[2] 转译自 Georg Lukács，*The Young Hegel*：*Studies in the Relations between Dialectics and Economics*，Translated by Rodney Livingstone，London：Merlin Press，1975，p. 171。

测出，黑格尔早在法兰克福时期就开始着手研究英国政治经济学。1801年后，黑格尔去耶拿大学任教，从这个时期开始，黑格尔的经济学研究就有迹可循了。这一时期所写的手稿表明，他认真阅读过亚当·斯密的政治经济学著作，并深受影响。耶拿时期的手稿与经济学关系比较密切的有：由1802年所写手稿汇成的《伦理体系》和由荷夫麦斯特汇编的收录了1803—1806年间黑格尔在耶拿大学讲稿的《耶拿时期实在哲学》。不过，黑格尔耶拿时期最关键的著作当然要数被马克思称为"黑格尔哲学的真正诞生地和秘密"的《精神现象学》。

卢卡奇如此看重经济学在哲学发展中的地位是因为他对经济学有深刻的认识，"经济对黑格尔来说是最直接、最原始也是最重要的人类社会活动。对经济的研究应该是最简单、最直接的提炼那种活动的基本范畴的研究方法"[1]。他认为，开创了经济学的古典政治经济学家们也是将经济视为人的基本的社会活动来进行研究，经济学考察的是人与人之间的关系。可是资本主义越发展，经济关系越复杂，人与人的关系就逐渐地被物与物的关系所蒙蔽。经济学随之成为了一种专门的学说，哲学也随着这个过程专门化，二者日益丧失了关联。卢卡奇认为，只有认清经济在人类生活中的基础性地位，认识到经济学就是对人的社会生活的最基本的认识方式，才可能理解经济学研究对哲学思考的价值。

卢卡奇认为，黑格尔是在他所处的时代中唯一认真研究了英国工业革命问题，并把英国古典经济学的问题与哲学问题、辩证法问题联系起来的德国思想家。这正是黑格尔的辩证法比他的同辈要更深刻的原因。当他对法国大革命的理论理想产生困惑的时候，是对英国经济情况的分析和研究为他走出迷宫提供了指南。[2] "社会科学的辩证范畴表现为这样一种辩证法的思想映像，这种辩证法，它独立于人的知识和意志之外，而客观地表现于人的生活里，它具有客观性，其客观性使社会现实变成为人的一种'第二自然（天性）'。"[3] 对卢卡奇来说，"辩证唯物主义的诞生——从科学学说的观点来说——与这种经济生活辩证法的发现出于

---

① Georg Lukács, *The Young Hegel: Studies in the Relations between Dialectics and Economics*, Translated by Rodney Livingstone, London: Merlin Press, 1975, p.321.

② 参见［匈］卢卡奇《青年黑格尔》，王玖兴译，商务印书馆1963年版，第24页。

③ ［匈］卢卡奇：《青年黑格尔》，王玖兴译，商务印书馆1963年版，第27页。

同时，决不是偶然的"①。从经济学研究中发展辩证法，意味着，经济的发展过程本身正是辩证发展的过程，对这个过程的理论反映是主观辩证法的来源。无论对黑格尔还是对马克思和卢卡奇来说，将经济领域不单视为人类生活的一个特殊的领域，而是视为最原始、最基本、最具有决定性作用的普遍的领域，将经济学研究不单视为一门独立的、专门的、特殊的理论学科，而是视为人类社会科学领域的最基础的学科，如数学之于现代科学的地位，这个围绕着人类生产和再生产活动展开的哲学研究，是辩证法得以开启的最关键的认识。

黑格尔对辩证法的自觉研究缘于现实关怀。他试图在人道主义解放理想与资产阶级无法改变的客观事实之间，寻找到一条和解的哲学道路。使人得到现世的解放而不是来世的福报的关切必然导致黑格尔在资本主义已经有所发展的欧洲社会注意到经济发展与社会解放的关系。学习经济学，在德国是不可能的，必须从当时资本主义实践最发达的英国思想家那里寻找理论资源。亚当·斯密是当仁不让的老师。从亚当·斯密的古典政治经济学中，黑格尔得到了对他的辩证法的发展具有决定性影响的观念：劳动是政治经济学的中心范畴。劳动这一经济学范畴如何被哲学家牢牢抓住，从逻辑上被正确地表述为人的产生的根源这一哲学意义，无论怎么估量也不为过。形而上学家们孜孜以求于精神的产生、人的产生、社会的产生，总试图把这些自然界中无从生发出的罕见存在解释为天上掉下来的。无穷无尽的唯心论由此诞生，而旧唯物主义也因为不懂得劳动而不得不在解释人类社会历史的时候重新陷入唯心主义的泥潭。亚当·斯密本人在特殊科学意义上理解经济学，在经验活动层次上理解劳动。但是，黑格尔抓住了经验主义者不可能掌握的理论的普遍意义。他透过经济学中对人的体力活动的描述，抓住了劳动的本质，劳动对人的根本意义：对象性的而非唯心主义理论抽象中的人、现实的真正的而非旧唯物主义理想化把握的人，是自己劳动的成果。人在改造自然中创造了人本身，发展出了社会，劳动不仅是人与自然之间关系的桥梁，也是个人与社会之间最基本的交互关系。马克思正是在对黑格尔《精神现象学》中的天才的发现的基础上，创立了历史唯物主义。对劳动作为哲

---

① ［匈］卢卡奇：《青年黑格尔》，王玖兴译，商务印书馆1963年版，第28页。

学基本范畴的发现，使黑格尔哲学中蕴含着历史唯物主义的萌芽。

（二）黑格尔的劳动辩证法

卢卡奇认为，黑格尔将类劳动、经济活动作为实践哲学的出发点，超越了康德和费希特主观和道德方法的狭隘范围，使实践的概念在思想上同在现实中一样具有了普遍性。具体分析黑格尔本人对经济学所进行的研究可以看出，黑格尔主要是在斯密的劳动学说的影响下观察资本主义社会的运行规律。在《伦理体系》中，他把人的劳动、经济活动看成是实践哲学的出发点，认为这是"实践理性的真正力量"。

1. 劳动实现了主客体的统一

黑格尔把劳动定义为"客体的消灭"："客体的消灭，或直觉事物的消灭，就作为一个阶段（即并非最终和绝对的消灭）而言，这种消灭又要为另一客体或直觉事物所代替……不但消灭作为一般客体的客体，而且又以同样的方式，用另一客体去取代它……总之，这种消灭就是劳动。"① 主客体在劳动中之所以能够统一，在头脑中认识和利用规律进行劳动的人不可缺少的在现实中作用于客观的中介，是劳动的物质手段——工具。在1805年的耶拿讲座中，黑格尔提出，人之所以制造工具，是因为他是理性的，这是他意志的第一个表达。这种意志仍然是抽象的——人们对自己的工具感到自豪。此后，黑格尔将工具视为"欲望实现的手段"，通过使用工具，人可以满足个体欲望，并且在这个过程中，劳动出现了分工，分工对技术进步产生了积极的影响，使工具得以进一步发展成为机器，这个过程对劳动来说是质的变化。因为工具是特殊的、个体的，而机器作为工具发展的更高的层次，使劳动成为普遍的、共同的劳动。以工业大生产为基础的资本主义生产在人类历史上第一次使生产社会化成为可能，为人的社会化提供了物质的和组织的基础。

根据劳动对象和劳动主体的区分，黑格尔将其劳动辩证法分为两个部分：客观辩证法和主观辩证法。所谓劳动辩证法，指的是在劳动中，主客体是在二者相互作用的过程中，同时被创造、被改变的。其中，客

---

① Georg Lukács, *The Young Hegel*：*Studies in the Relations between Dialectics and Economics*，Translated by Rodney Livingstone，London：Merlin Press，1975，p.173.

观辩证法强调的是劳动创造客体时对客体的改变作用和限度；主观辩证法指劳动对主体的改造和提升。具体来说，客观辩证法指的是，劳动客体只有通过劳动才能成为人的客体，并且，客体在劳动的过程中转变为新的客体，事物的这一形式被消灭了，而劳动为它提供了一个新的形式。在主体发挥主动性按照目的改造客体的同时，客体保有自己的尊严。劳动者按照改变劳动对象的某一特殊形式，使之转变为能为我存在的新的形式的过程中，处处需要遵照客观规律，劳动只有在认识这些法则的基础上才能有成果。劳动主体辩证法指的是劳动培养了人的普遍性。人的欲望的直接满足一方面是对客体的简单的消灭，而不是转变；另一方面，由于直接性，它就每次都要从头开始，谈不上什么发展。只有当人将劳动放置于欲望和其满足中间的时候，只有人打破自然人的本能的直接性时，人才成为真正的人。① 在劳动中，人外化自身，正如黑格尔所说，"他将自己放入事物中"。人按照自己的要求制造工具、改造客体，由于工具的普遍性，人得以在不断的改进工具的基础上，扩展劳动的范围，提高劳动的水平，促进劳动和人的发展。所以，劳动意味着人类与纯粹的自然、本能的生活决裂，向更高的社会生活发展。

主体辩证法和客体辩证法统一于劳动的过程中，劳动是客体属人化和主体外化并回到自身的动力。通过对劳动的分析，黑格尔克服了更早时期他对实证性和非实证性的静止的理解，找到了"从人本学走向历史主义"的道路。

2. 劳动是历史发展的动力

劳动概念的分析使黑格尔放弃了异化及其复归的形而上学历史观，走向了辩证的理解历史发展的道路。通过研究客观规律的辩证法，黑格尔克服了自己宗教学研究时期单纯关注道德批判的狭隘路径，同时超越了康德、费希特哲学的伦理学水平。在经济学研究的基础上，黑格尔开始发现突破传统二元论哲学的历史的、辩证的方法。

第一，劳动发展人的个性。卢卡奇通过对黑格尔《精神现象学》著名的主奴辩证法的分析，展现劳动范畴对黑格尔辩证法发展的重大作用。

---

① Georg Lukács, *The Young Hegel: Studies in the Relations between Dialectics and Economics*, Translated by Rodney Livingstone, London: Merlin Press, 1975, pp. 324 – 325.

黑格尔将人类在霍布斯式的自然状态下的自相残杀的战争描述为没有保留的毁灭。一些人被另一些人征服，就产生了征服和奴役的状态。黑格尔分析了主人与奴隶以及他们与事物世界之间的关系。在黑格尔的主奴辩证法中，主人、奴隶与作为欲望对象的物构成了三角关系。主人有欲望，但欲望并不能否定物的独立性，通过奴役奴隶，使奴隶劳动，对物加工改造，主人不再与物直接相对，而是通过奴隶的劳动享受物，满足自己的欲望。这一过程中，纯粹的享受使主人变得贫瘠，主人将独立性留给了奴隶。奴隶意识诚然最初似乎是在那独立的意识自身之外，但通过对物的能动性的改造，仆人的意识成为了真正的独立意识，它使奴隶意识高于主人意识。也就是说，在劳动的辩证法中，真正的自我意识被创造出来。① 黑格尔的历史哲学中，个性是将现代世界提升到比古代更高层次的原则。劳动的辩证法使他认识到，人类发展的大道，人的人性化，自然的社会化，只有通过劳动才能实现。

第二，异化是历史发展中的必然现象。黑格尔对工具的双重性的分析展现了他对社会历史发展的认识有所深化，资本主义社会的种种问题不是纯粹的罪恶，而是发展的过程性的体现。一方面，工具是人摆脱原始劳动的直接性，获得社会劳动普遍性的物质手段；另一方面，黑格尔在发现机器所带来的生产进步对人类社会发展所产生的积极作用的同时，注意到了这个过程对个体的压抑。黑格尔揭示了社会工作导致特定类型劳动的日益专业化，以及个人劳动与满足个人需求之间日益扩大的鸿沟。这两方面的过程是密切相关的。黑格尔深知高度的技术能力是以高度先进的劳动分工为前提的。同样地，他也意识到工具的完善和机械本身的发展有助于劳动分工的扩大。② 在劳动工具发展和劳动分工精细化的双重作用下，主体在外化自身的过程中发展自身，从特殊的个人向普遍的社会的人发展；但是，技术的进步导致的负面效应是人发展了普遍性，为社会劳动贡献力量的同时，个体的特殊性却并没有相应的发展，主体没有因为创造的更多而得到更多，而是相反。特殊性与普遍性割裂了，个体与社会分离了。

---

① 参见［德］黑格尔《精神现象学》上卷，贺麟等译，商务印书馆2012年版，第147—149页。

② Georg Lukács, *The Young Hegel: Studies in the Relations between Dialectics and Economics*, Translated by Rodney Livingstone, London: Merlin Press, 1975, p. 328.

首先，工具的完善、产品的完美带来的不是人的发展，而是人的萎缩。劳动的抽象化使人更机械化，使人的头脑和感官迟钝。"出于同样的原因，劳动的抽象作用使人更加机器化，并使他的精神和感觉更加麻木。充满精神活力的、充分意识的和有目的的生命退化为空虚的活动。……他把一部分劳动交付给机器；但他自己的作用也因此变得更加形式。麻木的劳动把他限制到最单一的程度，劳动愈趋完善，他也就愈趋单调。"①

其次，人类只是减少了整个社会的劳动，而不是个人的劳动；相反，他增加了劳动，因为越机械化的工作就越没有价值，所以他必须做更多的劳动来弥补不足。"由于机器的出现，人自己取消了他自己的形式活动，并让机器替他改善他的所有劳动。但是这种他通常把机器用来对付自然，并总是把目标针对自然的特性的行为并不是没有代价的。他越是从机器中获益，越是征服了自然，他本身就越是退化。他并不排除自己对劳动的需要，只是在让机器去作用自然时，把这种必要性延迟并使他的劳动与自然分离。他的劳动不再是指向活的东西活的存在，而是在躲避这种消极的活动。遗留下来的东西变得机械化了。人只是作为整个社会来说减轻了劳动，而就个人而言并没有减轻；相反是更增加了，因为越是机器化，劳动的价值就越小，劳动得越多，得到的报酬却越少。"②

再次，个人的付出和收获不成正比。"许多人注定要在车间、工厂和矿山从事残酷、不健康和不可靠的劳动，这些劳动缩小和降低了他们的技能。……整个阶级陷入了无法自拔的贫困深渊。我们看到巨大的财富和巨大的贫穷的出现。"③ 黑格尔意识到了资本主义社会中阶级差异的严重性。可黑格尔没有像浪漫主义一样为人在资本主义社会中的悲惨经历悲愤哀号，他站在精神发展的高度俯视历史现实，认为这个过程带来的个人的抽象化和异化的现实却是历史发展的必经过程。黑格尔把资本主义经济看作是一个自主的自我调节系统。在这一背景下，黑格尔的外化

---

① Georg Lukács, *The Young Hegel*: *Studies in the Relations between Dialectics and Economics*, Translated by Rodney Livingstone, London: Merlin Press, 1975, p. 331.

② Georg Lukács, *The Young Hegel*: *Studies in the Relations between Dialectics and Economics*, Translated by Rodney Livingstone, London: Merlin Press, 1975, p. 330.

③ 转引自 Georg Lukács, *The Young Hegel*: *Studies in the Relations between Dialectics and Economics*, Translated by Rodney Livingstone, London: Merlin Press, 1975, p. 331。

概念进一步更新和系统化。黑格尔说："通过将需求和工作提升到这种普遍性水平，一个伟大的民族之间形成了一个巨大的共同利益和相互依赖的体系，一个死者自我推进的生命，他在这里和那里移动，盲目和原始，就像野生动物一样，他需要不断被驯服和控制。"①

在客观辩证法中，黑格尔认识到事物发展的客观规律是制约人的活动的现实因素。分工对人的促进和对人的压缩是同一个过程，是历史发展的客观规律，是进步的趋势。

第三，总体上来说，黑格尔是在进步的意义上看待生产发展的。黑格尔认为，劳动促使了人的精神的觉醒，人从梦的世界，从自然的黑夜转向了概念化活动，人开始使用语言，这些活动开始独立于劳动存在，精神开始愈加发展。劳动概念不仅使人成为人，还产生了一系列广泛而复杂的社会过程，使人的世界成为一个"异化的""外化的"世界。按照过去他使用的"实证性"的旧概念，那个异化的世界明明是实证的，应该被抛弃的。但是有别于只是片面地强调社会制度中死气沉沉的压抑人的一面，黑格尔替代了实证性的外化概念是给人以希望的。在外化的概念中，支配人类并完全控制个人生活的经济世界，不是完全异己的强制性力量，它不过是人类自身发展过程中必然要出现的阶段性产物，是消极性和积极性的统一，并且，消极性会在主体发展的历史的未来被不断克服。黑格尔是在成长的阵痛的意义上理解"外化"的。于是，这个概念成为资产阶级思想所发展的最高形式的辩证法的基础和中心支柱，是资本主义政治经济发展状况的反映。② 正是认识到黑格尔经济思想是对资本主义社会的概念表达，马克思在《手稿》中总结道："黑格尔站在现代国民经济学家的立场上。他把劳动看作人的本质，看作人的自我确证的本质；他只看到劳动的积极的方面，没有看到它的消极的方面。劳动是人在外化范围之内的或者作为外化的人的自为的生成。"③

---

① 转引自 Georg Lukács, *The Young Hegel*：*Studies in the Relations between Dialectics and Economics*，Translated by Rodney Livingstone，London：Merlin Press，1975，p. 333。

② Georg Lukács, *The Young Hegel*：*Studies in the Relations between Dialectics and Economics*，Translated by Rodney Livingstone，London：Merlin Press，1975，p. 333.

③ ［德］马克思：《1844 年经济学哲学手稿》，人民出版社 2000 年版，第 101 页。

为什么人的过度劳动、片面发展、财富的不当分配等过去被视为社会堕落的种种罪恶的现象，如今却成为进步的阶梯被吸纳进辩证法呢？因为资本主义国家，尤其是对落后的德国来说，正处于冉冉升起的上升期。黑格尔期待德国在经济上达到英国的水平，政治上达到法国的水平。他意识到资本主义发展的双重性质，但是更关注的是他的进步性质，因为德国需要资本主义来发展自身；他也意识到阶级压迫和斗争的存在，但是他并不同情底层阶级的遭遇，因为在看到法国大革命所引发的剧烈的社会动荡后，他认为和解才是解决矛盾的方法，和解的力量来自于国家，而不是阶级斗争。在黑格尔所能预见到的所有的社会中，英法资本主义才是德国应该赶超的目标，所以他推崇的是拿破仑统治下的强有力的国家来为支离破碎的德国政治提供支持，只有统一的国家才能为资本主义经济的发展提供有力的支撑。

3. 黑格尔的劳动和目的论问题

康德曾提出人是目的的命题，人是自身的目的，在任何情况下都不能被用作达到任何其他目的的手段。黑格尔沿着康德的道德命令前进一步，试图回答，人是目的如何可能。黑格尔在对劳动的分析中，特别是劳动中人类对工具的使用来解答这个康德提出的充满社会主义意味的命题。黑格尔的劳动目的论对必然和自由关系、目的和手段的关系进行了探讨。

首先，黑格尔对人类劳动辩证法的具体分析消弭了自然规律和人的目的的对立。有意识的人类在具体的劳动中想要达成目的，不可能诉诸任何先验原则，而是必须被具体地定位在整个因果规律的网络之中，没有也不可能破坏和超越自然规律，每一项人类发明都只是发现隐藏的因果关系，然后将其引入劳动过程。

人类对自然界因果关系的认识的广度和深度，是人类在劳动过程中设定的目的能否有效实现的限度。劳动一定是合目的的而不是无目的的过程，为了实现人类的目的，人们赋予物体不同的形式和功能，赋予自然力不同的方向和效果。在黑格尔看来，这种对象和自然力的新功能既是新的，因为排除人类活动的话，自然界不会自动产生这些变化；也不是新的，人类只能利用"自然界自身的活动"来达到自己的目的，人们不能对自然界的本质——自然法则——增添任何新的东西。然而，通过人类有目的的干预，这些规律可能产生新的影响。因此，因果关系和目的论的对立是现实中的一个辩证的矛盾。①

其次，劳动是目的和手段的结合。在旧的目的论中，目的和手段是严格分化的。目的不可避免地被理想化，而且由于它们是一种意识的产物，唯心主义哲学总是把它们看得比手段更高。这在神学目的论中表现最为突出，目的设置和实现的权威都是最高的上帝。黑格尔也不否认，目的高于手段。人类自然希望立即满足自己的需要，而所有的劳动、所有的工具等等，只是在他的直接意识中作为达到这个目的的手段出现。

但是，正如主奴辩证法中，奴隶通过劳动颠倒了自己在意识发展水平意义上的地位，手段也通过使目的得以达成而拥有超越主观目的的重要性。工具在劳动中表达的是一个更普遍的、更社会化的原则，在这个意义上是更高的。通过更新的工具，一个新的领域被征服了，它导致了对自然更广泛和更深入的理解；这种征服不仅对个人，而且对整个人类都有好处。当这个过程不断地自我重复时，它不会导致单调的"无限进步"，而是导致人类社会在一个更高的层次上不断地自我复制。出于这个原因，黑格尔可以正确地说，工具和手段比它们被用来达到的目的，即比欲望，满足一个人需要的冲动，更有价值。②

并且，劳动是必然和自由的结合，自然界和人类社会结合的动力。自由和必然的关系是黑格尔目的论研究的核心，也是他对人类活动的一般性讨论的核心。恩格斯称黑格尔是第一个正确阐述自由与必然性之间关系的人。卢卡奇此时已经读到了列宁的《哲学笔记》，完全理解了列宁在读《逻辑学》时为何称黑格尔的逻辑学中蕴含着历史唯物主义的天才萌芽。《逻辑学》中，目的论是机械性和化学性的真理。经济的生产过程是目的论下降为物理化学规律的过程，也就是人把自己的目的在自然界中实现出来的过程。黑格尔说："对机械性和化学性而言，目的出现为第三者；它是两者的真理。……客观过程前面的两个形式的从属性

---

① Georg Lukács, *The Young Hegel*: *Studies in the Relations between Dialectics and Economics*, Translated by Rodney Livingstone, London: Merlin Press, 1975, p. 346.

② Georg Lukács, *The Young Hegel*: *Studies in the Relations between Dialectics and Economics*, Translated by Rodney Livingstone, London: Merlin Press, 1975, p. 348.

就由此发生；那在这两个形式中无限进展的他物，首先是外在于它们而建立的概念，这个概念就是目的；不仅概念是他们的实体，而且外在性对于它们也是本质的、构成他们的规定性的环节。"① 列宁评价道："事实上，人的目的是客观世界所产生的，是以它为前提的，——认定它是现存的、实有的。但是人以为他的目的是在世界之外得来的，是不以世界为转移的（'自由'）。"②

从列宁的解读出发，卢卡奇反观青年黑格尔对劳动的关注，对目的的讨论，认为"他伟大的哲学成就就是把目的的概念从神学家们放置它的天堂中拿下来，并把它带回到现实中，回到人类实际活动的现实中。他的目的论观念只要还在地面上，就保持着伟大的创造性"③。

可以看出，黑格尔的目的论试图回答的是古老的形而上学问题：谁是不动的推动者？黑格尔以劳动建立起人类经济活动和第一推动力之间的联系，使目的论摆脱了只能追到神的神秘主义，对辩证法的确立至关重要。他同时摆脱了康德和费希特哲学中理论和实践的分裂，将人类能动性贯通于自然和社会领域、必然和自由领域。

（三）对黑格尔经济思想局限性的分析

卢卡奇认为，黑格尔思想的主线是试图从人与现代市民社会的关系中推导出经济学的所有范畴。黑格尔把世界看作一个动态的矛盾复合体，把社会和经济的所有客观范畴看作人与人之间动态的、矛盾的关系的概念表达。这些范畴在不牺牲客观性的前提下，摆脱了形而上学的僵化。黑格尔的实践观总是以与客观实在的互动为前提。人类的劳动能力增强并且向越来越高水平的进步，促使人对客观世界的认识逐步扩展，并将新的发现吸收到社会整体的辩证运动中。人类行为系统变得越复杂，就越有必要克服在一定阶段产生的对某种特定的社会制度的盲目崇拜，进而更新意识层次。

但是，卢卡奇认为，黑格尔的辩证法由于受到其唯心主义的必然限

① ［德］黑格尔：《逻辑学》下卷，杨一之译，商务印书馆2020年版，第429页。
② 《列宁全集》第55卷，人民出版社2017年版，第159页。
③ Georg Lukács, *The Young Hegel: Studies in the Relations between Dialectics and Economics*, Translated by Rodney Livingstone, London: Merlin Press, 1975, p. 363.

制，影响了他的经济观。①

第一，黑格尔否定阶级斗争的现实作用。黑格尔认为市民社会是一个大一统的整体，这与德国经济和社会落后的背景是相关的。这一时期法国和英国的阶级斗争迫使思想家们深入挖掘阶级斗争的客观经济根源。这些伟大阶级斗争的经验使得英法两国的思想家、作家和政治家或多或少地认识到阶级冲突这一客观现实。但是，黑格尔对这一切视而不见。他看到了富人和穷人的对立，但他认为这不仅是事实，而且是社会发展的必然结果。他既没有试图将其与亚当·斯密的价值理论联系起来，也没有将其视为资产阶级社会本身的驱动力之一。富人和穷人之间的差别仍然部分是社会必须学会接受的一种现象，部分是社会正常运作中的一种破坏性因素，政府和国家的任务是减轻其最恶劣的影响。在黑格尔看来，决定世界历史进程的矛盾是国家之间的冲突，而不是国家内部的冲突。他从来没有把这些内在的变化和它们的内在辩证法看作是世界历史的发动机。卢卡奇认为，黑格尔哲学的唯心主义是在阶级对立尚未真正发展起来的德国的经济基础上培育出来的。并且，德国的现实对黑格尔思想产生影响的另一个社会因素是，当时国家统一是德国资产阶级革命的中心问题。这一德国的时代问题在黑格尔的哲学和政治思想的发展中扮演了重要的角色。他想到用拿破仑的方法来解决国家统一的问题，这也加强了他将社会视为一个统一的而不是一分为二的主体的倾向。世界历史发展于国家间一系列不间断的冲突，但在这些冲突中存在着进步的统一性：世界精神。世界精神在不同时期体现于不同的具体的国家，黑格尔盼着骑在马背上的世界精神把进步的种子从法国传到德国来。分裂、斗争绝不是黑格尔在面对自己四分五裂的国家时的首要愿望，作为统一一切分裂的理性才是他的追求。这导致黑格尔的辩证法虽然深入到劳动范畴中，但是却又不能认识到劳动的主体是劳动阶级，劳动于是又成为主奴辩证法中一个抽象的隐喻。

资本主义在黑格尔的眼界范围内，不是应该被超越的发展阶段，而是未来德国的理想状态，黑格尔完全站在资产阶级的立场上，主张统一

---

① Georg Lukács, *The Young Hegel*：*Studies in the Relations between Dialectics and Economics*, Translated by Rodney Livingstone, London：Merlin Press, 1975, p. 365.

国家、统一市场、发展资本主义大工业，以此反对落后的封建专制，当然，也反对以满足人的物质需要为目的的市民社会单独发挥作用，期望以象征着普遍性的国家来统一分裂的社会和国家、分裂的人和社会。但是，资产阶级立场相对于封建主义的进步性，同时就是它相对于社会主义的局限性。把阶级社会因为私有化而产生的特殊问题普遍化，把外化、异化视为人类永恒的困境，仿佛是跟自然界中的生存竞争一样自然、必然，甚至必须，在这个根本的问题上，黑格尔不可能超出古典经济学的立场。"使我感到好笑的是，达尔文说他把'马尔萨斯的'理论也应用于植物和动物……值得注意的是，达尔文在动植物界中重新认识了他的英国社会及其分工、竞争、开辟新市场、'发明'以及马尔萨斯的'生存斗争'。这是霍布斯所说的一切人反对一切人的战争，这使人想起黑格尔的《现象学》，那里面把市民社会描写为'精神动物世界'，而达尔文则把动物世界描写为市民社会。"①

第二，黑格尔贬低经济领域的地位。首先，他完全同意亚当·斯密的观点，认为物质生产力的发展是进步的和必要的，现代世界个性的更高级、更发达的精神形式与生产力的发展是携手并进的。但与此同时，他也认为，资本主义在创造这种物质进步的同时所创造出的人的类型，实际上是对人类迄今为止在其历史进程中所创造的一切伟大、有意义和崇高的事物的否定。这两个必然并且相互关联的现象之间的矛盾构成了人类进步与堕落之间不可分割的纽带。人类以堕落为代价换取进步，被黑格尔称为"伦理领域的悲剧"②。悲剧是人的命运，是不可更改的，于是，那些被侮辱与被损害的人的命运不是暂时的，而是永恒的。"这种情况下，巨大的财富一方面以理想的普遍性产生，另一方面以现实和机械的方式产生。财富与最严重的贫困有着不可分割的联系——因为通过分工，双方都变得普遍和客观。这种纯粹数量化、无机化的劳动质量，从概念上讲，一切都是孤立的，是最恶劣的野蛮形式。交易者阶层的第一个特征是，他们对某种神圣事物的绝对直觉和尊重（诚然是外在的）的能力消失了，取而代之的是对所有更高价值的兽性蔑视。没有智慧，

---

① 《马克思恩格斯文集》第10卷，人民出版社2009年版，第184页。
② Georg Lukács, *The Young Hegel: Studies in the Relations between Dialectics and Economics*, Translated by Rodney Livingstone, London: Merlin Press, 1975, p.408.

没有纯粹的普遍性，没有大量的财富——这就是存在的总和；团结全体人民的纽带，道德的纽带，消失了，人民也消失了。"①

其次，对经济领域地位的轻视导致黑格尔的国家观与经济分析分离。放任经济无序发展，必然会导致伦理悲剧，为防止社会的崩溃，经济必须通过国家的干预来驯服。表面上看，黑格尔似乎早就提到了计划经济的作用，其实，黑格尔对国家和经济之间关系论述的唯心主义方面体现在他没有贯彻辩证法的精神，而是重新回到了神秘的二元论中。国家和经济力量作为光明和黑暗势力的较量，人类的进步与人性的恶劣冲动、贪婪和权力欲望交织在一起，成为善和恶之间永恒角逐的修罗场。在这里，又有落入抽象的人道主义中去的可能性。本来，黑格尔奠定的新的辩证法，是试图从经济生活的内在矛盾，如劳动分工、工具机器等较低的范畴发展出较高的范畴。人类社会从简单到复杂，从低级到高级进步的可能性在劳动范畴的演进中得以发展。但是因为现实主义和神秘主义的混合，简单地把主观目的套到现实发展的过程之上的趋势一直存在，使他的目的论依旧没有摆脱传统神学目的论的窠臼。马克思在《黑格尔法哲学批判》中对黑格尔颠倒了国家和市民社会的关系进行了批判。卢卡奇也认识到，黑格尔哲学确定无疑是为德国资本主义发展张目的资产阶级哲学，德国资本主义发展的特定阶段导致黑格尔在认识阶级和国家问题时有某种偏差。

例如，黑格尔认为社会是一个等级结构体系，不同等级代表着精神进入自我意识之旅的不同阶段。黑格尔区分出三个等级：农民、产业或工商阶级、知识阶级。这些等级的划分来自于古典经济学理论，体现出黑格尔对经济学的高度理解。农民是最接近于自然状态的等级，他们的劳动是为了满足自己的需要，而不是为了市场，也没有广泛的交往，不是抽象的劳动。高于农民阶级的是抽象劳动的中间阶级，包括行业和法律阶级、资产阶级，商人是这个阶级的最高代表。中间阶级再往上是普遍阶级。这一阶级是为国家工作的从事公共事务的公共阶级，他们的精神已经提升到普遍的层次，在这个阶级顶端的是军人士兵。劳动者地位

---

① 转引自 Georg Lukács，*The Young Hegel*：*Studies in the Relations between Dialectics and Economics*，Translated by Rodney Livingstone，London：Merlin Press，1975，p. 413。

最低，政治学也在精神发展的阶段上高于经济学，不是市民社会决定国家，而是国家决定市民社会。市民社会的存在只是为了服务于国家，作为回报，国家将保护市民社会，并保证其顺利运作。经济生活的特殊利益都归入国家。

"我们看到了黑格尔哲学中导致'外化'概念的双重倾向，即现实的倾向和神秘化的倾向。"① 其中，总以唯心主义神秘化的胜利而告终。正如马克思所指出的："因此，在《现象学》中，尽管已有一个完全否定的和批判的外表，尽管实际上已包含着往往早在后来发展之前就先进行的批判，黑格尔晚期著作的那种非批判的实证主义和同样非批判的唯心主义——现有经验在哲学上的分解和恢复——已经以一种潜在的方式，作为萌芽、潜能和秘密存在着了。……《现象学》是一种隐蔽的、自身还不清楚的、神秘化的批判；但是，因为《现象学》坚持人的异化，——尽管人只是以精神的形式出现，——所以它潜在地包含着批判的一切要素，而且这些要素往往已经以远远超过黑格尔观点的方式准备好和加过工了。"②

三 《精神现象学》中的辩证法

卢卡奇认为，黑格尔青年时期最完备的作品当属《精神现象学》，在其中，可以找到黑格尔日后思想发展的基本问题和理论思路。经过一系列的思想准备，黑格尔的辩证法在《精神现象学》中初步形成，这部作品是早期黑格尔思想的代表，它最集中也是最深入地表现了辩证法的形成与经济学的关系。

（一）黑格尔与谢林思想的分歧与辩证法的提出

卢卡奇从分析黑格尔和谢林之间的分歧入手，理解《精神现象学》的方法。卢卡奇认为，《精神现象学》的方法是在黑格尔对谢林哲学的批判中演变出来的。有不少关于谢林和黑格尔哲学思想异同的研究，但

---

① Georg Lukács, *The Young Hegel*: *Studies in the Relations between Dialectics and Economics*, Translated by Rodney Livingstone, London: Merlin Press, 1975, p. 390.

② ［德］马克思：《1844 年经济学哲学手稿》，人民出版社 2000 年版，第 99—100 页。

是卢卡奇独树一帜。从早年卢卡奇在《历史与阶级意识》中对"资产阶级思想的二律背反"的分析中可以看出，卢卡奇的意识形态分析站在历史唯物主义的高度上，从社会存在决定社会意识的基本原理出发，同时又熟练地运用对具体事物进行具体分析的特殊性和普遍性之间的辩证方法，使得卢卡奇在众多对德国古典哲学的分析中脱颖而出，把康德的二元论和资本主义社会的矛盾性之间的关系展现得淋漓尽致，目前依旧是意识形态分析领域中的名篇。到了《青年黑格尔》中，由于对政治经济学研究和历史唯物主义理论关系有了更深入的认识，在分析不同的哲学思想与时代的关系时，卢卡奇强调指出对经济学的理解程度是同时代思想家对共同时代问题进行十分差异化的解答的思想根源。

尽管黑格尔和谢林曾经联手攻击过主观唯心主义，但他们绝不是在所有的哲学问题上保持一致，他们之间的意见分歧不断显露出来。黑格尔对谢林的追随者和门徒发起了一场论战，同时也对谢林本人发起了一场论战，论战愈演愈烈。当谢林的哲学走向宗教时，黑格尔则从宗教走向哲学，着手建立包罗万象的宏富的哲学体系。《精神现象学》总结了黑格尔此前的哲学研究，宣告了未来哲学的大纲。随着《精神现象学》的出现，黑格尔哲学体系和谢林哲学体系之间的差异明朗化了，二人在哲学上的彻底决裂，德国古典唯心主义内部戏剧性的分化过程结束了，黑格尔哲学的时代开始了。①

第一，二者对哲学出发点的理解不同。黑格尔在"序言"中承认了谢林关于主体和客体的绝对同一性的唯心主义原则是哲学应有的出发点，但同时也批评谢林的绝对同一是"黑夜里黑色的牛"，是抽象的同一。黑格尔认为主客同一是具体的同一，即包含着差别的、导致着进展的同一，而谢林的主客绝对同一却是空虚的无底深渊，谢林使自己被绝对的空洞的鸿沟所吞噬。

《学术研究方法论》记录了谢林1802年夏季学期在耶拿大学的授课内容。谢林年少成名，他以"同一性哲学"立场出发而进行的讲授大受欢迎。谢林提出了许多经典命题，如"哲学的本质""科学的整全性"

---

① Georg Lukács, *The Young Hegel*: *Studies in the Relations between Dialectics and Economics*, Translated by Rodney Livingstone, London: Merlin Press, 1975, p. 445.

"理论与实践的统一"等，黑格尔起初也被谢林哲学折服，日后他的许多哲学命题都建立在对谢林提出的经典理论的反思基础上。谢林的"同一性哲学"建立了一个纯粹的形式上的等式，在这个等式中，他把必然和自由之间的和谐转化为现实和理念的"存在阶段"，在实践中体现这种同一性的是完美的国家，在理念层面上则体现为教会。黑格尔哲学常常因为试图把理念与现实统一起来而面临着为现存宗教和国家辩护的指责，但通过分析黑格尔对谢林的批判可以看出，现实＝理念的等式正是黑格尔的辩证哲学要突破的第一对等式。理念自然需要也必然在现实中予以实现，但是需要经过漫长的旅程，需要丰富的中介和艰苦的劳动。

第二，二者认识绝对的方法不同。黑格尔与谢林的主要分歧在于能否认识绝对，以及通过什么方式认识绝对。由于对待现代市民社会及其经济问题的态度差异，谢林的答案是理智直观。绝对自然不能通过普通的感性经验来认知，但是可以通过特殊的"感官"，即艺术和宗教来感知，谢林借此在感性和理性之间制造了绝对的隔阂。黑格尔对同一哲学的神秘主义和非理性主义十分不满，他在笔记中说道："如果绝对在散步的时候，从它自己的空间滑落到水里，那么它就会变成一条鱼，一个有机的有生命的东西。"[1] 黑格尔认为，只有从直觉的道路出发继续前进，才可能通过理性实现对绝对的认识。任何一个真正要认识绝对的人都不应该被概念性思维的抽象性、明显的空虚和贫乏所阻止。只有沿着上述的道路走下去，他才会发现正确的概念来自生活并回归生活。[2]

黑格尔指出："应该简要地指出，哲学作为一门理性科学，由于其普遍的存在方式，它的本质是对所有人都适用的。并不是所有人都能做到这一点，但这是毫无疑问的，正如很少有人成为王子一样。只有当有人声称他们是另一种生物，而且是大自然创造了他们时，一些人被置于比其他人更高的位置才是丑闻。"[3] 要使每个人都可以认识绝对，哲学的一个突出任务是发展一种方法论来促进这项任务。以此为宗旨，黑格尔要

---

[1] 转引自 Georg Lukács, *The Young Hegel: Studies in the Relations between Dialectics and Economics*, Translated by Rodney Livingstone, London: Merlin Press, 1975, p. 428。

[2] Georg Lukács, *The Young Hegel: Studies in the Relations between Dialectics and Economics*, Translated by Rodney Livingstone, London: Merlin Press, 1975, p. 429.

[3] 转引自 Georg Lukács, *The Young Hegel: Studies in the Relations between Dialectics and Economics*, Translated by Rodney Livingstone, London: Merlin Press, 1975, p. 431。

将哲学从各种非理性的神秘化和自傲的晦涩中解放出来，因此，逻辑的结构必不可少，普遍化的理性的推理结构是哲学命题得以被理解和检验的方法论基础。"科学从它自己这一方面出发，要求个体的自我意识去超越这种以太，以便能够与科学一起生活，能够生活在科学里，并且真正地生活。另一方面，个体却又有权要求科学至少给他提供达到这种立足点所用的梯子并且给他指明这种立足点就在他自身。"①《精神现象学》是关于意识到达"绝对知识"或"科学"（即哲学）的道路的科学，它为人们提供了一个攀上绝对知识的"梯子"，人们借助于黑格尔提供的阶梯踏上绝对的漫长征途，在精神上消化人类意识各个阶段的现实内容。

谢林的理智直观是认识论上的贵族主义。认识论的贵族主义旨在"天选者"和乌合之众之间制造一道不可逾越的鸿沟，就像王政复辟试图在政治领域制造的鸿沟一样。从这个方面看，谢林和黑格尔的哲学正是思想上的立场之争。谢林理智直观是少数天才的天赋，是只能体悟但不能言传、不能推论，从而不能学习、不能传播的精神贵族的私有财产；黑格尔从知性上升到理性的辩证方法主张的是但凡有理性的、肯花费时间精力的公众就可以把握的公共财富。二者的知识理论与关于社会、启蒙和革命的观点一脉相承。从政治根源看，黑格尔所理解的从法国大革命中产生的现代社会，不仅客观存在，而且主观存在，它在思想中表现为世界精神的化身。要在哲学中把绝对精神运行到现代国家和社会中所体现出来的精神的内核合理地进行表达，使每个人都能够把握，都能够据此提升个体乃至社会的精神层次。不仅理想要趋近现实，现实也要趋近理想，"教化"是哲学的使命。黑格尔的认识论和他的一般政治态度之间的联系是显而易见的。他和谢林之间看似纯粹的哲学分歧实际上源于深刻的社会和政治意见分歧。

卢卡奇认为谢林对认识的神秘主义的理解同他并没有接触经济学研究有关。同时，在认识论领域是否运用辩证方法同哲学家的历史意识也紧密相关。谢林的理智直观同他非历史的哲学态度相互依赖，谢林片面和夸张地强调历史的连续性，以至于所有这种连续性的中断都被认为是完全消极的，对理智直观的依赖进一步导致了其越来越反历史的态度。

---

① ［德］黑格尔：《精神现象学》上卷，贺麟等译，商务印书馆 2012 年版，第18页。

黑格尔在认识论领域中对辩证法的强调与他的历史意识的成长是密切相关的。黑格尔的历史观显示了人类不平衡地进步是通过作为自身活动的冲突和矛盾及其解决带来的，这个过程是连续性和间断性的统一。通过对历史矛盾的新认识，黑格尔的历史理论在启蒙运动的革命传统之上达到了新的水平。

（二）《精神现象学》的方法与结构

卢卡奇认为，精神现象学所采用的方法是系统方法和历史方法的综合，其基本假设是相信各种范畴的逻辑演绎、辩证顺序和人类的历史演变之间存在着深刻的联系。一是黑格尔认为精神只有作为一个整体才有真正的历史。他与当时已经很发达的如法学、艺术、文学等特定学科进行专门研究的潮流对立。在《精神现象学》中，每当处理意识形态的一个单一的专业方面，他都把它们放入精神的进化中作为一个整体的部分来分析。二是他把一切社会现象都理解为历史过程的产物。开端固然重要，但是，即使对绝对精神的起源有最详细的了解，也永远无法详尽地解释其在人类活动广泛多样的领域中发展出的丰富性。

对照黑格尔《哲学全书》中的《精神哲学》的结构，卢卡奇把《精神现象学》分为三个部分，第一部分是主观精神，包括对意识、自我意识、理性的探讨；第二部分是客观精神，讨论精神；第三部分是绝对精神，讨论宗教和绝对知识。在对三个部分中发展出来的辩证内容的说明中分析黑格尔辩证法的提出与经济学研究的关系。

第一，在主观精神部分，黑格尔提出了个体意识的进化过程，从最低的形式，仅仅是对世界的直接感知，一直到出现在个体意识中的最高的范畴：理性。这个部分中不同类型的意识所表现出来的共同之处是，它们在任何地方都面对着一个已经建立起来的、陌生的世界。黑格尔意识到逻辑和认识的区别。在逻辑中，各范畴之间是依次进行推导的，而在意识与现实的关系中，意识是作为整体面对现实的。这个现实是抽象的，不是一瞬间可以理解的，它的实质性和丰富性只有在一个漫长的过程中才会被揭示出来，抽象的个人意识在这个过程中变得具体。

在第一部分，个人的意识经历了从意识到自我意识再到理性的历程。外部结构及其独立运动在个体意识的不同阶段出现，呈现出不同的"意识形态"。意识的辩证法使意识的一个形态向更高的形态运动。黑格尔把客观世界的所有范畴都与意识有机地联系起来，这些范畴是按照它们或多或少被意识充分理解的顺序和语境介绍给我们的。

个体意识进行活动的现实，是被人类活动自身"外化"的领域，现实的客观性是人的"外化"活动的产物。随着个体意识发展到越来越高的阶段，它发现自己越来越陷入与现实的悲剧冲突中。正是通过这些冲突，精神在人类实践中实现客观性和主观性的统一，转变为自为存在。

这一部分的理论落脚于"利己主义"的形成。个体意识的哲学是通过对现代市民社会中人的经济活动的理解来实现的。个人通过他的需要的满足和创造满足的条件的劳动而与社会联系在一起。个体意识仅仅是依赖于自身，被禁锢在自身主体性的狭隘世界中。即便如此，黑格尔遵循了启蒙运动的传统，将自主性和个性的力量这一原则的产生视为现代社会比古代社会优越的标准。一方面，利己主义构成了个人意识的直接现实；另一方面，在不知不觉中，它是现代市民社会运行的主要动力。

资本主义商品关系中，商品具有物的自然客观性和作为商品的社会客观性。一方面，个人把商品看作是自己活动的产物，是活动的目的；另一方面把它看作是满足欲望的手段。在目的和手段的结合中，人们与整个社会建立了多样的关系，这是辩证法由以产生的经济活动。通过这种辩证法，人在他自己的个人劳动过程中，通过经济交换，从个别主体的层面上升到普遍的社会层面。[1] 这样，劳动辩证法、人类活动辩证法和一般社会实践的辩证法就与商品辩证法结合在一起，并以商品辩证法为基础。

第二，卢卡奇把客观精神又细分为三个阶段。分别为，客观精神：伦理秩序（古代社会及其解体）；自我疏离的精神：文化的教化（市民社会的兴起、启蒙运动时期的意识形态危机和法国大革命时期的世界危机）；自我确定的精神：道德（黑格尔对拿破仑统治下的德国的乌托邦梦想。德国古典主义的诗歌和哲学作为拿破仑时代的最高思想成就，解决了普遍危机）。[2]

① Georg Lukács, *The Young Hegel*: *Studies in the Relations between Dialectics and Economics*, Translated by Rodney Livingstone, London：Merlin Press, 1975, p. 483.

② Georg Lukács, *The Young Hegel*: *Studies in the Relations between Dialectics and Economics*, Translated by Rodney Livingstone, London：Merlin Press, 1975, p. 485.

黑格尔展示了古代社会的必然解体是如何发生的，以及市民社会的各种矛盾形式是如何在这种解体中形成人类发展的更高阶段的。个体从意识与完全陌生的客体世界的直接关系开始，一直到他逐渐意识到社会客体世界的基础是"外化"，这也是从直接性到"外化"的过程。黑格尔将希腊人的世界视为道德生活的真正化身，同时他认为这个世界的崩溃具有必要性，这才能为更高的现代市民社会腾出空间。① 正是古代城邦复杂而不平衡的发展导致了罗马和中世纪市民社会的出现。同时，黑格尔认为罗马帝国是现代资本主义的抽象先驱，中世纪只是人类精神发展中的一个偶然的插曲。

在黑格尔对传统伦理社会解体过程的分析中，他提出人的社会存在不可能是任何"自然的"或直接的东西。希腊民主曾是这种直接性的美好的化身，但是在它内部包含着自己毁灭的种子。个体的劳动、他的个人努力和活动使他成为社会关系的同一的主体—客体，在这个过程中，主体必然不断地增加它自己的外化、异化，不断地进入新的、更丰富的社会关系。整个过程逐渐发展到这样一个地步，即社会的财富、现代经济制度的连贯性和独立性达到顶峰，然后个人自主地认识到自己是社会实践的同一的主体—客体的身份。② 人类主体的"外化"产生了人类的社会活动，由于人类的社会活动，一个自我创造的客观社会产生了，这个社会从主体的活动中汲取生命力，稳步拓展其复杂性、丰富性和范围，最终它取代了没有生命的实体，即作为强制作用于劳动主体之上的社会。主体通过完全的"外化"，即最大程度地脱离自身、发展自身，从而在理论和实践中认识到自身与实体是同一的。黑格尔在经济活动的基础上奠定了辩证法的基本原则——同一的主客体理论。

黑格尔认为，资本主义是人类发展中最"外化"的，因此是最进步的形式，也是最符合精神的形式。卢卡奇认为，黑格尔《精神现象学》真正的主题是商品关系的现象学辩证法，他既研究商品关系的客观性质，也研究它对资本主义社会中人的意识产生的影响。商品的辩证法是客体

---

① Georg Lukács, *The Young Hegel*：*Studies in the Relations between Dialectics and Economics*, Translated by Rodney Livingstone, London：Merlin Press, 1975, p. 487.

② Georg Lukács, *The Young Hegel*：*Studies in the Relations between Dialectics and Economics*, Translated by Rodney Livingstone, London：Merlin Press, 1975, p. 491.

与主体辩证统一的核心。在黑格尔看来，人类实践的运动存在主客体双重效用，主体客体化和客体主体化都在实践活动中实现。[①]

无论形式多么抽象，黑格尔的哲学总是对他的时代的精神的理论表达。法国大革命对黑格尔产生了多么大的革命精神的鼓舞，雅各宾派制造的恐怖就让一整批向往资产阶级革命的知识分子多么震惊。对法国大革命的精神反思一直是黑格尔哲学研究的重要背景。黑格尔把革命与恐怖都放在精神发展的脉络中来进行逻辑化的统一的理解。它们是个别精神发展的必然产物。"个别的自我意识并不存在于作为实际存在着的实体的绝对自由的这种普遍的事业中……普遍的东西要想成为一个行动，它就必须把自己集结起来，形成个体性那样的单一性，并且将一个个别的自我意识安置于领导地位；……所以，普遍的自由，既不能产生任何肯定性事业，也不能做出任何肯定性行动；它所能做的只是否定性行动；它只是制造毁灭的狂暴。"[②] 卢梭为大革命提供的"众意"，即以直接民主为方案的政治行动取得了空前的成功，也遭受了空前的失败。个别意志的外部结合导致的是乌合之众的狂暴行为，这是黑格尔可以理解但不能接受的。个体"绝对自由"的出现使法国大革命在世界历史中画上了一个休止符，在此之后，旧的个体意识结构都无法生存或复辟。从旧世界的废墟上要崛起新世界，"外化"的世界须重新融入主体。

第三，在第三部分，精神进入最高阶段，精神客观地实现了自己。卢卡奇认为，第三部分有两个过程。一是精神在历史事件中的展开，黑格尔对整个过程进行了重演；一是意识向绝对精神发展，经历了艺术和宗教的发展。[③] 人类历史的重演也是人类在哲学科学中为达到自身的最高发展，达到对世界的充分认识而进行的有意识的斗争。

精神与历史的关系在发展过程中充分结合。在第一部分，意识与历史分离，并将自己与外部世界的冲突视为绝对主观性和绝对客观性之间的抽象矛盾。在第二部分中，精神是世界历史的参与者，在世界历史中，

[①] Georg Lukács, *The Young Hegel*: *Studies in the Relations between Dialectics and Economics*, Translated by Rodney Livingstone, London: Merlin Press, 1975, p. 500.

[②] ［德］黑格尔：《精神现象学》下卷，贺麟等译，商务印书馆2010年版，第134页。

[③] Georg Lukács, *The Young Hegel*: *Studies in the Relations between Dialectics and Economics*, Translated by Rodney Livingstone, London: Merlin Press, 1975, pp. 509 – 510.

精神在自我发现的旅程中从一种形式运动到另一种形式。在第三部分，世界历史的伟大史诗被叙述为一个精神发展的连续过程。世界历史本身完成了精神在社会的客观现实中发现自身的过程。绝对知识和哲学所能得到的一切内容，并非来自哲学本身，而是来自现实。它们是在精神自我定位的历史过程中产生的。人类社会的进化是辩证的过程。人类在发展过程中从未停止征服未知的领域，取得的新的发现被吸收到历史的连续体中，并产生出超越性的时刻。当时，黑格尔的大多数前辈持的是机械论的历史进步观点，认为历史是线性向上的发展。黑格尔认识到历史的发展是不平衡的，存在着倒退的现象，但是这些现象可以被理解和整合到一个整体的历史观中。①

低级的存在形式只能从已经存在的高级的存在形式来理解，"人体解剖是猴体解剖的钥匙"。历史上起作用的趋势，只有当它们所朝向的更高的结局成为现实时，才显示出它们的全部意义，"密涅发的猫头鹰黄昏时候才起飞"。

（三）对"外化"概念的分析

卢卡奇认为，《精神现象学》中的核心概念是"外化"，"'外化'或'异化'这一名词就逐渐取得了黑格尔思想体系的中心地位"。② 卢卡奇通过对"外化"的独立分析集中阐释了黑格尔辩证法和经济学的关系。

卢卡奇将黑格尔的"外化"概念分为三个阶段。第一个阶段就是人在实践过程中进行的主体客体化和客体主体化的过程。黑格尔没有将人的活动局限在康德的道德实践上，而是将实践扩展为人的劳动，一切经济活动和社会活动的范围。由于将实践作为主体和客体统一的中介，黑格尔的外化概念克服了旧唯物主义不理解人的能动性，从而将主体与客体对立起来的理论。同时也较康德、费希特、谢林将必然性、客观性与自由、主体性对立起来的观点更进步。"黑格尔已经向着辩证地理解主

---

① Georg Lukács, *The Young Hegel*: *Studies in the Relations between Dialectics and Economics*, Translated by Rodney Livingstone, London: Merlin Press, 1975, p. 511.

② ［匈］卢卡奇：《青年黑格尔》，王玖兴译，商务印书馆1963年版，第102页。

观性与客观性关系往前迈进了一大步。"①

第二个阶段是资本主义社会特殊形式的外化，卢卡奇称之为黑格尔的拜物教理论。卢卡奇承认自己的这一观点是比较牵强的，因为黑格尔在写作《精神现象学》的时候虽然对经济学进行了大量的研究，但终究没有了解斯密价值学说的全部问题和内在矛盾。卢卡奇认为黑格尔提出了拜物教理论的唯一的理论依据是黑格尔"把偶像化了的经济社会产物和关系的客观性还原到人，归结到人与人之间的社会关系上来"②。

外化概念的第三阶段是将外化与客观性等同，也就是将外化视为精神变成他物，变成自己的对象，然后又扬弃这个对象，回到自身的总的过程。

从对外化的三个阶段的分析中，卢卡奇得出了黑格尔辩证法的进步性：其一，黑格尔辩证地理解主客体之间的关系，在劳动的基础上将二者结合起来，既尊重了客观性，又突出了主体创造历史的主体性观点；其二，黑格尔将经济还原为人与人之间的关系，打破资本主义拜物教的迷信；其三，黑格尔将主客体的统一视为思维与存在交互过程的结果，历史性地理解社会发展。

同时，根据马克思在《手稿》中对黑格尔《精神现象学》的批判，卢卡奇也对黑格尔辩证法提出了批评。马克思认为，黑格尔一是将外化仅仅视为精神互动过程，他并不理解真正的"对象性"，也就是现实的生产活动；二是黑格尔将外化等同于异化，将资本主义社会特殊的外化形式等同于一般的外化形式，从而丧失了社会批判的力量，沦为资本主义社会的意识形态形式。卢卡奇基本上认同马克思的评论，他正确地指出，马克思之所以能理解黑格尔的辩证法，原因就是马克思认识到，黑格尔是把社会经济分析提升为哲学理论的哲学家，同时，马克思之所以能够正确地批判黑格尔的辩证法，是因为马克思更加深入地理解了"资本主义劳动的实际辩证法"。卢卡奇认为，只有对资本主义社会最基础的活动，即经济活动有正确的认识，"从哲学上理解人类的发展"，也就是得出唯物主义的辩证法才是可能的。这也正是马克思超越了黑格尔哲

---

① ［匈］卢卡奇：《青年黑格尔》，王玖兴译，商务印书馆1963年版，第104页。
② ［匈］卢卡奇：《青年黑格尔》，王玖兴译，商务印书馆1963年版，第104页。

学的原因。"在这个意义下，唯物主义辩证法也可以说是客观唯心主义辩证法的真理，因为前者不仅仅批判地消灭了后者，而且同时也推论出后者的错误的必然来源，并根据这种推论找到了一条真正扬弃后者的道路。……（黑格尔的）'无批判的实证主义'，都是他的社会存在的必然后果，也就昭然若揭了。此外，从这些陈述里，我们又可以'不待言喻'地看出来，黑格尔是怎么样和为什么竟能在这样神秘的唯心主义里面还指明出一些不仅有关于经济学和历史的而且也有关于一般客观现实的辩证关联的实际规定来，以及黑格尔的辩证法为什么能够成为唯物主义辩证法的直接前驱。在这里，决定性的一点，如同我们已屡次指出的，就是，黑格尔把劳动理解为人的、人类的自我产生过程。"①

按照卢卡奇在1967年为《历史与阶级意识》所作的序言中的说法，《青年黑格尔》是卢卡奇反思自己青年时期，特别是《历史与阶级意识》中的"唯心主义"因素所做的理论上的修正。在《历史与阶级意识》中，出于对《资本论》的研究和对无产阶级生活状况的认识，卢卡奇的实践概念实际上是体现了社会生产劳动的含义。不过，由于并未认识到他从中汲取实践能动性的黑格尔辩证法实际上是经济学研究的产物，卢卡奇未能自觉、深入地认识实践的本质。通过研究黑格尔青年时期的思想发展，卢卡奇认识到辩证法形成和发展的关键：对社会基本问题，即经济学的研究。在这个基础上，卢卡奇对马克思主义的理解产生了重大的变化，他认识到了马克思主义发展的基础，即对现实的社会历史发展的研究，而当今的现实就是资本主义社会的本质和规律，这一切都要在奠定资本主义社会发展的基础的经济学研究中得以说明。走出从哲学到哲学的道路，卢卡奇的实践概念才真正地获得了社会性和历史性，成为对资本主义社会生产劳动关系的哲学的概括。卢卡奇认为此时自己"所有唯心主义偏见都被一扫而空"。所以，研究黑格尔哲学是卢卡奇掌握历史唯物主义的过程，在这个过程中，卢卡奇自觉地运用了他掌握了的理论，用来分析黑格尔哲学。所以，对黑格尔哲学的研究是卢卡奇理解马克思主义的契机，反过来，运用马克思主义对黑格尔哲学进行分析又是他得出正确结论的基础，二者互为前提，使卢卡奇的思想得以持续深化。

---

① ［匈］卢卡奇：《青年黑格尔》，王玖兴译，商务印书馆1963年版，第123页。

第五章　马克思主义本体论的构建

卢卡奇晚年写作了《审美特性》后，准备着手写作一部《伦理学》。可是在这个过程中，他意识到，没有对马克思主义本体论的把握，伦理学的探讨就没有坚实的基础。所以，从 1964 年开始至 1971 年去世，卢卡奇将其最后的学术生涯都献给了研究马克思主义本体论的《关于社会存在的本体论》（以下简称《本体论》）一书。

卢卡奇坚持认为，自己从青年时期开始就一直关心本体论问题，这个过程可以上溯到其早期的艺术理论研究。① 但是，直到开始对"经济学与辩证法之间的哲学联系作出考察"，他认为自己才找到了正确进行本体论研究的方向，这个转折点正是《青年黑格尔》中卢卡奇对黑格尔辩证法来源的分析。而他认为，只是在《本体论》中，他才实现了这个研究计划。② 通过对《本体论》中基本问题的分析可以发现，卢卡奇晚年回到了《历史与阶级意识》的众多命题的研究上来，运用的方法正是他在《青年黑格尔》中获得的至关重要的结论：对作为社会基本问题的经济学的研究是黑格尔辩证法，同时也是马克思历史唯物主义发展的基础。

一　本体论建构对马克思主义的重要性

毫无疑问，作为卢卡奇思想发展的最后一站，这本总结他晚年思想成果的大部头，同早年使它名声大噪的《历史与阶级意识》的遭遇类

---

① ［匈］卢卡奇：《卢卡奇自传》，杜章智等编译，社会科学文献出版社 1986 年版，第25 页。

② ［匈］卢卡奇：《历史与阶级意识》，杜章智等译，商务印书馆 2009 年版，第 33 页。

似，又受到了极端的对待。实际上，学者们对此书的评价如此两极化，也正是因为他们将《本体论》一书同《历史与阶级意识》对照阅读，认为他们之间关系如此密切，作为卢卡奇早晚期的思想存在呼应关系。其一，认为《历史与阶级意识》是卢卡奇理论巅峰的学者自然对《本体论》一书抱有敌意，他们认为，《本体论》放弃了《历史与阶级意识》中卢卡奇充满了创造力的振聋发聩的学术观点，"被证明是一个失败"①。这种观点普遍存在于西方马克思主义者和以卢卡奇的学生为代表的东欧新马克思主义者中。其二，相应的，认为《历史与阶级意识》是卢卡奇对黑格尔唯心主义的继承，充满了唯意志论的观点的学者，自然针锋相对表示卢卡奇在《本体论》中才真正地理解了马克思主义，为马克思主义的理论发展作出了杰出的贡献。② 卢卡奇经常性的对自己的作品和思想发展进行反思，他自己是反对断裂论的，不认为马克思的思想有什么早晚期的实质性断裂，而是顺着同一主题进行的不同的探索和丰富的过程，同样的，他对自己一生的心路历程也作此判断。尽管学界对卢卡奇的学术生涯进行过不同的分期，卢卡奇本人一直认为自己的发展道路是连续的，不过经历过许多的曲折。这条道路正是对《历史与阶级意识》中"提出的问题作出科学的马克思主义的说明……它从黑格尔研究开始，经过对经济学和辩证法的关系的考察，而达到我今天建立一种关于社会存在的本体论的尝试"③。《历史与阶级意识》中，卢卡奇用敏锐的学术视角和深沉的救世情怀提出了终其一生予以关怀、试图解答的问题：什么是马克思主义，怎样运用马克思主义。经过了数十年的艰辛探索，走过了许多的曲折后，卢卡奇认为自己在晚年巨著《本体论》中对这个问题给出了更加深刻的、正确的，也是他最终的解答。

（一）本体论建构是马克思未竟的愿望

卢卡奇认为："马克思所有具体的论述……在最终的意义上都是直接

---

① ［匈］阿格妮丝·赫勒主编：《卢卡奇再评价》，衣俊卿等译，黑龙江大学出版社 2011 年版，第 245 页。

② F. L. 伦威德：《卢卡奇的社会存在本体论和马克思的社会观》，燕宏远译，《哲学译丛》1991 年第 5 期。

③ ［匈］卢卡奇：《历史与阶级意识》，杜章智等译，商务印书馆 2009 年版，第 35 页。

关于存在的论述，即他们都纯粹是本体论的。然而，另一方面，在马克思那里又找不到对本体论问题的专门论述。"① 卢卡奇将马克思的思想之所以具有理论穿透力的根本原因归结为马克思没有脱离开哲学需要面临的，或者说人类必须面对的本体论问题，不仅没有抛弃本体论问题，马克思还以超过古代的形而上学，也超过近代认识论的方式重新构建了马克思主义的本体论，为西方哲学的本体论哲学贡献了新的出路。但是，马克思的著作中却从来没有对本体论进行过专门的系统性的理论阐发。无论是早年对形形色色西方传统形而上学的理论批判，还是后期着重于政治经济学批判的研究，马克思都没有对自己的哲学进行正面的、全面的、系统的阐述。马克思认为体系哲学是哲学的枷锁，正确的世界观一旦形成，应马上用以研究能够改造世界的具体的理论问题，对他来讲，也就是政治经济学。马克思在英国进行政治经济学研究的时候，需要借用黑格尔逻辑学的理论建构方法，但是边用边觉得逻辑学被黑格尔的神秘主义的形而上学所束缚，如果将脱离了神秘主义的辩证法予以马克思主义的阐明对后人会更有助益。但是这个念头也只是一闪而过，在给恩格斯的信中，马克思提到："如果以后再有工夫做这类工作的话，我很愿意用两三个印张把黑格尔所发现、但同时又加以神秘化的方法中所存在的合理的东西阐述一番，使一般人都能够理解……"② 如果马克思真的对辩证法进行阐述，会同列宁后来所发现的一样，辩证法在马克思主义里面，是本体论、认识论和方法论的统一。可是，这是两三个印张不可能完成的任务，也是马克思不可能腾出手来进行的工作。完成《德意志意识形态》之后，对马克思和恩格斯来说，即使书稿迫于检查压力无法出版，只能留给老鼠的牙齿去批判，但是由于他们本人已经在批判的过程中掌握了新的世界观，达到了自己弄清楚问题的目的，再以思辨哲学的概念推演把自己的新哲学重新演绎一遍的动力并不足。他们把时间精力用到了还没有完全把握的新的领域去了，世界观作为贯穿研究的指导，不再被特地地、单独地进行表述。这对马克思主义哲学的传播造成了困难。由于马克思和恩格斯的著作在传播的过程中才陆续出版，不同

① ［匈］卢卡奇：《关于社会存在的本体论》上卷，白锡堃等译，重庆出版社1993年版，第637页。

② 《马克思恩格斯文集》第10卷，人民出版社2009年版，第143页。

时期的学习者能掌握到的原著的材料总是有限，不能把握马克思和恩格斯思想变革的过程和总的成果。阐释者们无论孤立地从哪个时期的文本出发，都未必能对马克思和恩格斯自己熟练运用的世界观有一个总的、正确的理解，都有可能误入歧途，陷入片面。

卢卡奇认为，本体论研究的意义非但没有随着近代哲学的认识论转向而消亡，反而因为辩证法的运用而被赋予了新的生机。总有人要去对马克思主义的本体论框架进行说明，否则对马克思主义的理解会陷入部门性的、时间性的片面的错误中，不能达到对其理论的总体的、基础性的认知。把马克思认为已经在自己整体的研究过程中展示出来的本体论思想予以全面、系统阐发的任务，落到了卢卡奇的肩上。对卢卡奇来说，《本体论》，是对马克思主义的哲学基础，即本体论的阐释，同时也是对整个马克思主义理论体系的建构。

（二）本体论建构是对流行思潮的回应

不过，虽然卢卡奇本人十分看重对本体论的研究，可是由于本体论问题本身的复杂性，加上卢卡奇创作时年事已高，笔力不逮，此书显得冗长繁复，同一部分层次不清，不同部分内容交叠，致使卢卡奇的学生们在阅读其手稿并为其修改校订的过程中提出了许多意见，但最终成书依旧有 1000 多页，这是多年来研究者们对这部著作望而却步的原因之一。

《本体论》分为上、下两卷。在上卷中，卢卡奇先是对自己为何费尽心力研究本体论的原因进行了交代，对当代流行的诸种本体论进行了分析与批判，并在此基础上提出了马克思主义本体论的基本原则。下卷中，卢卡奇对本体论中的诸重要范畴：劳动、再生产、意识形态和异化等进行了详尽的分析。

卢卡奇之所以要在晚年对本体论问题进行深入的探讨，源于他对哲学动态的关注。卢卡奇年少成名，早早踏入欧洲哲学界的中心，并一直活跃在时代哲学的前沿。他对哲学领域的思想动态十分敏感，总是能抓住争论的实质。他指出，20 世纪流行的哲学中有两种对待本体论的态度，一种是实证主义，一种是存在主义，二者都对社会主义的理论和发展造成了负面的影响，需要从本体论高度予以批判。

1. 实证主义对本体论的拒斥

实证主义完全拒斥本体论，将一切涉及本体论的问题都当作旧形而上学而抛弃。它将本体论与认识论完全分开，"认识论变成了独立的且命题必须独立于这样一种与客观的异质性而作为正确的或错误的独立标准，它成为一种片面针对命题形式、针对主体在其中的生产作用的存在。……全部认识论变成了一种语言规则……数学因素日益有力地强迫在客体与方法的转换信息上把重点转移到一种形式上无矛盾性的日益唯一的方法，客体本身被当作纯材料为转化信息的可能性来使用"①。同时强调自己非唯心主义也非唯物主义的中立性，实际上，这就是"对科学与自在的现实之关系的严格否认"②。

（1）实证主义哲学存在着一个"创始神话"，即它是通过彻底拒斥以黑格尔哲学为集大成的传统形而上学而诞生。对黑格尔哲学进行了否定性甚至是漫画式的描述的风气在第二次世界大战后一度达到顶峰。实证主义的本体论拒斥集中体现在1929年维也纳学派发表的逻辑实证主义的宣言《科学的世界观：维也纳小组》中。根据维也纳宣言，科学的而非形而上学的世界观有两个特征："第一，它是经验主义的和实证主义的——存在着只来自经验的知识，它以直接的给予为基础；这就确立了合法的科学内容的限度。第二，它以应用某一种方法为标志，就是逻辑分析。"③ 该学派的宗旨是罢黜经院哲学和德国唯心论作为"科学女王"的作用，视反对康德及其之前和之后的"先天综合判断"为理论主题。逻辑实证主义用崭新的数理逻辑方法论支持古老的经验主义本体论，创立了现代经验论，成为20世纪上半叶影响西方众多科学哲学流派的理论源泉。同时掀起了拒斥本体论、拒斥形而上学的思潮。这股潮流席卷了现代哲学的各个领域，其范围也不局限于英语学界，对欧陆哲学也造成了实质的影响。

其实，19世纪末，在德国学界将黑格尔视为"死狗"，呼吁"回到

---

① ［匈］卢卡奇：《关于社会存在的本体论》上卷，白锡堃等译，重庆出版社1993年版，第404页。

② ［匈］卢卡奇：《关于社会存在的本体论》上卷，白锡堃等译，重庆出版社1993年版，第397页。

③ O.纽拉特：《科学的世界观：维也纳小组——献给石里克》，王玉北译，《哲学译丛》1994年第1期。

康德去"，试图以新康德主义替代因黑格尔哲学式微所产生的真空之时，英美哲学界曾热情地拥抱过黑格尔。1865 年，斯特林的《黑格尔的秘密》于英国开启了新黑格尔主义的潮流。随后，格林同穆勒的经验主义展开了长期论战。布拉德雷于 1893 年出版了《现象与实在》，据罗素回忆，当时一流的学院哲学家大多都是黑格尔派。但是，由于英国经验论的传统根深蒂固，观念论的流行很快又激起了经验主义的不满，产生了更新经验主义以同新黑格尔主义抗衡的需求。不久，罗素和摩尔分别通过数理逻辑的创立和常识运动的推进，试图跳出经验主义缺乏普遍性的困境，同时对信奉新黑格尔主义的英国观念论进行了集中的批判。1898 年，二者双双"背叛"了康德和黑格尔，他们坚信事实是远离经验而独立的，并称远离黑格尔使他们逃离了"主观的监牢"①。作为英国观念论的"屠龙之士"，罗素与摩尔着力从两个方面突破新黑格尔主义。第一，极端整体论。黑格尔的理性主义认为真理只能通过绝对自身，作为整体，从精神发展的整个过程中予以把握，任何个别的组成部分只是绝对精神运行的一个阶段，都是片面的，真理是出发点和终点的结合，不能半途获得。第二，内在关系论。认为存在的发展过程是自否定的过程，矛盾双方对立统一于同一个范畴，并且通过否定性的一方的推动，整体地向更高的范畴演进。为了批判形而上学外在的推动力原理，辩证法过分强调矛盾作为统一的双方，是相互内在的，将一切所谓外在关系、外部条件都视为对存在产生和发展来说是非实在的因素。整体论和内因论二者统一于黑格尔的有机体理论。在罗素和摩尔看来，有机体理论在理论逻辑和实践哲学两个方面都是错误的。

首先，黑格尔的逻辑学是陈旧的，不符合现代逻辑理论。罗素将逻辑视为哲学的本质，认为自己的工作就是通过批判旧逻辑建构新哲学。传统逻辑的构成方式是在诸多已存的选择中挑选其一，同时否定其余，罗素称之为消极的否定；新逻辑旨在设想出新选择的可能性，是创造性的。罗素将赋予逻辑学以多元论的意义称为"逻辑内部的革命"②。新逻

---

① ［英］伯特兰·罗素：《我的哲学的发展》，温锡增译，商务印书馆 1982 年版，第54 页。

② ［英］伯特兰·罗素：《我们关于外间世界的知识》，陈启伟译，上海译文出版社 2008 年版，第5 页。

辑学拒绝规定世界是什么，而是自由的设想世界可能是什么。传统逻辑一元论的错误在于认同一个基本的本体论假设：宇宙是有机的统一体，各个不同部分相互适应，共同协作，在整体中成为自身。有机体理论将世界作为一碗轻触一处便整个颤动的果冻①，而罗素斥之为贫乏的想象。罗素相信每个部分都有其不依赖整体的独立意义，这就是他提倡的逻辑原子论。分析哲学将原子主义视为本质的、奠基性的原理。所谓分析就是将整体的各个部分予以分解，并运用弗雷格等人创立的现代逻辑对各部分的关系加以清晰、严格和系统地论证。

　　并且，有机体理论还是导致黑格尔实践哲学错误的根源。在黑格尔哲学中，部分与整体虽依存，但关系并不对等。整体有超越于诸部分的独立地位，同时定义部分，将部分作为实现整体目的的手段，认为部分一旦离开整体便是无意义的冗余。传统伦理学以之为基础，将"善"定义为与他物的关系，关系项中有终极定义资格的一项是自然客体或超感觉的形而上学客体。在摩尔看来，传统伦理学犯了自然主义和形而上学谬误。他认为"善"是自明的，不以与他物的关系来定义，"善"本身就具有内在价值。黑格尔的整体学说和以之为支撑的整个传统规范伦理学"必须断然加以抛弃"②。"毫不夸张地说，在长达半个世纪的时间中，G. E. 摩尔的道德哲学定义了分析哲学中伦理学讨论的基本框架"③，确立了分析哲学对黑格尔实践哲学的拒斥。

　　这之后，波普尔认为黑格尔的辩证法代表了传统本体论等级化的价值体系和封闭性的特征，从而视黑格尔为开放社会的敌人。由于被视为逻辑实证主义衰落的推手，波普尔的"证伪主义"在分析哲学史上享有独特的地位。罗素和摩尔起码在青年时期曾经短暂地为新黑格尔主义对哲学的体系性和整体性的描述所倾倒，所以，尽管批判黑格尔的本体论犯了整体主义的错误，但是对黑格尔在西方哲学理论发展中的地位依旧是认可的，他们的批判是理论内部的批评。波普尔对黑格尔哲学的批判并不局限于理论层面。早在黑格尔在世时，叔本华就越过了理性争辩的

①　Bertrand Russell, *Portraits from Memory*, London：Allen and Unwin, 1956, p. 21.
②　[英]摩尔：《伦理学原理》，长河译，商务印书馆 1983 年版，第 40 页。
③　[美]司各特·索姆斯：《20 世纪分析哲学史》第 1 卷，仲海霞等译，华夏出版社 2019 年版，第 37 页。

范围，对黑格尔进行了人身攻击，否定黑格尔的根本动机和认知水平，将黑格尔哲学贬低为纯意识形态的"疯狂"臆想。波普尔对此深以为然，他称黑格尔在玩弄一场"政治游戏"。作为"普鲁士官方哲学家"，黑格尔的哲学研究受到"不可告人的动机的驱使"①，即为统治者利益进行辩护。二战期间，为了"纪念各种信仰的或各个国家或各种族的无数男女，他们在历史定命的无情规律之下沦为法西斯主义和共产主义的受难者"②，波普尔完成了两部著作：《历史主义的贫困》与《开放社会及其敌人》，对以黑格尔为中枢的西方哲学进行了全面的清理。

波普尔称，黑格尔哲学同时对导致第一次世界大战的德国极权主义负有责任，对发动第二次世界大战的纳粹分子抱有的民族主义负有责任。因为从赫拉克利特到柏拉图、黑格尔、马克思，西方哲学的本体论传统是历史主义，这种哲学声称能发现历史规律并作出历史预见，所以都是封闭的体系，导致了极权主义。历史主义有两种版本，右翼的种族主义、法西斯主义和左翼的马克思主义，二者"都直接回溯到黑格尔的哲学"③。历史哲学有源自黑格尔哲学的两大"智慧之柱"：辩证法和同一哲学。在波普尔看来，黑格尔哲学借批判传统逻辑学在辩论中寻找矛盾，并消除矛盾的做法是逻辑的枯骨，他试图使僵死的概念体系流动起来，所使用的哲学方法就是辩证法，根本的态度是承认矛盾不仅是不可消除的，反而是推进事物运动的内在原因。这就是罗素等人批评的辩证法的内在关系论，实际的意图是自由地操纵一切矛盾。如果矛盾是内在的、必然的，是通向进步的必要方式，矛盾的任意一方都是正义的，不可能针对哪一方进行论证和批评，这将必然导致独断论，因为黑格尔的这种哲学体系以自己的逻辑自洽，自圆其说地排除了一切潜在的哲学批评。同一哲学主张的"对立统一"学说在波普尔看来毋宁为"强权即公理"，是为了将现存的秩序视为唯一的可能而为之辩护。黑格尔的形而上学被彻底视为历史主义、整体主义、进步主义的

---

① ［英］K. R. 波普尔：《开放社会及其敌人》第2卷，郑一明等译，中国社会科学出版社1999年版，第69页。

② ［英］卡·波普尔：《历史主义的贫困》，何林等译，社会科学文献出版社1987年版，第39页。

③ ［英］K. R. 波普尔：《开放社会及其敌人》第1卷，陆衡等译，中国社会科学出版社1999年版，第28页。

谎言。

罗素、摩尔和波普尔的观点塑造了 20 世纪英美学界对黑格尔哲学的普遍看法——完全逆时代潮流和科学精神的形而上学家、专制主义哲学家、法西斯主义的先驱。此后多年，英美哲学家拒绝进行严肃的黑格尔研究，并认为想要达到分析哲学的明晰性和严格性，只能凭借彻底避开与晦涩神秘的欧陆哲学的接触，完全拒斥一切形而上学。

（2）卢卡奇认为拒斥本体论服务于新实证主义进行普遍社会操纵的需要。

实证主义，与其之后经过数学化和语言学化而产生的新实证主义，在 20 世纪传播范围如此之广，影响如此深远，马克思主义难免也遭到了侵袭。以考茨基和伯恩斯坦为代表的第二国际修正主义者受实证主义和新康德主义的影响，打着"目的并不重要，行动就是一切"的口号，号召和平长入社会主义，取消无产阶级的革命性。卢卡奇从成为一名马克思主义者以来就与这种思潮进行不懈的斗争，在创作《历史与阶级意识》时，他就对物化意识进行了批判，在晚年的社会本体论建构阶段，卢卡奇更进一步地提出了"操纵"概念，将之视为资本主义在新的发展阶段形成的意识形态统治的新特点。卢卡奇细致地剖析了实证主义如何借助于科学的辅助，在经济、政治和社会方方面面积极操纵人们的思想和实践。卢卡奇不仅是西方马克思主义的肇始，在开端处启发了其他西方马克思主义理论者的思考，他的思想紧随时代变迁，总是在前沿处，一直推动着西方马克思主义理论的发展。卢卡奇的操纵理论和葛兰西的意识形态领导权理论、法兰克福学派的大众文化批判都丰富和发展了马克思主义对资本主义意识形态的批判。

卢卡奇着重从新实证主义消除本体论的社会根源和理论目的入手，分析一种力求自觉地把自在的现实清理干净的哲学究竟意图何为。列宁早在《唯物主义和经验批判主义》中就对世纪之交流行的新实证主义进行了唯物主义本体论的批判。从阿芬那留斯开始就已经完全消除了康德以来遗留的自在之物的现实性。自然科学的变革仰仗一种实证主义的科学认识论和方法论，它从自己的哲学中完全消除跟自然有关的重要的本体论范畴，譬如物质。由普朗克、洛伦兹、爱因斯坦等人为物理学所带来的划时代的各种发现加强了物理学研究对象是非单纯物质现象的观念。

20 世纪是资本主义经济突飞猛进的发展期，包括经济在内的社会生活的一切方面都发生了重要的变化。对社会流行思潮的分析应该建立在新的社会存在的基础上。卢卡奇将资本主义经济这一阶段的变化概括为两个方面，一是在人和自然的关系方面，通过更高超的驾驭自然的能力的发展，劳动生产力取得了惊人的提高；另一方面，人和人的关系方面，新的生产和社会组织形式的产生也极大地提升了生产效率，同时，消费品工业的发达使得消费社会成为了可能。这是过去一切资本主义的时代，无论是自由竞争资本主义还是垄断资本主义早期都并不熟悉的情况。在这个过程中，科学不再仅仅是被动的、被选择用来促进生产发展的理论，它成为了积极主动地参与社会操纵的关键力量。通过操纵社会意识，进而操纵政治理论和实践，科学日渐偏离了其解放性的作用，降低其自身为政治活动的助手。排除了本体论，在科学中意味着，不再以对自在存在的现实性的尽可能适当的认识为方向，不再努力以日益完善的方法实现新的真理。

第一，数学语义化作为科学实现社会操纵的方法。新实证主义超出过去实证主义的关键是数学化的极端发展。通过将数学塑造成最简单又最精巧的表述一切科学的假说，新实证主义实际上形成了自己的"世界图景"，它构建了自己的形而上学，在这幅图景中，数学是构建一切语言的元语言，是在科学界放之四海而皆准的"语义学"。

整个科学的数学化、逻辑化的程度之深，卢卡奇认为可以以物理学领域为代表。虽然马克思也认为任何一门学科只有达到了能进行数学化的程度，才可称为科学。但是，越来越强势的在一切学科都争夺统治地位的数学化趋势也意味着，在实证主义的框架内，物理学，乃至其他科学，只对数量关系感兴趣，学科本身与现实性之间的关系被进一步松绑，最终可有可无。哲学在亚里士多德看来，是"物理学之后"，穷究万物之理。在卢卡奇看来，物理学是同本体论关系最切近的科学理论，一旦物理学都认为自己的理论研究与自在的现实世界没什么关系，或者说无法有正确的、客观的关联的话，自然会为其他的科学领域放弃真理性的思考大开方便之门。列宁对此认识深刻："物理学的危机在于数学精神征服了物理学……于是形式物理学即数学物理学的时期开始了；这种物理学成为纯粹数学的物理学了，它已不是物理学的一个门类，而是数学的一个门类。"① 作为认识工具、对事物进行量的规定性的特殊学科数学成为了统摄物理学的普遍学科。数学由此成为一种通用"语言"。它不再是解释现实的物理现象的一种最精确的辅助手段，最重要的中介，这还不够，它要成为对人来说最重要的现象的最终的、纯粹思想上的"语义学"表述。这种表述脱离了实在性、真理性的要求，可以无限制地自行运动，自由地运用于现象之上。

实际上，数学"语义学"进行了超越自身边界的话语争夺。首先，不是所有的量的特性都适合数学表达；并且，量的规定反映的是事物的同类性关系，它不能排除事实存在于自在对象中的那些质的区别。数学的反映可以尽可能接近正确地从思想上对现实性进行复制，它确实是合适的运载工具，数学媒介可以通过对统计学和动力学的量的把握对对象与过程的关系进行一种本质的认识，这是其他非数学化的、类比等方式所不能达到的，哪怕没有明显的量的规定的对象和关系同样可以通过批判性地运用数学方式来得以正确的反映。卢卡奇对数学在科学发展中的积极作用十分认同。但是，这建立在科学是借助数学为自己的理论发现服务的基础上，而不是用纯粹数学解释一切科学的基础上。他认为虽然物理学数学化的趋势日盛，但是像普朗克这样的大物理学家不免仍然是"天真的实在论者"，不能彻底地将现实世界抛诸脑后。

第二，通过缩小实践概念，在原则上否定与自在现实的联系，消除本体论。认为通过科学的整体之间的相互联系和相互补充，以及对科学方法进行普遍化的哲学都不可能产生对自在现实的正确的反映。新实证主义声称放弃了一切世界图像，因为图像是整体性的，而新的世界观反对将世界的认识统摄进同一幅图画里。因此，新实证主义反对一切有统一原则和结构的世界图像，即形而上学。它要悬置一切本体论问题，并声称彻底中立化。这不是新的潮流。打从马赫等实证主义者认为世界的本原是感觉与物的统一的一种既非客观也非主观的世界要素以来，认识论领域就被创造出来以对抗本体论。这是主观唯心主义的遗产，与新康德主义同宗。所予的一切都是主观性的产物，自在之物必然是不可达到的幻象，是抽象存在的彼岸，可以作为私人的事情，作为宗教残留而遗

① 《列宁全集》第18卷，人民出版社2017年版，第321页。

存，但是必须被排除在科学之外。

同数学逻辑化和语义学化一样，彻底中立化的哲学也是为了建立排他性的语言规则，使自己成为一切科学的通用逻辑。卢卡奇看到实证主义与实用主义的联姻。客观真理问题被漠不关心地放在一旁，只有直接的实践结果是重要的。这里存在着对实践概念的重大的狭隘化，通过缩小实践的范围，意图使操纵作为科学哲学的唯一的统治方法。卢卡奇主要对直接性在实践中的地位予以阐明。既然新实证主义将直接性视为实践的唯一重要的目的和成果，卢卡奇认为应该在这里简要地概括对哲学有决定意义的问题，即对实践的理解问题。认识不脱离于实践。劳动是认识的源泉，也是人的理论活动的普遍模型，这是马克思和列宁的实践理论的必然结论。任何实践，在直接性的意义上看，都是为了达成某种具体的目的。为了实践目的的达成，必须有正确的认识手段。在这里，普遍性和直接性是在实践中获得的认识发展的两条相互交错的道路。一方面，实践的结果是可以正确地普遍化的，出于促进科学进步的正当动机，实践的成果可以与当时能达到的知识的完整性相洽，并以其新的内容拓展真理的边界；另一方面，由于实践不可避免地具有直接性，其直接性的实际有用的成果留存下来。任意地把普遍性或者直接性（特殊性）这两个对立方面的某一方面绝对化，都会误入歧途，并且，显然，新实证主义对本体论的拒斥源于极端避免合理的普遍化，而将实践的直接性抬高为普遍科学学说的基础。实证主义满足于借助某种直接性的实践所达成的实际成果，只要实践能够在某种程度上操纵其对象，就算取得了成功，这种对直接性的崇拜在科学不发达的时期，也同样存在。但是，这种原则在新实证主义中取得了发达的形态和完善的表达，从而发生了一种质的变化。它不再满足于将科学语言规则中的某一个别的要素视为获得以操纵为目的的直接性的成果的工具，而是将知识的整个体系都视为普遍的可调节的工具。实践以及实践中对直接性的成果所进行的合理的普遍化被视为不符合思维经济原则，不符合实用主义的直接性需求。

蒯因提出的科学整体主义正是这一趋势的理论化表达。蒯因于1950年发表了《经验论的两个教条》，对卡尔纳普等人的实证主义进行了最根本、最尖锐、最内行的批判。之后引发了长期深入的争论，使得实证主义在哲学上的缺陷暴露无遗，导致了新实用主义兴起。蒯因认为经验不是作为个别的要素，而是作为知识的整体面对经验法庭的评判。"我们所谓的知识或信念的整体，从地理和历史的最偶然的事件到原子物理学甚至纯数学和逻辑的最深刻的规律，是一个人工的织造物。它只是沿着边缘同经验紧密接触。"① 全部科学，包括数理科学、自然科学和人文科学，都同样不受直接经验完全决定。按照中心和外围的比喻，只有最边界的陈述与经验紧密相连，而其他科学陈述与直接性的经验关联程度减弱。也就是说，不同学科的科学程度具有的只是量的区别，没有质的差异，本体论问题和自然科学不是互斥的。科学选择哪一种语言方式、概念体系或架构，不是关于事实的问题，而是关于能否有效、便捷地说明科学整体的问题。但是，通过卢卡奇的分析可以看出，实证主义走向实用主义并不是什么原则上的更新，虽然蒯因批判实证主义对本体论的简单的拒斥态度，认为形而上学对一切哲学和科学来说都是不可或缺的，因为任何哲学和科学都一定存在着它自身关于整体性的教条。但是，单单是将一切知识都整合在一张整体性的网中，并不能说明本体论又被重拾了起来。恰恰相反，根据卢卡奇的分析，实用主义反而是将科学知识一锅端起，使他们统统脱离了自在的现实，不是整体性地接纳了本体论，反而是完成了对本体论的整体剔除。

第三，实证主义是对认识论传统的完成。西方哲学一直存在认识论的倾向，作为本体论的补充和附录，只是随着近代自然科学理论和实践的发展而形成了认识论的纯粹形式。卢卡奇认为，这一形式在新实证主义中得到了最充分的表现。同传统认识论相比，新实证主义又处于哲学的语言学转向的过程中，语言学更进一步地自觉疏远本体论。对自在存在的现实性的认识不再是认识的目的，命题分析才是；与客体的一致不再是正确命题的标准，主体的生产作用才是。卢卡奇并没有将语言学视为独立于认识论的新哲学，而是视之为认识论持续发展的顶峰。正是认识论发展到语言学阶段，才使得认识论本身彻底从本体论中独立出来，卢卡奇将这个阶段的哲学概括为新实证主义。语言学将全部认识论变成

_____

① ［美］威拉德·蒯因：《从逻辑的观点看》，江天骥等译，上海译文出版社 1987 年版，第40页。

了一种语言规则、语义学和数学符号的转换信息，是在不同的"语言"之间进行互译的游戏。客体本身在转换过程中充当材料性的作用，语言学愈发强化了数学将主体和客体间的必然的矛盾性转译为形式上的无矛盾的唯一方法的地位。

"事实恰恰正有它本身的——总是形式的——逻辑。"① 事实的逻辑可以也实际上总是采用形式逻辑来展示自身，但是这不妨碍事实有它本身的逻辑，或者说，事实自在的逻辑是自为的形式逻辑的基础。这是卢卡奇从黑格尔的《逻辑学》中得到的启发。实证主义厌恶黑格尔，厌恶非形式逻辑的《逻辑学》，正是因为黑格尔的逻辑学有其本体论的基础，是本体论和认识论的统一。从事实到逻辑的理论构造原则是为实证主义所不齿的，卢卡奇称这种态度是天真的，也是愚蠢的。卢卡奇列举了卡尔纳普在早期的逻辑语形学研究阶段中，如何将命题逻辑与事实逻辑分离的方法。在《世界的逻辑构造》中，卡尔纳普将经验主义推到极端。经验主义的必然归宿是怀疑论，但是卡尔纳普拯救经验论的方法和摩尔不同。摩尔寄希望于依赖总不会欺骗我们的眼前举起的两只手来击溃经验怀疑论，视常识为不可怀疑的认识的起点。卡尔纳普实际上用的是康德主义的方法，并且更接近费希特的唯心主义体系。他区分两个世界，一个是经验世界，一个是物理世界，然后站在认识论的视角上，排除物理世界可被认识的可能性。之后，再将经验世界继续区分，经验对象也分为两种，一个是心理对象，一个是物理对象，在认识的逻辑顺序上，排除物理对象的逻辑先在。这样，跟自在的现实相关的世界，在本体论上被剥夺了认识的可能性；在认识论中又被剥夺了逻辑上的在先性。如此一来，自在存在本身的时间在先和逻辑在先的地位都被纯粹经验取代。所谓的世界的逻辑构造，意味着否定黑格尔对逻辑学的期许，而将逻辑学依旧放置在传统形式逻辑的范围内，逻辑不过是主体对范畴体系的一种把玩，在范畴间进行主观的价值排序的心理过程。认识所面对的存在不是客观世界，而是作为认识基础元素的"原初经验"，是感觉和物的统一体，这同马赫等人的经验要素论是一脉相承的。对卡尔纳普来讲，

---

① ［匈］卢卡奇：《关于社会存在的本体论》上卷，白锡堃等译，重庆出版社1993年版，第404页。

逻辑的去构造世界就不会满足于只对自我心理对象，也即自我意识进行概念的排序，这只处于整个世界系统的低等级。中间等级是物理对象，物理对象虽然在认识中不占任何先在地位，时间上来说不早于原初经验，重要性来讲也不如思维范畴和关系，但在世界逻辑来说，处于承上启下的中间层，为的是链接个体主观心理和他人、社会心理。世界逻辑系统中处于高等级的是他人心理对象和精神对象。这部分的世界逻辑是主体间关系的相互配置，高等级中适用的逻辑同样适用于低等和中等级对象，也就是说主体间的世界，是科学的世界，是借助于符号系统相互关联的语言学领域。在这样构造出的世界的逻辑中，确实没有本体论的任何地位。

卢卡奇认为即便是彻底的主观逻辑体系，用结构的、语义的、合乎逻辑的等等漂亮的术语来包装，用概念推导和被调节过的准确的语言分析来构造，把真理符合论用正确、错误和有无意义这样的语言学转换来表达，判断命题的正确、错误或无意义的依据依然是命题与现实的客体的一致性。新实证主义大可将"汉堡在德国，巴黎在法国"这样的事实称为经验事实，也就是主观体验、思维认知和逻辑表述出来的事实，是可以经由数学上、语义学上随意的操作而翻译成任何其他语言的一种语言构成，但该命题是否为真，依旧以本体论意义上的客观存在的事实为准。卢卡奇称新实证主义正沉沦为一种自欺欺人，因为以新实证主义为代表的一切实证主义的认识论观点完全忽略了，哲学不是中立于自在存在本身的。相反，自在存在对人的普遍、特殊和个别这样的逻辑规定来说，才是中立的。新实证主义"败于这一谬误"。[①]

对一切本体论哲学，特别是对黑格尔辩证法为代表的传统本体论的激烈的批判和明确的拒斥，出于实证主义的唯心主义性质。实证主义存在着两种幻想。第一种幻想是夸大了认识的主体地位，赋予主体孤立于对象之外的独立性，认为一切思维中的东西都只是主体意识的产物，而不是反映现实性的客观范畴。普遍的东西从哪里来？这是唯物主义和唯心主义要回答的根本性的问题。毫无疑问，认识的主体积极地参与加工

---

① ［匈］卢卡奇：《关于社会存在的本体论》上卷，白锡堃等译，重庆出版社1993年版，第405页。

认识对象，才能形成正确反映，其主体性不能磨灭。但是，直接的、孤立地看待主体性是唯心主义错误的根源，只有借助于对对象及对象间关系的分析才能获得范畴，而不是相反。认为普遍的东西也许不过是认识的意识的产物，这种幻想诱引新实证主义将普遍性的东西不是作为客观的，而是作为认识"要素"置于主体之中。如此一来，普遍性、客观性都可作为主体任意操纵的范畴。

与将普遍性主观化的错误相反，实证主义存在的第二种幻想为直接现实性的幻想，这种幻想仅仅将个别经验视为真实存在，他们不理解，"个别的认识如同对普遍的认识一样需要一种主体的思想活动"①。可以说，卢卡奇对实证主义的总体批评与后期实证主义的自我批评几乎是同时发生的。罗蒂作为新实用主义的创始人，对实证主义早期的代表思想——逻辑实证主义进行过持续的批评。他认为，塞拉斯是促成实证主义转向实用主义的第一人，但是跟另两位也同样出过力的哲学家比，却名声不显，被埋没了。② 因为塞拉斯一反过去几十年实证哲学对德国哲学的冷漠，直接将黑格尔引为同道，称他为"'直接性'的大敌"③。塞拉斯指出，实证主义长期以来视传统的经验主义为理论支柱，而经验主义的问题在于将认识论奠基在"所予"或曰"直接性"的基础上。无论是以洛克、贝克莱和休谟为代表的传统经验论中的"直接经验"，还是现代经验论中的"亲知""基本判断""感觉材料"等，都试图将非推论的事实作为推论知识的基础，此为经验论的"所予神话"。"所予"之所以是"神话"，在于主张（1）感觉到的感觉内容是直接的，无概念参与；（2）感觉内容是一切知识的基础，进而终止知识辩护问题中的无限推衍。逻辑原子主义主张个别的无概念的感觉内容作为认识的最基本元素，无法解决作为"殊相"的感性片段如何具有普遍性的问题。各种感性材料论建基其上的直接经验是一个个孤立的事实，并不预设甚至主动

---

① ［匈］卢卡奇：《关于社会存在的本体论》上卷，白锡堃等译，重庆出版社1993年版，第406页。

② 罗蒂在引言中为塞拉斯鸣不平，认为作为促进分析哲学转型的三个重要人物之一，塞拉斯一直未得到与蒯因和维特根斯坦相应的荣誉。［美］威尔弗里德·塞拉斯：《经验主义与心灵哲学》，王玮译，复旦大学出版社2017年版，第2—3页。

③ ［美］威尔弗里德·塞拉斯：《经验主义与心灵哲学》，王玮译，复旦大学出版社2017年版，第12页。

排除学习、生成协同、建立刺激、回应联系的过程。塞拉斯批判直接经验的孤立性。他认为没有所谓无中介的、不变的、绝对正确的某一个最终的为整体知识进行奠基的权威片段，复杂的、丰富的人类知识的可靠性不可能单纯依赖某一个别事实，任何知识能够取得的受确信的程度都与其在知识网络中所处的位置相关。"除非我们还有很多其他知识，否则我们不会得到关于任何事实的观察知识。"①

表面看来，卢卡奇对实证主义直接个别性的批评同塞拉斯开启的"所予"批判的着力点是一致的。但是，塞拉斯跟蒯因的科学整体论最终开辟的路径一致，受他影响的后学如同为匹兹堡学派的布兰顿等人，借由黑格尔的《精神现象学》中对感性的批判，走向的却是实用主义的道路。而同样批判感性直接性，同样接受过黑格尔意识分析影响的卢卡奇，却将实用主义本身也作为理论靶标。究其原因，正在于卢卡奇同时是一名马克思主义理论家，这是卢卡奇对本体论的理解跟同处于 20 世纪哲学急速变革浪潮中诸多领悟力超群的哲学家走上不同的，甚至是截然相反的道路的理论上的原因；是将哲学视为人从资本主义中解放出来的学说，还是将哲学家视为资本主义和平发展时期的管理者，从而将自己的学说贡献为资本主义操纵人和社会的工具，则是其实践上的根源。

实用主义在形式上克服了实证主义的原子主义、个别感性所予的直接性，提出了科学的整体主义的原则，使科学认识具有了统一的建构。卢卡奇认为这是任何真正的哲学都曾致力于实现的志向。但是，实用主义承认存在基础的中立性，实际上是出于对全部知识素材的可操纵性的要求。例如库恩的科学范式理论认为知识的整体结构、动力和规律，都来自于科学家集体的主观性的规定。科学的整体性只是便于操控知识，同现实本身毫无关联。

卢卡奇用统一性和多样性的辩证法表明，在黑格尔之后，讨论排除了统一的终极差别和排除对立的绝对统一一样，是无知的。无论是坚持感性个别性的实证主义，还是在其基础上生发出一种主观统一性的新实用主义，都违背了辩证法。即使新实用主义尊重了个别科学结论和科学

---

① ［美］威尔弗里德·塞拉斯：《经验主义与心灵哲学》，王玮译，复旦大学出版社 2017 年版，第 60—61 页。

整体规划之间的矛盾关系，由于无视现实联系，也依旧是主观辩证法，或者称为诡辩。在批判新实证主义发展起来的虚假统一性的同时，卢卡奇也对另一种简单的统一性进行了分析。马克思主义一再批评的旧唯物主义，即机械唯物主义，也并没有将同一性和差异性的矛盾统一起来，而是片面地强调了同一性。机械唯物主义试图以无机物存在作为一切存在的基础，从而构建一种一元论的本体论。问题是，存在的各层次之间是有质的差异的，无机物的存在、有机物的存在、人类社会的存在，作为存在是统一的，但是它们之间的差别并不是单纯地用其中任何一类存在为标准的量的差别，而是不同的存在类型之间的质的不同。多样性之间有不可分割的联系，它们之间有发展的顺序关系，但是，也有质的差异。只有在这个真实的历史过程中建立起来的本体论，才能作为唯物主义辩证法的理论基础。如果将存在的统一建立在原始的无机界的基础上，将宇宙间一切现象都归结为物理世界的机械规律性，那即使借用了新的科学"语言"，用数学的纯量化原则和逻辑操作的方法，也依旧是简单化的旧唯物主义；如果建立在对本体论置之不理的基础上，就是新实证主义的唯心主义。这两种统一都遭到了同样的抵抗："自在存在的现实的抵抗，对它的粗暴的压制的真正特性的抵抗。"① 存在方式的本体论的多样性，要求讨论不同的存在方式在质的区别的基础上，如何能够真实地加以统一。

新实证主义反对本体论的一切层次。它将物理学数学化，成为数学物理学（物理主义），使之与本体论疏远；将生物学这样的有可能揭示人的个体发生学和种系发生学的关于生命的中心问题的科学排除出科学的范围，认为生物学可以完全还原为物理学的语言；在社会科学领域，试图简单地将之还原为其他领域，如把一群人或者有机物的研究还原为描述其成员、成员间关系和环境的术语，接下来，把这些术语进一步还原为心理学、生物学和物理学。新实证主义认为数学和已经被数学化了的物理学可以作为一切存在的无差异的统一性的表达。理由是生物学和社会科学并没有发达到数学和数学化了的物理学的科学程度。卢卡奇认

---

① ［匈］卢卡奇：《关于社会存在的本体论》上卷，白锡堃等译，重庆出版社1993年版，第415页。

为，这表现了新实证主义的非历史性。本体论问题的提出比起能科学地回答它的时间来说，要早得太多了。在思维和社会发展的过程中，不断地回答本体论问题，逐步地消除关于本体论问题的错误观点，以便建立正确的观点，同时使本体论的理解和科学的发展之间产生连续的相互作用，这是哲学对待本体论的正确的、历史的、辩证的态度。活力论自然是不发达的生物学理论，但是它不代表生物学的全部发展历程和未来的发展成果，否定活力论，并不否定生物学本身。况且，在生物学领域，量的统一性并不居支配地位，个别性已经成为至少跟同一性相当地位的原则了，跟无机界只有量的关联有了质的区别。卢卡奇拿医学为例，在治病的过程中，所有定量的检查当然是必须的，但是，心电图、血球数目、血压等等数值必须同病人这个不可忽略的个体关联，必须按照个别病人的性格、病史进行个别的解释，才有可能对病情作出正确的诊断。人、人与对象的联系，就更加不能用新实证主义的科学操纵的统一性来理解了。这也是卢卡奇强调社会存在本体论的意义所在。

　　无论是普遍性的幻想还是个别性的幻想都试图消除现实本身和对现实的反映的区别，是排除了本体论的"纯粹"认识论，通过将对象、客体转化为对象性、客体性，仿佛就能把外在的世界全然置于认识论的领域中，仿佛客观性是在思想中产生的。并且，由于消除了本体论，实证主义不关心对象，同时也不关心人与对象的关系，从而忽视了社会科学，这其中包括经济学的成果，在卢卡奇看来，仅仅对自然科学进行研究的实证主义哲学，由于否认了本体论的地位无疑其本身就是一种形而上学：既是黑格尔批判康德僵化二元论体系的形而上学，同时也是亚里士多德意义上的传统形而上学。所谓抛弃本体论，只不过是放弃将外在现实作为存在基础的另外一种本体论。新实证主义没有创建自己的本体论，只是沿着新康德主义的唯心论，彻底化康德的二元论，把"自在之物"最终作为无用的冗余裁撤，只剩下主观范畴的体系，成为唯心主义一元论，同样是本体论哲学。恩格斯、列宁提出的区分唯物主义和唯心主义的标准并未如实证主义说的一样过时了，从心还是从物，世界的解释性原则是从现实（实践）出发，还是从思维（范畴）出发，这依然是马克思主义和流行的新实证主义之间争论的核心。

2. 存在主义以人为出发点的本体论

20 世纪以来，哲学中的科学主义和人道主义两大流派几乎吸纳了一切流行的哲学思潮。科学主义阵营以形形色色的实证主义为代表，逻辑实证主义、分析哲学、新实用主义、语言哲学等等在 20 世纪英美哲学界居主流地位的哲学大都属于科学主义；人道主义阵营以存在主义为代表，意志哲学、生命哲学等等非理性主义哲学属于这一流派。双方你来我往，争论激烈，似乎是截然对立的哲学体系。实际上，在卢卡奇看来，二者两极相通，建立在共同的立场之上。那就是他们都承认，资本主义社会问题不可解决：资本主义是必然命运，因为它存在不可更改的事实，即操纵不可阻挡地在全社会推进。态度上肯定这一方向的，是资本主义自发的、直接的意识形态——科学主义，用卢卡奇的说法是，他们站在资本主义管理者的角度，思考怎样能让以科学为助力的操纵能够更经济、更高效地推动资本主义的全面推进；态度上否定这一方向的，虽然并不情愿看到这一现象，但却同时承认这个事实是坚不可摧的，只能试图发展一种精神上的抵抗，这就是存在主义。

（1）作为新实证主义和存在主义过渡期的维特根斯坦哲学。

这一抵抗活动在 19 世纪下半叶已经开始，卢卡奇列出了存在主义产生之前的一些过渡期的人物。这些人物的立场处于实证主义和存在主义之间，构成两者的中间道路。如尼采和柏格森，他们的浪漫的冒险的形而上学是建立在实证主义形而上学的认识论基础上的。新实证主义盛行时期，既同意其原则，也去追溯哲学的"历史的""传统的"问题，也就是追本溯源，找寻哲学的本体论依据的，是处于卡尔纳普和海德格尔中间的人物：维特根斯坦。

卢卡奇专门分析了维特根斯坦哲学的双重性质，他一方面是新实证主义的开创性人物，为建立和扩大这种认识论进行了卓有成效的努力，深刻影响了其学说的发展；另一方面，他又深切地感受到了一种内在的冲突，认为单纯从科学哲学中排除本体论，不能解决其中所蕴含的真正的问题。

继罗素之后，维特根斯坦早年最著名、影响最大的著作《逻辑哲学论》发展了将哲学逻辑学化的思路。维特根斯坦最坦率地视一切西方传统哲学最重要的本体论问题为"不是问题"。过去哲学的大多数命题谈不上什么正确和错误，他们只是"无意义"。哲学家回答不了的那些看似重大又艰深的问题，通过语言的逻辑分析之后，根本就不存在。能说的问题，用逻辑的话语好好说，那些不能用逻辑语言进行表述的问题，对语言来说，不存在，那我们能做的只是保持沉默。维特根斯坦从语言学、逻辑学的角度消解了传统哲学的重大问题。所谓"世界的本体是什么"这样的问题，不能用任何确定的理论来解答，回答物或者回答精神都一样是无意义的，因为这个问题本身是无意义的。它并不是个别的经验的问题。按照逻辑原子主义的原则，不能还原为个别经验的问题，都是形而上学的思维混乱。

维特根斯坦被认为是西方哲学发展史中的一朵奇葩。一般来讲，一位哲学家开启一种哲学并将之发扬光大就足以名垂哲学史册，如笛卡尔开创了唯理论，培根开创了经验论，康德开创了批判哲学等。但是维特根斯坦被认为以一己之力开启了两种截然相反的学说。早期的《逻辑哲学论》引领了哲学的"语言转向"，试图用一种严格的逻辑语言、人工语言给哲学治病，过滤掉哲学中的"胡说"；后期的《哲学研究》开启了相反的运动，他似乎是放弃了早期的设想，提出对语言的全新的理解，要从日常生活语言现象出发，重新思考语言和意义的社会性问题，提出了诸如"语言的意义在于使用"的基本命题，发明了"语言游戏"及其规则的一套语用学。但是，即使卢卡奇在书中并没有提到维特根斯坦晚年的著作，仅凭《逻辑哲学论》，他就已经发现了维特根斯坦哲学，或者说实证主义哲学中本身就存在着这样深刻的矛盾。维特根斯坦前后思想不过是矛盾的两个方面的分别展示。他足够清醒，在自己思想发展前后期发觉了整个时代哲学内部的矛盾，并都能用天才的表达予以展现，以至于造成了仿佛他自己创造了相反哲学的印象。卢卡奇称维特根斯坦能够坦率地指出实证主义存在的根本地问题是可爱的。"我们觉得，即使一切可能的科学问题都已得到解答，也还完全没有触及到人生问题。当然那时不再有问题留下来，而这也就正是解答。人生问题的解答在于这个问题的消除。……确实有不可说的东西。它们显示自己，它们是神秘的东西。"①对世界的解

---

① ［奥］维特根斯坦：《逻辑哲学论》，贺绍甲译，商务印书馆1996年版，第107—108页。

释可以是无穷多样的，但对人来说难以言表的却是它的存在本身。维特根斯坦不愿意真的放弃言说不能言说的，那不可道说的道本身，无论如何也要以某种方式予以呈现。晚期维特根斯坦在其著作《哲学研究》中所苦苦思索的，正是逻辑、语言的历史和传统，追究语言的来源，同追究范畴的来源一样，依旧是为了给思想寻找本体论的依据。但是维特根斯坦"聪明过人并且在哲学思考上过于清醒"，以至于虽然他的本体论的立场有所动摇，他也既不甘心放弃新实证主义对本体论的拒斥，又不可能创造一种非理性主义哲学。面对本人早期思想的垮台和走入死胡同，他保持了自己拘谨又傲慢的沉默。但是这种沉默在卢卡奇看来就如同当初海涅泄露黑格尔看似保守的哲学中的革命立场一样，其实是公开对实证主义所代表的操纵性提出异议：从人出发，以生命为观测点出发，实证主义被真正的生命问题宣布为空洞的、与人为敌的、对真正的人的思想是不体面的。维特根斯坦对当代社会最重要也是最矛盾的东西表达了一种哲学的姿态：沉默，这是对由于普遍的资本主义社会的操纵而看不到出路的人们所采取的无力的反抗。

（2）作为存在主义与马克思主义过渡的萨特哲学。

维特根斯坦在时代哲学矛盾的中间处摇摆。他与新实证主义和存在主义同时有着紧密的联系。这也使维特根斯坦哲学昭告了拒斥本体论和以抽象的人为本体论的哲学由于对本体论的错误态度，是如何走到一起的。费尔巴哈的人本学作为存在主义的理论先驱曾经不止一次被马克思和恩格斯进行过彻底的理论批判。从《德意志意识形态》到《路德维希·费尔巴哈和德国古典哲学的终结》，以人对理想信念的追求为推动历史前进的动力，以道德教化为进步手段的历史观是唯心主义最后的避难所，也是唯物主义批判唯心主义的主要基地。随着科学技术的进展所带来的生产力的提高，资本主义社会组织能力的提高，资本主义社会各方面操纵范围和水平有了极大的提升，卢卡奇意识到，在意识形态方面，20世纪的资本主义社会操纵人群的主要思想手段，正是新实证主义和存在主义。这两种哲学思潮看起来截然相反，实证主义以拒斥一切形而上学起家，存在主义明确反对把人进行机械的量化，看起来针锋相对，是对抗性的理论。但是卢卡奇尖锐地指出，二者都不过是资本主义社会的意识形态反映。它们有着相同的产生背景：20世纪资本主义社会新发展；相同的理论目的：使资本主义私有制永恒化；相同的理论批判对象：马克思主义的本体论。实际上，无论有意无意、自觉不自觉，在维护资产阶级统治这个最终结果上，二者两极相通，甚至是互相补充，相得益彰。所以，在这个认识基础上，卢卡奇此时对存在主义的批判主要是围绕其与新实证主义的理论同源性进行的。

在 1948 年出版的《存在主义还是马克思主义》中，卢卡奇就已经对以萨特为代表的存在主义进行了集中批判，其中包括四篇论文：《资产阶级哲学的危机》《从现象学到存在主义》《存在主义道德的破产》《列宁的认识论和现代哲学问题》。《社会存在本体论》中对存在主义的分析大体是按照这个思路进行的，不同的是，重点加入了与新实证主义的对比分析，并且，批判的对象从萨特转移到了海德格尔。在《本体论》中，卢卡奇对萨特的存在主义哲学态度有所缓和，因为萨特公开转向了马克思主义，要开创马克思主义的存在主义。卢卡奇认为萨特无论是理论上还是实践上的转变都是真诚勇敢的，是极其值得尊敬的。他的公开的斗争实践证明了其立场的变化，一来不同于新实证主义资本主义管理者立场，二来也不同于"古典"存在主义由于无力反抗现状反而为异化的先验性进行辩护的立场。不过，接近马克思主义的萨特，依然还是存在主义者，因为他的哲学人类学理论同马克思主义依旧存在着理论上的决定性的对立。所以卢卡奇称萨特也是存在主义哲学本身的过渡性人物，对他的理论的批判汇总在存在主义的最终代表人物——海德格尔哲学的批判之中。

（3）作为存在主义思想完成的海德格尔哲学。

可以说，20 世纪西方哲学的主要发展脉络是科学主义和人道主义分庭抗礼，以海德格尔哲学与新实证主义哲学的相互诘难为表现。如果说实证主义的影响使得分析哲学从一种特殊的哲学流派发展成为英美哲学普遍的研究范式、风格和品格，甚至溢出英美经验主义的领地，在欧陆哲学研究中也予以广泛运用，可以说是风头无两，那大概 20 世纪哲学中论及影响力，唯一堪与这股势不可挡的潮流抗衡的，是海德格尔哲学。据伽达默尔看来，海德格尔的创造性所带来的巨大力量，席卷了从一战中归来或刚开始学业的一整代的学生。被那一个崩溃的时代所摧垮的整个欧洲一代人想要以一种全新的方式开始，他们想要与造成当时文明信念崩塌的一切过去被视为有效的东西决裂。海德格尔作为具有鲜明学院特征的学者，对亚里士多德、柏拉图、奥古斯都、托马斯、莱布尼茨、康德、黑格尔和胡塞尔等西方哲学传统中的伟大人物进行了精深的研究和彻底的改造。他称一部西方哲学史，并不是亚里士多德所谓"什么是存在者的存在"的历史，反而是遗忘存在的历史。黑格尔哲学与其说是西方形而上学的最终形式，不如说，在绝对精神中被提升为绝对存在的历史正是完全将存在遗忘的先兆。随后一个多世纪的欧洲历史正是这种遗忘的显现。在海德格尔看来，扎根在希腊形而上学的存在概念中的不是历史，而是命运，是西方哲学所必然导致的、一以贯之地对"无"的压制，这种趋向在现代科学技术的加持下，使对存在的遗忘走向极端。使人不能诗意地栖居于大地之上的，使人丧失了居家感、到处感到逼仄和受威胁的，是技术专制的虚假性、人所能生产的物品的令人麻木的单一性。显而易见的，海德格尔对作为"座架"，成为异化人的工具的现代科学技术持否定态度，同时对作为其哲学表现的实证主义进行了持续的批判。

然而，看似截然相反、相互攻讦的两种对立的哲学，却在幽微处结成联盟，同为时代精神的直接性反映，都未上升到引领时代的时代精神上的精华的高度。

第一，现象学—存在主义与新实证主义同为本体论的贫困。虽然海德格尔后期在思想和行动上都给了胡塞尔"最重一击"，但胡塞尔确实一度认为海德格尔是自己最合适的接班人，"现象学就是海德格尔和我"。胡塞尔于1929年读到海德格尔的《存在与时间》时，看到海德格尔用"此在"代替了"纯粹自我"，用"人类学"代替了现象学时，他感到不可思议，并大失所望，并在1931年于康德年会上发表的"现象学和人类学"的讲演中宣布与两位得意弟子——舍勒的人类学和海德格尔的存在论划清界限。海德格尔本人也早就开始对老师的理论进行批评。1925年，海德格尔在马堡讲座"时间概念史导论"中就对胡塞尔《观念I》中的现象学还原的方法予以驳斥，认为胡塞尔的绝对意识脱离了周遭世界的存在者，没有逃脱西方传统哲学遗忘意识主体的存在问题。对胡塞尔和海德格尔思想的同异问题，有不少成熟的研究成果，焦点在于：以意识研究为主的胡塞尔关不关心存在问题，以真实的存在本身为研究对象的海德格尔给没给予意识相应的地位。与以上认识论分析的视角不同,卢卡奇的本体论分析揭示,无论是胡塞尔对弟子的清理,还是学生们对老师的叛离,都是表面分歧。"胡塞尔的后继者们恰恰是在现象学方法上建立了本体论。"①

现象学的口号是"面向事物本身",试图通过还原,即"悬置""加括号"的方法,一来,把实存世界还原成先验世界;二来,把自然主体还原为先验主体。可以看出,先验主体是还原的结果,那么,先验主体就还不是进行还原的现象学主体,在现象学中,"我"分裂为三:心理身体的自然的"我"、构建世界的先验的"我"、进行还原的哲学的"我"。还原的结果,无论是作为现象学主题的先验世界,还是作为现象学主体的先验主体,在胡塞尔看来都是作为哲学主体的进行还原的"我"的进化。外在的世界、自然的心理甚至康德意义上先验的主体都被放在了"括弧"内,胡塞尔的"我",可以称为"无我",是意识分析中的高度的抽象化。卢卡奇曾在《存在主义还是马克思主义》中通过与舍勒的对话戏谑地评论过现象学还原的方法。舍勒认为对魔鬼自然也可以进行现象学的研究,前提是先把魔鬼的存在问题置入括弧。把存在问题存而不论的傲慢做法使卢卡奇十分不满,他反诘到,如果对魔鬼进行现象学研究,打开括弧之后,魔鬼是否就真实地存在于我们面前。对现象学来讲,"对象"不能是现实的外在的,因为对经验来说,它们是超验的。对象是主体的构造物,胡塞尔所开启的现象学在本体论领域中同带有实证主义色彩的新康德主义并无二致。

如果说胡塞尔的意识论同实证主义的态度雷同不足为奇,说明海德格尔的存在论也同实证主义一致就稍显曲折。因为毕竟,同胡塞尔摆脱了无反思的自然的世界信念的"无我"的主体相比,海德格尔寻找的是充斥着非凡的自我信念的"真我";胡塞尔追求的是"无世界的主体",海德格尔追求的倒像是"无主体的世界"。所以胡塞尔的思想尽可能与同样抽象的追求数量化的物理学实证主义接近,因为胡塞尔早年本就受严格的科学主义影响,立志维持哲学第一科学的地位。但是海德格尔日

---

① [匈]卢卡奇:《关于社会存在的本体论》上卷,白锡堃等译,重庆出版社1993年版,第427页。

益接近于诗的创作，虽然意在摆脱常人的非本真存在，但是却属意于运用日常语言进行创造性的表达，看似是对实证主义的原则和风格的彻底远离。一个把世界整体搁置，一个一开始就把本体论的对象领域集中于人和人的世界。不过，对本体论研究来说，无论是排除本体论，还是错置本体论的基础，在消除关于自然的本体论方面，是一致的。

"人们不理会这些，却力图从在世界之内现成的、然而绝非已经首先得到揭示的存在者的存在去解释世界，也就是说，人们力图从自然去解释世界。从存在论的范畴的意义来了解，自然是可能处在世界之内的存在者的存在之极限状况。此在只有在它的在世的一定样式中才能揭示这种意义上的作为自然的存在者。这一认识具有某种使世界异世界化的性质。自然作为在世界之内照面的某些特定存在者的诸存在结构在范畴上的总和，绝不能使世界之为世界得到理解。"① 海德格尔竭尽全力地与在自然中发现本体论问题解答的哲学进行论战，他的观点很清晰，从自然去解释世界是粗野的。从此在的角度，即从人的角度，特别是从人的认识的角度出发来看，自然是存在的边界，也就是触不到的彼岸。囿于此在的生存的特定的状况，作为存在的自然是不可能被认识的，能认识的只有自然的特殊的存在方式。"自然"是有限的存在者，不是存在本身。以自然为本体论的开端、始源是不可能的。海德格尔构建了基础本体论。认为一切存在论所源出的基础存在论必须在对此在的生存论分析中来寻找，自然是不具备此在式的存在特性的存在者，必须以此在自身的存在者状态上的结构为根基进行说明，而不是相反。因为此在中包含着先于存在论的存在之领会的规定性。此在不仅先于对自然的认识，此在在领会的意义上先于存在论中要研究的根本主题——存在。海德格尔试图超越传统的认识论，同时也超越胡塞尔对纯粹意识的认识。他将人的存在作为领会存在的基础。不是没有人的自然，也不是脱离人的意识，人的存在及其一切规定性的总体是本体论的出发点。

自然在海德格尔处不是认识论的冗余，而是他想要构建的社会存在本体论中的社会存在的一个简单化的组成部分。作为部分来说，自然就

---

① ［德］马丁·海德格尔：《存在与时间》，陈嘉映等译，生活·读书·新知三联书店2006年版，第77页。

不是独立的本体论的研究对象，于是，丧失了独立性，也即主体性的自然理所当然地成为了社会操纵的客体。卡尔纳普要求一切社会问题按照物理学的模式进行思想操纵，海德格尔把自然作为人的社会存在的单纯部分因素对待，看似矛盾，实则互补。因为卡尔纳普回答不了维特根斯坦所昭示出来的实际生活问题，实证主义选择采用物理的、最终是数学的方法，用自然界的机械因果律解释一切问题。社会问题通过层层还原，也可被还原成单纯的物理学问题，如此一来，仿佛是海德格尔所批判的，从自然出发解释世界，其实自然作为独立的本体论方面的外在现实从来没出现过。那个物理学的原则依旧不过是主观的对自然进行的概念操纵。海德格尔认为要批判实证主义，就得把自然从自己的哲学中清理出去，实际上误入歧途。新实证主义的问题正来源于它本身就以在本体论中清除了自然界为前提，海德格尔树立的批判的标靶实际上是个稻草人，不断地强调过去一切传统哲学遗忘了存在的存在论，却主动地把自然遗忘了。海德格尔把自己的基础本体论直接建立在人和人的世界上，看似区别于从自然解释世界和从意识解释世界这两个方向，甚至他的社会存在本体论与马克思主义对人的本质的判定类似，却正由于孤立地将此在高悬于自然和社会组成的总体的世界之上，而陷入了抽象。通过脱离了自然的人的世界的抽象描绘，社会回归本真的寄托依然来自于醒悟，没有切实的希望。这就是卢卡奇表达的，世界的现状如此不堪，但是存在论也不过是承认了一个不可更改的事实，然后通过纯粹的内心反抗发几句牢骚，舒缓了心绪，继续投身于现存世界秩序的再生产中。这种思想和实践正是对新实证主义放弃进行理解的现实生活领域的妥协，二者共同容忍并支持了资本主义全面社会操纵的推进。

第二，二者同为范畴论的贫困。维特根斯坦早期在哲学研究中主动抛弃了本体论领域，试图以实证主义的主观逻辑化、形式数学化、经验原子化的方法处理剩余的认识论问题，以诊疗的方式主要剖析历史上留存下来的哲学命题，开启了真问题逻辑地说，假问题不必要说，最后，不能说的问题不要去说的语言哲学。晚年维特根斯坦不再以逻辑实证主义的方法去研究语言问题，从语义学转向了语用学，符合分析哲学整体的实用主义转向。语言来自于使用，通过将语言的发生发展的始源定位于社会交往，似乎维特根斯坦跟海德格尔哲学同样可以归于社会存在本体论。不过，晚年的维特根斯坦也从来不是一个存在主义者，即便罗素认为《哲学研究》一塌糊涂，许多研究者也怀疑维特根斯坦步入了非理性主义的基地，他要研究的中心问题依旧是哲学命题的语言学分析，语言游戏的规则是由社会制定也由社会变迁而变动，但是，并不是个人心理反应。实证主义者，甚或实用主义者以功能主义代替了因果关系，更加关注语言的社会使用的做法并没有使社会跟具体的个人有什么实质的关联，在关注人的存在的方面，维特根斯坦确实一直保持着沉默。维特根斯坦没有开口说的话，是海德格尔予以补充的。实证主义的语义学范畴是流水线生产出来的，存在主义的现象学范畴是手工精制的，枯燥无味的科学语言被诗情洋溢的感性语言所代替，满足了以拒斥科学本体论为前提的一切人的口味，两种思潮相得益彰，各取所需。

但是，把实证哲学说不出口，或说不动听的话用日常语言生动地表达出来的存在主义，语言再丰富，也掩盖不了其范畴世界的贫困化。"范畴的贫困只是这两个流派对待自在存在者的态度的最后结果。最美的风光不会成为风景，假如人们不理会它的话。"① 在卢卡奇看来，亚里士多德、黑格尔和马克思堪称真正的大思想家，作为思想家，当然要构建范畴体系，但在他们的范畴世界中可以找到真正从哲学上理解现实的标准。不是抛弃现实，也不是主观构建体系，而是通过哲学范畴把现实捕捉成为可理解的客体。

首先，海德格尔忽视了范畴的辩证运动。辩证法的缺失是排除客观本体论的直接后果。不探讨事物本身的逻辑，只研究思想主观的逻辑，是并不需要思维艰苦的劳作的，概念到概念之间的推演一旦无法进行，即可求助于信仰的一跃。在海德格尔的哲学中，充斥着对立的范畴——存在者/存在、非本真的/本真的、存在/虚无、常人/真正的人。此在处于被抛弃之中，渴望从异化中解放出来。在真与非真泾渭分明的对立中，卢卡奇看出了海德格尔和克尔凯郭尔在本体论上同样接近于神学。早在《心灵与形式》中，卢卡奇就对克尔凯郭尔独特的非此即彼的辩证法进行过分析。彼时卢卡奇本人对黑格尔辩证法亦无好感，如果那时候由他

---

① ［匈］卢卡奇：《关于社会存在的本体论》上卷，白锡堃等译，重庆出版社1993年版，第446页。

来评价海德格尔哲学，当是引为同道，毕竟，卢卡奇也常由于早期的文艺理论创作被视为存在主义的开创者之一。孰料此时，卢卡奇对存在主义进行的也是最内行的批判。克尔凯郭尔认为此岸与彼岸之间不可沟通，只有凭信仰的惊险一跃，才能实现对人的现实问题的超越。这一尘世的不可解脱性以基本结构的方式对海德格尔的全部概念形成具有决定性的意义。卢卡奇认为海德格尔"没有上帝的神学"本体论在一对最抽象的范畴——存在与虚无中得以体现。"究竟为什么存在者在而无反倒不在？"① 这是海德格尔在《形而上学导论》中提出的问题。海德格尔的答案是：虚无比无和否定更为本真。黑格尔进行哲学阐述的起点是"存在"范畴，但是其哲学的开端是"存在"与"无"的结合："变"，之后的范畴的演进都是存在与其否定的辩证运动的结果。但是在海德格尔看来，无和否定都还是归于存在者的层面，并不根本，因为无和否定都是与存在者并行的同层次的概念，传统哲学从"存在者"出发，而存在者之存在本身正是个问题。海德格尔倒转这个哲学阐述的逻辑，不是存在者存在，而是虚无存在。虚无是对全部存在者的彻底的否定，是最原始的、最根本的存在，是存在的依据，也是存在本身。海德格尔曾对《道德经》十分推崇，也尝试着与中国学者合作将其翻译成德文，对其中的"无"的思想十分认可。中国哲学从"无"开始，从道开始，继而衍生出具体存在物的方式在他看来更为基础，比西方传统哲学从"存在"开始的思维方式更加深入。但以虚无开始的哲学对思想来说是不可能完成的任务。本体论任何时候对哲学来讲都是存在着的幽灵。那由于没有具体对象而不能予以谈论的虚无，在维特根斯坦看来是不能说的秘密，在海德格尔这里成为勉力为之的中心问题。虚无是不可说的，但可以体验。通过"畏"这种情绪，被哲学家纳入到本体论的领域之中并加以普遍化。正是这里透露出存在主义非理性主义的神学性质。海德格尔的"虚无"范畴充当的正是克尔凯郭尔哲学中的"看不见的神灵"。虚无范畴的本体论形态在"被抛掷性"中获得了进一步的展开。"被抛掷性是一个不存在的上帝的创造活动。"② 虚无——被抛掷性，相当于

---

① ［德］海德格尔：《形而上学导论》，熊伟等译，商务印书馆1996年版，第3页。
② ［匈］卢卡奇：《关于社会存在的本体论》上卷，白锡堃等译，重庆出版社1993年版，第442页。

神——人的创造过程。作为范畴的推进来说，这惊险的一跃毫无理性可言，没有推论进行中介，是神秘的创世学说。在这个基础上，无论是范畴的选取还是范畴的推演过程，对现实存在的历史本身来说，正是"贫困的"。

缺乏正确的本体论是范畴选自于此在的"畏""烦"等看似经过了存在论的提升，实则不超越日常经验的原因；缺乏正确的辩证法是范畴发展的逻辑缺失的原因。海德格尔对辩证法的排斥集中体现在对现象和本质的关系的理解中。对现象学来说，意向性行为的首要客体是现象本身，海德格尔重新定义了其首要的出发点。"'现象'一词的意义就可以确定为：就其自身显示自身者，公开者。"① 按照辩证法的理解，现象是本质的显现，但不是直接的、绝对的同一。卢卡奇认为海德格尔的形而上学体现在将现象与本质直接等同了。其理论上的后果是将现存社会现象永恒化。如果没有区别于现象的内在的本质，"多"后没有产生丰富多变的现象的根据，无限的现象就在本体论上具有相当的地位，目前的生存现状就正是"本质的直观"，是给予人的直接的规定性，同时又是根本的规定性。那么，既定的人的条件既然是现存的，直接的也是现实的，是绝对不可更改的，是个体尚未触动，也无力触动的本质。资本主义日常完全被操纵的世界本身就是自由的，所谓"本真"和"非本真"并无区别。

但是，就在海德格尔自己的解释中，还有另一种相反的倾向。"按照通达存在者的种种方式，存在者又可以以种种不同的方式从其自身显现。甚至它可能作为它本身所不是的东西显现。"② 在上一种解释中，现象和本质作为矛盾双方直接同一，在第二种倾向中，二者的对立却又同时是形式上不可扬弃的。作为矛盾僵死的双方对峙的，是"本真的"生活和"非本真的"生活之间的不可沟通。海德格尔的方法论在诡辩论和形而上学之间摇摆。这种方法不需要任何中介就能越过存在者当下的现存，直接地与绝对—普遍相联系。他阻塞了在现象对本质的揭示和掩盖的双

---

① ［德］马丁·海德格尔：《存在与时间》，陈嘉映等译，生活·读书·新知三联书店2006年版，第34页。

② ［德］马丁·海德格尔：《存在与时间》，陈嘉映等译，生活·读书·新知三联书店2006年版，第34页。

重作用中间，建立一个以理性的范畴间的推论为中介而沟通现象与本质的唯一可能的道路。由于没有这样一条辩证的道路，现象与本质之间的矛盾就变成了完全没有任何根据的、不可扬弃的、抽象的矛盾性。

海德格尔对黑格尔的辩证法是了解的，但他认为辩证法是传统存在论把实体性强行施加给主体的做法。在黑格尔哲学中，存在是其出发点。存在通过与虚无的辩证运动而进展到更高的精神阶段。在存在主义中，存在没有进展的过程，此在横空出世，直接地被规定为相对于一切存在者和存在本身来说，都具有优先地位。卢卡奇认识到，黑格尔的辩证运动当然是很成问题的，因为矛盾之间的中介是抽象的精神。但黑格尔使精神经过了自然哲学的中介过程，也认识到劳动对意识生产的决定性作用。海德格尔拒绝自然本体论，因为他跟新实证主义一样，采取的是直接性的思维方式，卢卡奇称之为日常思维。日常生活关注的是理论和实践的直接联系，作为日常生活的本质特征的客观反映，日常思维只关注当下本身。例如，人们占有和使用工具，对"工具"，并不将它与自然的联系进行思考，不把自然从本体论上进行考虑。"严格地说，从没有一件用具这样的东西'存在'。……打交道一向是顺适于用具的，而唯有在打交道之际用具才能依其天然所是显现出来。这样的打交道，例如用锤子来捶，并不把这个存在者当成摆在那里的物进行专题把握，这种使用也根本不晓得用具的结构本身。"[①] 海德格尔试图突破认识论传统，不把客体作为理论观察的对象摆在对面，而是在"上手状态"中，在工具与此在的不可分离的打交道的过程中进行浑然一体的体验。海德格尔把古希腊的"物"，改造成日常的非常重要的范畴。许多个别范畴都经过如此的改造，这个过程是还原的过程，跟新实证主义将物还原为数量的方式一致，海德格尔把自在的存在还原成简单的、抽象的可操作性的物件。在海德格尔看来，范畴的转化工作是消除认识论独断性的过程，在卢卡奇看来恰是清除本体论的认识论完成。从"物"——"用具"的范畴转换，排除掉的是人的劳动过程。海德格尔的"工具"范畴既不是自在存在的现实本身，也不是日常生活的现实本身。日常生活的发展必

---

① ［德］马丁·海德格尔：《存在与时间》，陈嘉映等译，生活·读书·新知三联书店2006年版，第80—81页。

然在科学中要求对现实进行非人格化的反映，也就是对自然的规律的科学认识，在正确掌握对自然的看法的基础上，正确地创造有用的工具。这个过程中，如果抛弃对自然的本体论的认识，就不能理解工具的来源，不能理解劳动在改造自然的同时改造人和改造社会的动力作用，从而对工具范畴的认识也必然是非历史的抽象。

其次，海德格尔的历史性和时间性是超时代、超历史的。继虚无、被抛掷性之后，海德格尔采用的将其理论具体化的范畴是时间和历史性。这两个范畴是统一的，是海德格尔用以把握存在者的本真存在的根本范畴，若要追问存在的意义，适当的方式正是把此在自身理解为历史学的追问。但是由于抛弃了辩证法，海德格尔的时间概念是主观性的，历史概念则是无时间性的。

就时间来说。海德格尔区分了非本真的流俗时间和本真的时间。流俗时间是"自然时间"，同时是公共时间，是常人生存于世，为了利用时间，借助于各种设备予以测量的时间。这种时间是普遍的、人人适用的、无终的、逝去的、不可逆的现在的序列。自亚里士多德在《物理学》中以"运动的数"来空间化、量化时间之后，传统时间观念都是其传承，而尤其在黑格尔的时间概念中达至极端化。首先和通常借助于天体运行（太阳方位）来大概测量，后是借助于精密的钟表来测量，在测量技术日益精湛的基础上，公共时间便日益控制了常人，人须被钟表上的指针驱使着奔忙，这正是新实证主义的科学的时间。

本真的时间性是海德格尔基础存在论的最核心概念。哲学不断地寻找自己的发端，寻找世界的始源。于是种种哲学理论在时间上在先和逻辑上在先的各种论断中构建自己的哲学地基，一旦选定一个起点，就将哲学大厦义无反顾地搭建起来，这正是本体论的意义，它构成一切哲学的基础。时间性对海德格尔来说，就是这个最根本的始源性范畴。他关注的是此在（人和人的世界），但此在的本质，也就是它同不具备此在的存在者的根本性区别就是，此在是时间性的。时间性将存在的规定的诸环节予以统一，使存在得以作为整体而存在，时间性是存在保持自身同一的联系。先行于自身的—已经在（世界）中的—作为寓于（世内照面的存在者）的存在是存在的整体结构，由时间性贯通，亦可表述成此在的"曾在—此在—将在"的统一。于是，此在的整体性、统一和展开都被理解为"时间性的"。

其一，将来维度处于时间性的中心地位。本真的时间不是永恒的"现在，现在，现在"，而是"过去、现在、将来"的统一，并以将来为方向。"将来不晚于曾在状态，而曾在状态并不早于当前。时间性作为曾在的当前化的将来到时"①。曾在以某种方式源自将来，此在以"我是所曾在"的方式存在，以回来的方式从将来来到现在。

其二，海德格尔试图以时间性超越"主观"和"客观"哲学。为思维和存在之间的统一寻找更根本的来源的努力，不独是黑格尔、马克思的目标。海德格尔的基础本体论为自己提出的正是清算过去一切传统哲学对存在的误读的要求。他认为在时间性中，找到了这种最原始的统一。他批判黑格尔的、马克思主义的、新实证主义的时间观，认为它们都是外在客观的；虽然他认为康德的时间观比黑格尔高明，但也不满意于其主观性。海德格尔认为能够在一个封闭的时间整体中，在生死之间的时间段中，依旧指明将来的方向，认为只要能使决心向着人的可能性的方向，而不是禁锢于人的当下存在，自由就在选择是向前还是停滞中得以实现。卢卡奇并非没有理解海德格尔的意图，但是他依旧认为，无论海德格尔对存在的时间性阐述多么繁复、精致、事无巨细，此在作为无根的被抛弃的存在，依旧不是现实的人。卢卡奇反对这种夸张的高调，针锋相对地强调时间的不可逆性。

历史性也是同样。海德格尔极看中时间和历史性的关系，称历史性是时间性绽露为此在的展开，即历史性是始源性时间在世的具体化。此在的历史性是生存论存在论的基础命题。狄尔泰区分自然科学和人文科学，认为精神科学只有一个研究主题，就是历史。此后，经验主义历史观和理性主义历史观，就历史是材料的实证研究还是规律的逻辑把握，历史事实是偶然的个别事实还是普遍的指导思想进行了不断的交锋。海德格尔认为历史既不是前后相继的事件集锦，也不是漂泊无据的主观体验。他梳理了向来的历史观对历史的多重理解：一是把历史领会为过去之事，这种理解是最普遍的；二是流传的事物；三是贯穿"过去、现

① ［德］马丁·海德格尔：《存在与时间》，陈嘉映等译，生活·读书·新知三联书店2006年版，第398页。

在、将来"的事件的作用联系；四是在时间中演变的存在者与自然的区别。综合来看，四种理解汇集在一点，历史关乎"主体"。流俗历史的错误在于，不从首要的具有历史性的此在出发，而是从次一级的非此在式的存在者出发，从工具、环境等历史事物出发制定历史的方向，从而把过去视为历史研究的方向，仿佛最古老的东西最具历史性。根据海德格尔本真的历史性，历史是此在借继承下来的又是选择出来的可能性把自己承传给自己。也就是人向着人应该是的目标，以死为终结，自由筹划自己的过程。"本真的向死存在，亦即时间性的有终性，是此在历史性的隐蔽的根据。"①

历史性对此在的意义是探讨"何所向"的问题，为此筹划一条解放的道路：走向死亡的存在之路。"死"与"畏"相连，在海德格尔的范畴体系中为历史提供终结的处所。二者同样有流俗的/本真的理解。在本真的理解中，死不是生的结束，而是生的界限，更是生的来源，因为死是虚无的境地。"畏死"不是"怕亡故"，畏是对虚无的显露。海德格尔将一系列的日常生活范畴赋予了生存论的表达，反映的是现实中存在的问题。卢卡奇认为，海德格尔将死作为目的性的范畴，反映的是人类生活越发异化的现实中，死亡已经成为他们意识到的生活问题的中心。从"沉沦"状态回归本真状态是海德格尔解决死亡胁迫的方法。卢卡奇认为这种只是形式上脱离神学的概念不能获得世俗意义，并没有真的产生"能在"的能力。在最好的情况下也只不过是空洞抽象的抗议，是在维特根斯坦的沉默上所发出的，并不比沉默更有现实作用的声音。

作为内在的包含着时间性的历史范畴，在起点与终点一致的意义上是目的论的。海德格尔虽然批评黑格尔的时间观是流俗时间观的极端表现，他本人也为历史设定了终点："有终的"时间、将来具有优先性的时间、从存在的极限处返回的时间，毕竟与绝对精神自我复归的道路吻合。存在主义因为对时间和历史的主观性理解和目的论的循环证明，丧失了将来这个时间维度作为革命的、前进的指引力量。所谓"何所来"和"何所向"依然留在晦暗之中。本质的异化和复归逻辑是典型的人道

---

① ［德］马丁·海德格尔：《存在与时间》，陈嘉映等译，生活·读书·新知三联书店2006年版，第437页。

主义的论证方式。将来缘何比现在更加本真？撞向死亡而返回到生死之间状态的人如何取得了超拔常人状态的决心？这一切问题同黑格尔对康德的批判没有实质区别。海德格尔集中谈论人、本真的人、人的本真的活动，对资本主义社会进行了人道主义的批评，即便分析了异化了的常人生活的一切烦琐现象，由于把劳动本身排除于日常生活之外，陷入了本体论、辩证法和范畴论的贫困中。不理解自然，不理解劳动，就自然不能回答他自己提出的对形而上学来讲至关重要的问题：存在者为什么存在。

二　分析黑格尔的辩证本体论

两种时代哲学的潮流不可抵挡地侵入到社会主义运动内部，成为卢卡奇作为马克思主义者终身与之斗争的意识形态。卢卡奇认为，由于遗忘了黑格尔，从而把一切哲学，特别是本体论哲学抛之脑后，导致"一方面，马克思主义在其真正故乡，即在工人运动中正在逐渐消失（这当然是在资本主义国家），而在另一方面，在斯大林及其后继者那里，马克思主义的解释变种成为一种形式上经院的教条的、内容上实用主义的图示。"① 卢卡奇认为当前社会思想处于错误地揣摩出的、肤浅地平均化的和虚假地深刻的理论的混乱中，必须及时更新马克思主义，以与新实证主义和存在主义对物化社会存在、永恒化资本主义社会制度、消解社会主义革命和建设正当性的趋向对抗。为此，卢卡奇认为追随马克思首要意味着确立正确的理论主题：社会存在本体论。一来不可能在哲学中消除本体论，二来不能以自然或者个体作为本体论的基础。所以，与海德格尔的基础本体论相区别，马克思主义的本体论是自然界和社会存在的统一，既在自然的客观现实中为社会存在寻找现实基础；又同时在社会存在与自然界的同一性和差异性的统一中，理解和阐释社会存在。

在对马克思主义的基础本体论进行直接阐述前，卢卡奇认为必要的理论准备是重建与马克思主义的重要理论传统的联系，即分析黑格尔体

---

① ［匈］卢卡奇：《关于社会存在的本体论》上卷，白锡堃等译，重庆出版社1993年版，第585—586页。

系中的二律背反。距离创作《历史与阶级意识》已经过去了半个世纪，几十年的笔耕不辍、从不间断地思考、几次政治实践的大起大落都没有更改卢卡奇对"黑格尔的连续的批判的研究成为马克思主义的一个生死攸关的问题"① 的认识。想对时代问题有清晰的判断、想对马克思主义有正确的认识，必须的理论准备是对黑格尔哲学的批判。"若是让黑格尔作为活的有效的哲学思维和现实力量而发挥作用，那就必须沿着马克思主义经典作家所开创的道路继续前进。我们必须象马克思本人对待李嘉图那样对待黑格尔：'在老师（李嘉图）那里，那些新的和重要的东西，是在矛盾的'肥料'中从矛盾的现象中强行推论出来的。'在黑格尔那里，这种'矛盾的肥料'首先表现为对于现实的矛盾性质的认识，它不仅表现为思维的问题，同时表现为现实自身的问题，表现为首先是本体论方面的问题。"② 黑格尔哲学不单作为马克思主义思想理论来源，为理解和解释马克思主义打基础，卢卡奇认为，它在现时代依旧具有巨大的影响力，依旧还是"活"的有效的思想，当然前提是经受马克思主义的批判。很难说卢卡奇对黑格尔哲学的研究单单是作为研究马克思主义的附录，经过马克思主义批判过的黑格尔哲学的内容，亦有其独立地发挥意识形态批判的价值。卢卡奇指出，对黑格尔哲学，特别是对其本体论的扬弃，是马克思提出社会存在本体论的理论来源。

（一）黑格尔本体论的两重性

既然黑格尔本体论是"矛盾的肥料"，表明它具有两重性，其中第一个要素是对未来哲学具备启发性的方面，称为黑格尔的现实辩证法；第二个要素是其本身对当下现实的反映，甚至是对过时的时代的表征方面，称为概念辩证法。

1. 现实辩证法和概念辩证法

黑格尔哲学能成为马克思主义社会存在本体论产生的养料，正因为它的本体论是现实的。从前的辩证法，要么在一般意义上表明矛盾运动

---

① ［匈］卢卡奇：《关于社会存在的本体论》上卷，白锡堃等译，重庆出版社1993年版，第585页。

② ［匈］卢卡奇：《关于社会存在的本体论》上卷，白锡堃等译，重庆出版社1993年版，第533页。

是普遍的，要么把矛盾运动视为在思想中理解世界的一个阶梯，而黑格尔辩证法第一次将辩证次序和真实历史性予以统一。在这种形式中，辩证法是历史的现实的表现手段，从而在本体论中获得了重要性。在这个方面，辩证法排除了一切主观主义的因素，强调客观本体论特征。

同时，黑格尔哲学又是概念的辩证法，常常被批判的黑格尔哲学的泛逻辑主义集中体现在黑格尔辩证法的逻辑至上原则。继费希特和谢林之后，黑格尔继续尝试建立自然和社会的统一图景，黑格尔的创新之处在于，他要以严密的逻辑论证上述新的现实的本体论，这是德国古典哲学的新因素，也是整个哲学史上的新尝试。传统的形式逻辑不能满足更新了的本体论的要求：既想表达新的本体论，又想用逻辑的方式——既不是体悟也不是格言的类比的非理性主义的方法。等待黑格尔的，只有创造新的逻辑一条路。辩证逻辑正是黑格尔克服传统逻辑，同时也克服传统本体论的理论尝试。与黑格尔的意图相反，后世哲学对黑格尔的批评，既有认为辩证法是独断论的，还有认为辩证法是唯心主义集大成的，在黑格尔试图完成的两个方面都没有予以认可。卢卡奇认为造成这种悲剧的，是"本体论事实被挤压进逻辑形式"，从而既没有使逻辑成为新本体论的合理的哲学表达，也没有把新的本体论贯彻到底。

2. 黑格尔双重本体论产生的社会因素

在受到新康德主义广泛影响的评判者看来，全面批判黑格尔的逻辑主义意味着它构造了一种不符合甚至歪曲了事实的逻辑。也有人试图"拯救"黑格尔哲学，将其中"死的"和"活的"因素分离开来，继承第一种本体论，抛弃第二种本体论。但黑格尔哲学中，正确的东西和错误的东西不可分割地相互缠绕、连为一体。因为对黑格尔哲学来说，逻辑学和本体论是不可分离的统一体。一方面，真正的本体论联系必须用逻辑学范畴推理的形式才能获得恰当的思想表现；另一方面，这些逻辑学规定又不能仅仅被理解成思维规定，而必须被理解为现实本身的本质运动的生动的组成部分，作为精神自我实现的前进上升通路上的阶梯。

黑格尔的两个内在矛盾的本体论并不是独立产生并保持分裂的，二者在事实上和发生学上，在社会意义上和概念上，都产生自同一种现实性。卢卡奇对黑格尔哲学的分析时刻贯穿着对产生思想的社会存在的深刻把握。哲学是在思想上把握着的那个时代，黑格尔哲学力图把握的时代被卢卡奇界定为：革命后的当代世界；黑格尔要解决的时代问题是：如何实现理性王国。黑格尔哲学是法国启蒙运动的继续。

这里的关键词是，革命"后"。黑格尔哲学既不是革命前的准备期，也不是革命中的鼓动期，而是革命后的冷静期。德国古典哲学对本体论的态度前后有巨大的转变，从康德在理论上否认本体论的可能性，到黑格尔对本体论问题的普遍展开。当然，康德的道德实践实际上也起到了本体论的作用，并被费希特作为唯一的哲学原则，认为现实的本质是由活动着的人的理性所创造的，现实是同人的理性同一的。黑格尔也接受理性至上这个启蒙运动的本体论预设，但是革命对黑格尔的本体论态度来说，具有两面性：一方面，法国大革命实现了理性的准则，拿破仑又以其马背上的法典将这理性代表的资本主义法则强行推广到世界中去，这在哲学家头脑中确立了理性占据本体论上优先地位的印象；另一方面，这场革命使整个欧洲面对的社会现实从资产阶级革命的准备期变成了资本主义社会的统治期，资本主义社会成为现实，开始暴露出自身固有的矛盾，曾作为启蒙哲学思想核心的理性王国在新的社会现实面前失灵。取得革命成功的道路布满鲜血和恐怖，革命后的时代也矛盾重重。理性真的有至上的地位？对这个启蒙运动的思想遗产的质疑困扰着一代哲学家。对这个疑问，一种是浪漫主义最简单最直接的回答，他们看到的是，在"知识就是力量"的号召下，资本主义带给人和自然的种种损害，所以直观上、感性上否定理性的进步性，从非理性中寻找回到过去的、真正的、无矛盾的和谐王国去的道路。这时候，希腊时期完美的、完整的、健康的人的形象给了浪漫主义思想家们无限的归宿感，成为一切时代、一切人的典范。他们以对美好的旧时代的追思作为指引社会进步的永恒目标。另一种回答把当前的时代理解为走向未来真正理性王国的过渡。当下未必完美，但却是克服一定矛盾的理性王国的必经之路。例如对费希特来说，自己正处于的时代"集罪恶之大成"，而未来有真正的理性实现的可能，无尽的美好只在未来敞开。黑格尔处于两种极端的思路之间，理性不在过去，也不在未来，理性现存于当下。黑格尔要在当时当地，从时代自身可能的发展潜能中，在哲学上证明一个理性王国的可能性和必然性。统一理性的原则和非理性的现实，是黑格尔辩证法的使命。这也使矛盾必然的既发展成为本体论的，也成为认识论和逻辑学的核心范畴。辩证法是与黑格尔必然联系在一起的。虽然他不是第一个有意识的辩证法家，但是他是第一个把矛盾当作最终的本体论原则的哲学家。矛盾不再是形式逻辑中和"理智直观"中必须从哲学中加以克服的东西。对革命后时代哲学使命的认识使黑格尔的本体论基础具有两个要素：一是矛盾性；二是当代性。用理性的逻辑的形式而不是秘不可传的体悟，来克服理性和现实之间的矛盾，这个特殊的形式和内容统一的要求，造成了在黑格尔辩证法中，逻辑学和本体论前所未有的紧密结合。

　　用理性来论证现实，使理性和现实实现毫无问题的统一，这是对黑格尔的哲学是泛逻辑主义的典型批评。卢卡奇认为用现实＝理性的公式来简单化地概括黑格尔哲学得不偿失。黑格尔哲学在人类思想史上的命运十分具有戏剧性，最初时刻，它产生的巨大影响甚至预告着哲学已经被一个人的一个体系带入了终极的轨道，哲学的历史就此终结。然而，恩格斯在《路德维希·费尔巴哈和德国古典哲学的终结》中就道出了他和马克思早年就清楚明白的启示：黑格尔哲学不是对哲学的封闭，恰是开启新哲学的指引。恩格斯称亚里士多德是古代的黑格尔，黑格尔的命运也恰如亚里士多德。他们是罕见的革新者，其所开辟的新的认识的道路，至今仍然影响着我们的时代。固然黑格尔逻辑主义的问题是突出的，但是其辩证法中新的东西是宝贵的。

（二）黑格尔逻辑学和本体论结合的辩证法

　　黑格尔哲学中新的东西正在于它统一理性和现实，不过，对"理性"和"现实"需要重新理解，再理解的依据只能在黑格尔的第一种本体论，即现实本体论的基础上进行。

1. 黑格尔辩证法中的理性

排除主观性，靠近客观本体论，这是黑格尔哲学的出发点。考察一般哲学思想引以为典范的启蒙思想中的理性，是理解黑格尔理性概念的关键。所谓理性主义，从本体论上理解，指的是对自然和社会的存在和生成来说，理性是最高原则。地位的优先性排定之后，对哲学来说，剩余的任务是详尽阐述理性原则，目的是使社会符合这个永恒不变的法则。这里吊诡的是，社会需要遵照运行的理性的法则，被称为自然法则。也就是说，在启蒙哲学看来，只有符合自然规律的法则才是永恒的，而理性是同时对自然界和社会的生成和运行都起到推动和维持作用，是不动的推动者。但自相矛盾的是，如果自然是判定哪一种力量对世界的起源和发展来说起决定性作用的标准，如何又能把理性作为本体论上的最高的范畴呢？这里，自然和理性显然超越了自然界和人类理性的含义，有特殊的内涵。

启蒙运动的自然概念在本体论上是模棱两可的。一方面，在自然科学巨大进展的背景下，自然作为外在客观的、物质的、符合机械因果律的领域，被机械唯物主义世界观作为本体论基础。这种对自然的理解，作用是排斥一切过去植入自然界的神话的、人格化的目的论观念。"神"在本体论中的至尊地位被赶下神坛。另一方面，启蒙运动的先驱们赶走了神之后，又不甘心让自然有自己的一套运行规律，社会有另一套。他们十分执着地要建立另一种自然和社会统一的本体论。既然过去人格化的神充当统一的依据，现在，要让对立的那一方，即自然充当这样的角色。但是，连霍布斯和斯宾诺莎也不能从机械论的自然概念中直接地推导出任何社会存在的本体论来。虽然作为经验主义的一种典型表现的自然主义一直试图用还原论的方法，使社会领域中的一切事实还原为生物学的，甚至物理的、化学的无机自然的原则，用神经反应、心理机能等人的肉体活动解释精神活动，继而用这样的精神活动来解释社会活动，但是，机械论的唯物主义没能做到的事情，现代物理学、生物学，也不可能做得到。于是，出乎意料的，建立在伽利略和牛顿物理学之上的启蒙思想，在接受了机械自然观的基础上，把机械自然不加说明的转变为了价值观念。自然不再是物理意义上的自然界，反而成为说明自然和社会这个统一体的原则。只有符合自然原则的自然，符合自然原则的社会，才是"应该"存在的。这个矛盾导致了启蒙运动世界观的分裂，与统一的意图相反，一方面把正确地树立起来的唯物主义的自然观变成了唯心主义历史观，另一方面却又在伦理学领域里坚持机械唯物主义的合理利己主义原则。也就是说，启蒙世界观不仅没有能用自然这个原则统一自然和社会，反而因为在社会领域过分推广了机械论自然观，扭曲了对唯物主义原则的理解。

启蒙运动的本体论构想本身是伟大的，要用此岸的、统一的本体论取代以往超验的、目的论的神学本体论，并且，提出了这样一个伟大的思想：社会存在本体论只能建立在自然本体论基础上。它的失败同过去的形而上学的破产如出一辙：对统一的理解过于狭隘。自然本体论确实是社会存在本体论的基础，但是，符合机械因果律的自然界的发展中并不能自动推导出社会的产生和运行法则来。不在黑格尔辩证法对同一和差异的统一中去理解统一，只有两种极端的错误的可能，要么是片面地强调同一性，导致以自然为原则去还原社会的机械论或者以社会为原则去还原自然的神学目的论；要么是片面地强调差别，导致康德主义的自然和社会原则上的二元论，两种原则互不干涉，毫无联系。卢梭是最早发现启蒙哲学中这不可调和的矛盾的启蒙哲学家，正是他使自然概念彻底转化为了价值概念，从而冲破了当时的唯物主义本体论，自觉地建立了唯心主义历史哲学。

从霍布斯到卢梭，启蒙哲学在本体论上内在地分裂为两个相对的原则。黑格尔正是在这个思想发展的脉络中审视革命后的世界。莱因霍尔德轻视法国唯物主义，认为德国唯心主义没有这种"思维混乱"。黑格尔并不认同，从更高的历史视野出发，黑格尔将法国启蒙运动和德国唯心主义视为两个平行的趋势，法国思想采取的形式是"客观性的地域原则"，德国思想却无思辨地以"'主观性的形式'确立自身"①，二者同样具有深刻性，也同样具有片面性。而他的任务就是对这两个民族的思想，同时也是对革命前和革命后的思想进行综合。

在此基础上，黑格尔形成了自己新的本体论。同启蒙哲学相同的是，其一，他依然坚信理性至上；其二，他同意自然是一切本体论的基础；其三，他坚持启蒙提出的进步传统。关键是不同之处。首先，自然和社会的统一建立在对二者实质性差异的深刻认识上。人不是更高级的动物，人是与动物有本质性区别的生物；社会不是更高级的某种生物组织，社会组织因为有自觉的精神运用，从而是根本性异质的组织类型。必须充分地认识人类社会历史与自然的质的区别。其次，对自然和社会的质的差异的理解又建立在二者统一的基础上。自然在本体论上准备和论证了人、社会历史的发展。黑格尔的自然哲学将自然视为人类社会的无声的、

---

① ［匈］卢卡奇：《关于社会存在的本体论》上卷，白锡堃等译，重庆出版社1993年版，第537页。

无目的的史前史。历史的辩证法虽然直接源于自然，但这是一种起源学的、辩证式的源出，社会源于自然，又超越自然。并且，在连续性和非连续性上理解的自然，脱离了启蒙思想中赋予自然的模棱两可的身份，他一方面使自然回归到自然界的领域中去，把道德评价的"应该"的维度抽出来，自然不再承担为社会历史的发展提供正当性的依据的使命；另一方面，在社会历史领域里，也同样批评由主观意愿规定的"应该观念"，社会历史纵然不是法国唯物主义声称由机械自然规律所控制的物理必然性的领域，同时也不是德国唯心主义主观设定的随心所欲的自由发挥作用的领域。黑格尔的本体论的新意正在此处展现，自然或者社会单方面讲都不是世界发展的最终推动力，二者结合而成的现实才是。这是黑格尔的现实本体论。正是这个辩证统一的本体论被马克思主义所吸纳。

"现实在他的整个范畴体系中占据核心的和最高的地位，现实的此时此地的定在对所有其他范畴——不论是主观的还是客观的——在本体论上的优先地位。"① 以现实范畴为核心的现实本体论批判了机械唯物主义世界观，也批判了主观唯心主义世界观。黑格尔毕生反对康德的"应该观念"，即通过履行绝对律令，人就能够提高到现象世界之上，作为自由的本体与世界发生现实的关联。把抽象的应该作为人的意志和外在现实之间沟通的桥梁，即使在同为唯心主义者的黑格尔看来，也过于轻飘。通过将现实认定为自然和社会的统一，社会中的人的意愿的实现就必须经过自然的中介，这是黑格尔的本体论超越启蒙运动及其思想的重要一步。传统理性要么将理性视为概念范畴体系的思维运行规则，也即主观逻辑推演，要么将理性作为高悬于现象之上但又作为现象存在的根据，是永恒的独立的理念王国。黑格尔的包含着现实的理性的概念就同自柏拉图以来的以康德为代表的西方传统理性概念有了根本的区别。

2. 黑格尔辩证法中的现实

恩格斯从黑格尔的经典命题"凡是合乎理性的东西都是现实的；凡是现实的东西都是合乎理性的"② 中分析出，黑格尔的现实概念在他本

① ［匈］卢卡奇：《关于社会存在的本体论》上卷，白锡堃等译，重庆出版社1993年版，第539页。

② ［德］黑格尔：《法哲学原理》，范扬等译，商务印书馆2009年版，第11页。

人的哲学体系中有其特殊的并且是重要的意义。那些近视的反对派和近视的自由分子都字面化、日常化地把黑格尔的理性等同于主观臆断，又把现实等同于当下现存的一切现象的总和，结果自然得出这样近视的结论："这显然是把现存的一切神圣化，是在哲学上替专制制度、警察国家、专断司法、书报检查制度祝福。弗里德里希-威廉三世是这样认为的，他的臣民也是这样认为的。但是，在黑格尔看来，决不是一切现存的都无条件地也是现实的。在他看来，现实性这种属性仅仅属于那同时是必然的东西；'现实性在其展开过程中表明为必然性'"①。在黑格尔的哲学体系中，不是一切现象都配拥有现实性的美名，现实性是符合必然性的东西的发展过程。首先，能称为现实的是本质的展开过程；其次，现实虽不是现象的总和，但不是脱离现象的抽象理念。黑格尔意图在有时间性的现象之中，把握内在的本质，而不是在现象之外和之上的感性和反思中。

（1）现实的当代性。在分析黑格尔的现实概念时，卢卡奇特别地对黑格尔的时间观念进行了详细的阐释，从而将黑格尔的现实概念中内含的时间性展示出来。通过对"当代"在黑格尔哲学中的核心地位的分析，卢卡奇继续了恩格斯的工作，把握了黑格尔哲学的革命性质。对时间性的分析是海德格尔生存论存在主义的根本工作，也是卢卡奇对海德格尔哲学进行批判的核心主题。海德格尔本人认为自己的哲学在"曾在—此在—将来"的统一体中，突出的是将来引领现实的方向性。但是通过细致的研究，卢卡奇发现，存在主义将此在作为本体论中心的哲学，不可能完成以将来为指引的意图。存在主义的时间观最终是以一个抽象的"死"为终点的，由抽象的"畏"所推动的，向着抽象的此在回返的过程，时间是可逆的，而且必须是可逆的，才能完成本质的异化和复归的循环。海德格尔反对实证主义量化的、客观的流逝的钟表时间，同时也反对时间具有向前的发展。所以在存在主义中，时间永恒地被禁锢在当下。也因为此，表面上对资本主义，乃至对一切人类文化都持对抗性的激进的哲学，取得了与操作性社会的共谋。既然历史是无前进可能的，

---

① ［德］恩格斯：《路德维希·费尔巴哈和德国古典哲学的终结》，人民出版社 2018 年版，第 7 页。

现状又如何可能被打破。如果黑格尔坚持在有时间性的现在，也就是当下之中来对理性的本体论优先性进行辩护，试图论证理性不是在彼岸才得以实现的，而是在此岸，在现在就已经完成的话，他的学说也就确实如批评者认为的，是为已经充分暴露了理论和实践矛盾的资本主义招魂。

卢卡奇早于福山二十年的时间就回应了"历史终结"的问题。从青年黑格尔派对黑格尔思想的方法与结论的矛盾进行批判开始，"历史终结"问题就已经被作为中心议题提出来了。对这个问题的解释也突出地展现出黑格尔哲学本体论的双重性。首先，黑格尔的本体论虽然不是神学目的论，却并不反对目的论本身，而且本来就是建立在理性目的论的基础上。黑格尔并不认为历史由人类的个体或者群体的直接的目的所支配，历史的活动超过个体和群体的预期。但是黑格尔确实认为，以绝对精神的自我实现为目的的历史在他那个时代完成了自己的原则，这是黑格尔历史理论中旧本体论的残留。其次，因为黑格尔的本体论与逻辑学的紧密关联，理念是否在当下实现需要逻辑的论证作为评判标准，而不是某种神学的启示。所以黑格尔需要在自己的哲学中，展现逻辑范畴的发展，形成辩证的范畴结构。这要求范畴的结构、秩序、等级都按照现实本身的历史发展来安排，要准确地与现实本体论符合。黑格尔逻辑学的规划是，精神通过一步步的发展最后达到顶峰，但顶峰不是一个确定的点，而是一个面。这就为原则和时间都留有了余地。在这个理念的范围内，动荡乃至很大的动荡都是有可能的，但是，它的水平和范围是确定了的，体系在达到这个阶段之后，在本质上不具备再发生决定性变化的可能性。历史没有在哪一年、哪一天结束，而是在步入这个阶段后不再需要，也不再可能有原则上的上升。

（2）现实的客观性。即便不把黑格尔的"理念＝现实"命题中的现实非概念地、直接性地理解为当时德国占统治地位的威廉三世王权，而是在时间上理解为以当代为过去和未来的凝聚点，同时方向上指向未来的特殊含义，也并不能使黑格尔的现实观念与浪漫主义向后的时间观、存在主义永恒的现在的时间观、二元论无限在彼岸的未来时间观有实质性的区别。支撑黑格尔的新的本体论，即现实本体论的现实的依据，在于黑格尔哲学中最进步的方面。"他是世纪之交第一个重要的思想家，不仅把从斯图亚特和斯密到李嘉图的英国古典经济学的成果结合进他的历史哲学中，而且把它已经发现的客观性和联系性变成了他的辩证法的有机组成部分。由此，在黑格尔那里，现代市民社会的结构和动态的重要性的或多或少清晰的概念，作为关于在历史意义上的当代可以说的那些东西的基础。"① 黑格尔之所以是新世纪的第一个，也是整个哲学史中最重要的思想家之一，正因为他做到了在思想中把握他的时代。哲学家们孜孜以求的客观性，哪怕把客观性转变成主观的内涵但是却依旧不放弃寻找的那种客观性，只有在资本主义得到一定程度发展之后，于英国经济学中才能真正发现其端倪。黑格尔在具体的经济学领域的研究中远远落在斯密、李嘉图等先驱的后面，但是他本人认为掌握经济学中蕴含的哲学的准则不需要成为一名经济学家才能实现，如果哲学家样样精通，反而多管闲事，重要的是把握经济生活运行中贯穿的绝对精神发展的轨迹。黑格尔在现代市民社会中掌握了绝对精神取得客观性的可能。黑格尔哲学的新发现和其不彻底性集中在对社会发展的动力的理解上。把哲学总是望向彼岸的目光拉回此岸来，把神学目的论以永恒概念的实现作为个体和人类发展的终极目标变成从市民社会的特殊性和普遍性辩证法中概念化现实的社会过程，这在思想史上是第一次，哲学开始严肃地对待促进社会发展的基础领域。但是，黑格尔抓住了动力存在的领域，却放弃了把握动力本身。他对经济生活的分析落脚于纯粹的哲学分析，试图在特殊性和普遍性的辩证关系中把握市民社会和国家。不满于市民社会的组成部分是原子式的个人，试图使人与人有机地组合成社会，以国家作为普遍的人类社会的最后实现的场所，使国家成为精神客观性实现的最终目标。

黑格尔正确地把握了社会存在中的核心矛盾，个人和社会的矛盾。但是，即便是黑格尔这样的辩证思想家，解决这个问题的思路也是直接的、表面的。他提出的问题是，个人和社会产生分裂的这个现实的问题，用个人还是社会力量来弥合。现在西方哲学中自由主义和社群主义的争论依旧没有脱离这个范围。黑格尔的辩证法体现在他既认识到现代市民社会使个体性成为可能，又认识到只有在现代社会把个人解放出来之后，

---

① ［匈］卢卡奇：《关于社会存在的本体论》上卷，白锡堃等译，重庆出版社1993年版，第545页。

未来建立在个体基础之上的有机的社会组织才可能产生。黑格尔为这个过程找到的理论表达正是卢卡奇年轻时候十分推崇的"同一的主客体"。在《本体论》中，卢卡奇认识到同一的主客体理论中的唯心主义成分，同时也对自己过去没有自觉地、系统地在本体论高度上理解辩证法进行了深刻的反思。

（3）同一的主体—客体理论。

卢卡奇对理性和现实性的新的理解体现在对同一主体—客体的理论反思中。

首先，卢卡奇认为同一的主体—客体理论是一种"哲学神话"，因为它有损基本的本体论事实。同一的主体—客体是黑格尔概念辩证法的出发点，也曾在卢卡奇的《历史与阶级意识》中充当过辩证法的起点。黑格尔面临两种对立的认识论，一种是启蒙运动主张的机械论唯物主义的摹仿论，或称直观反映论，另一种是康德唯心主义的先验主观主义。黑格尔认为二者都有失偏颇，他试图通过援引斯宾诺莎的实体概念来构造事物与观念的秩序和联系的统一性，同时赋予斯宾诺莎静态的"几何学方法"以动态的、历史的特征。这就是马克思、恩格斯在《神圣家族》中指出的，黑格尔哲学是斯宾诺莎的实体和费希特的自我意识的统一。但是逻辑上的灵活掩盖不了本体论上的过时——黑格尔否认自然的历史性。虽然较其他同时代的思想家来说，黑格尔已经在自然哲学中把自然作为社会发生的起源提出来了，从而一定程度地克服了自然和社会的二元论。但是，黑格尔在逻辑学中为范畴演进顺序制定了严格的等级制，在同一的主客体的自我实现中，自然界处于最低的地位。"这就是自然界的无力，不能够坚持并展示概念的严密性，使自己迷失在无概念的、盲目的多样性中。"①

其实，在《历史与阶级意识》中，卢卡奇就区分了两种同一的主体—客体理论。第一种就是黑格尔的主体—客体理论，黑格尔的辩证法第一次清楚明白地提出"真理不仅被把握为实体，而且被把握为主体"，并且在《精神现象学》和《逻辑学》中，既把在康德哲学看来处于主体之外的自在之物把握成为主体，因为对象是主体自我创造的（但费希特

---

① ［德］黑格尔：《逻辑学》下卷，杨一之译，商务印书馆2020年版，第275页。

已经先此做了工作），又自觉地把所有的逻辑问题建立在内容的物质特性上。①但是，虽然黑格尔在哲学史上首次开始追溯理性的起源问题，也就是深入到本体论领域中，试图在事物的秩序和联系中理解逻辑的秩序和联系，把实体作为新的本体论因素突出出来。但是，认识的内容的生成，其性质和具体内涵作为历史问题，作为真正的本体论的新的东西，被黑格尔的逻辑辩证法最终掩盖了。指出了变革方向的黑格尔哲学最终又落入传统形而上学中。古典哲学意义上，认识的起源是遮蔽的，不可能达到的，即使创造出内容变化的逻辑学，把握了哲学应该去探讨历史的生成性问题这个重大的任务，对作为资产阶级意识形态的古典哲学来说，这个任务也是不可能实现的，因为它的立场与"我们"对立。

关于真正的同一的主客体的"我们"，即无产阶级的历史辩证法，是卢卡奇早年推崇的真正的资产阶级思想二律背反的解决。卢卡奇认为，只有无产阶级才有可能取得真正的阶级意识，同时作为历史的剧作者和剧中人，统一历史的创造和历史的认识。一旦工人认识到自己是商品这个创伤性的事实，这一认识就自动上升为实践的认识，成长为革命的阶级意识。只有工人阶级能够把握总体这个范畴，把历史发展的趋势正确地认识为比经验事实更高的现实。他们首先脱离个体的感性直观的、观察员的视野，不再把现存的资本主义社会的种种异化状态作为不可更改的命运接受，而是先在意识中构想革命的可能，以总体的社会的发展趋势为目标，也就是以人的社会化的现实可能性为革命的前景，自觉地建立起来；并且，在费尔巴哈揭示的"唯物主义人类学"的基础上，超越无声的类的层次，以自觉的类，即由共同的社会现实产生的、自觉意识到整个阶级的历史使命的、在资本主义提供的有史以来最接近统一的经济社会的前提下，能够不放过任何珍贵的历史契机，夺取政治权力，从而第一次在人类史上自觉地由社会来组织生产的这样一种特殊的类。超越了个人主义的狭隘视野和单打独斗的无能为力，以阶级作为一个统一的整体来进行意识和行动，这是无产阶级能够从历史发展到资本主义这一个漫长的人类历史史前史的过程中继承下来的积极因素。

---

① 参见［匈］卢卡奇《历史与阶级意识》，杜章智等译，商务印书馆2009年版，第223页。

其次，从商品结构分析同一主体—客体。《本体论》中，卢卡奇仍然批判了作为第一种主客体同一的黑格尔辩证法，他同时对年轻时候自己提出的无产阶级的主客体理论进行了深刻的重新认识。重点在于对"商品结构"的分析。列宁读《逻辑学》时的感受是，不懂全部逻辑学，就不能懂《资本论》的第一章。并在总结辩证法学习心得的小结《谈谈辩证法问题》中，将《资本论》为什么以商品为开篇作为严肃的理论问题，作为理解马克思主义精髓的问题提了出来。此后，即便忙于革命实践，无法分身进行具体的理论化阐发，列宁也叮嘱专门的理论工作者重视对这个问题的研究。卢卡奇创作《历史与阶级意识》的时候，列宁的这篇小文还未刊出过，他无从得知。但是在《物化与无产阶级意识》一文中，"商品结构"问题作为主题被卢卡奇独立地提出。"马克思描述整个资本主义社会并揭示其基本性质的两部伟大成熟著作，都从分析商品开始，这绝非偶然。因为在人类的这一发展阶段上，没有一个问题不最终追溯到商品这个问题，没有一个问题的解答不能在商品结构之谜的解答中找到。"① 英雄所见略同，但又相异。正是这区别之处，造成了卢卡奇早期和晚期对同一的主客体这个对他来说十分重要的理论概念的理解发生了深刻的变化。在《历史与阶级意识》中，卢卡奇着重将商品结构的本质基础表述为人与人之间的关系获得物的性质，从而，他在此时实际上对费尔巴哈的评价非常之高。他认为恩格斯提出的曾经一度"我们都成了费尔巴哈派了"，指的就是费尔巴哈的人类学使人和人的关系成为哲学研究的主题。于是卢卡奇围绕着马克思主义的人道主义和以费尔巴哈为最高表现的抽象的人道主义的区别展开论述，表示我们的人道主义是具体的、历史的。可是彼时的卢卡奇在人道主义中能够找到的最历史的因素，是资本主义在历史上留给人类的可供扬弃的积极因素："资本主义生产的'自然规律'遍及社会生活的所有表现；在人类历史上第一次使整个社会（至少按照趋势）隶属于一个统一的经济过程；社会所有成员的命运都由一些统一的规律来决定。"②"资本主义生产""经济过程"这些概念实际上作为抽象的范畴出现在阶级意识的分析中。卢卡奇

---

① ［匈］卢卡奇:《历史与阶级意识》，杜章智等译，商务印书馆 2009 年版，第 146 页。
② ［匈］卢卡奇:《历史与阶级意识》，杜章智等译，商务印书馆 2009 年版，第 157 页。

也谈论劳动的异化、劳动时间制定中的权力较量、平均利润率下降规律等问题，但是对具体的劳动过程本身的探讨却始终不见踪迹。最后，用以统一主客体的实践，按照他后期自己的说法，只是"革命的夸张的高调"，只集中在政治革命领域中。

而《本体论》中，卢卡奇在其现实本体论中，对客观、现实、经济、实践等范畴有了全新的理解，集中体现在他对黑格尔的自然本体论的批判中。"从体系出发必然得出的自然的本体论规定的特殊性质，使得黑格尔不能发现和认识自然界中的历史性。尽管他自己在社会领域是历史感的一位开拓性的理论家……但是黑格尔不仅继续是茫然的，而且在原则上否认这一问题是个问题。"① 黑格尔在《自然哲学》中对自然的进化过程进行过自己的概括，虽然没有进化论做支撑，但是体现了发展的原则，认为自然界经历了从植物、水螅类和软体动物到鱼类、陆生动物、人的发展过程，但他又同时认为，自然界的发展除了作为产生人的前奏，没有特别的重要性。在黑格尔的理论体系中，自然处于最低地位。但是，如此一来，所谓的同一的主客体如何现实地获得同一性，其来源问题就是个谜。这个问题在黑格尔这里的表述是，实体主体化的实现问题，即实体应该转变为主体，这个过程应该形成一个圆圈。实体主体化和主体实体化是同一个过程，没有主体的实体，也就是没有精神的自然界；没有实体的主体，也就是纯粹主观思维，在黑格尔看来都是缺乏真理性的。但是，黑格尔试图统一主体和实体的探索最后创造的是一个奇迹，他赋予主体的并不是感性对象化的实体，所谓实体回归主体，实际上指的是通过主体完成的对实体的认识。黑格尔的逻辑化的本体论始终摆脱不了这个矛盾。一方面使逻辑概念承受了本体论内容的过重的负担；另一方面，由于时常要将新的本体论认识掺进逻辑形式中，又使新的本体论要素受到歪曲。所以，黑格尔同一的主客体原则，由于自然的缺位、劳动的缺失，无法承担现实的本体论的建构。在认识到黑格尔辩证法存在的本体论的重大问题的过程中，卢卡奇自然也认识到，无产阶级政治实践也并非实体主体化，即社会主义得以实现的基础性活动。

---

① ［匈］卢卡奇：《关于社会存在的本体论》上卷，白锡堃等译，重庆出版社 1993 年版，第 559 页。

3. 黑格尔的否定性范畴

卢卡奇认为在对否定性范畴的分析中，最能够体现黑格尔的双重本体论是如何由于本体论的事实被挤压进逻辑形式从而对现实进行歪曲的。对于黑格尔来说，否定性之于其辩证法的意义，正如斯宾诺莎的"规定即是否定"这一命题之于全部近代逻辑学一样重要。卢卡奇认为，在逻辑学和认识论的层面上，将否定和否定之否定作为概念辩证运动的基本动力是完全有道理的。但是，这种逻辑普遍性不能直接运用到本体论中。黑格尔哲学之所以被西方现代哲学批判为神秘主义，跟其逻辑学中添加的本体论的因素密切相关。形式逻辑学认为辩证逻辑学的推论过程充满着不合逻辑的跳跃，正是因为辩证逻辑承担着阐释事实的逻辑的任务。《逻辑学》的开篇处黑格尔就引入了"无"，"开端并不是纯粹的无，而是一个应当引申出某东西的无；因此存在也已经包含在开端里面。开端包含着二者，存在和无；开端是存在和无的统一体"①。虽然黑格尔强调，"无"绝不是任何特殊事物的无。但问题是如果"无"只是单纯的无，毫无内容，即使在逻辑上，也永远不能推导出生成。卢卡奇认为黑格尔泄露了解读自己的文本的密码，即"无"在本体论意义上是不能按照字面意思理解的，而必须在黑格尔每一次使用"无"的时候冲淡其逻辑学的意味，直接地理解成"某物的否定物"，于是否定就成为黑格尔用逻辑学的语言表述的本体论的概念，即"他物"和"为他的存在"。"否定"从本体论上来理解是十分困难的。为此，卢卡奇举了恩格斯在《反杜林论》中的例子。"这个可怕的否定之否定……究竟是什么东西呢？这是一个非常简单的、每日每地都在发生的过程……它是任何一个小孩都能够理解的。我们以大麦粒为例。亿万颗大麦粒被磨碎、煮熟、酿制，然后被消费。但是，如果一颗大麦粒得到它所需要的正常的条件，落到适宜的土壤里，那么它在温度和湿度的影响下就发生特有的变化：发芽；而麦粒本身就消失了，被否定了，代替它的是从它生长起来的植物，即麦粒的否定。"② 字面地来理解"否定"，无论如何与植物的生长过程关联不紧。麦粒有许多被消灭的可能，只有在特定的幸运的条件下

---

① ［德］黑格尔：《黑格尔著作集》第 5 卷，先刚译，人民出版社 2019 年版，第 51 页。
② 《马克思恩格斯选集》第 3 卷，人民出版社 2012 年版，第 514 页。

才能作为种子的"否定"而生长为植物。而消灭又并不是作为植物生长的有机过程中的否定，生长过程中又很难讲芽是对种子的否定，花是对芽的否定，结子是对花的否定，本体论的现实的生物的生长过程用逻辑学的语言来转译的过程，显得十分的笨拙，大而无当。因为从概念规定上来说，否定是对肯定的全面的推翻、重组、颠倒，是重大的转变。在逻辑学上来使用"否定"，可以用否定作为规定的方法，也可以借否定说明逻辑范畴的推导过程中戏剧性的变动过程。但是，在本体论意义上，也就是在自然界和人类社会的发展过程中，除了那些长时间量变积累之后重大的质的跃迁称得上是"否定"，日常中的点滴变迁如何能用逻辑学的语言来表述？这就是恩格斯对否定的否定的理解经常被人误解的原因，从逻辑学来理解本体论事实，存在障碍；这也是黑格尔的"否定之否定"广遭诟病的原因，从本体论来看逻辑学阐释，夸大其词。在发展中存在的是从此存在到它的"他物"之间的一连串的变化，一连串的联系，在变化和联系的过程中，任何一个元素都同时包含自己的"他物"和为他存在。

黑格尔试图用"否定"这个逻辑范畴来解释具体现实的发展过程本身，这种泛逻辑主义早在马克思的《1844年经济学哲学手稿》和《神圣家族》中就被批判性地分析过。在客观本体论领域合理地运用否定性范畴，是卢卡奇为奠定社会存在本体论的逻辑学基础所作的重要贡献。

首先，否定的本体论的意义，当然是被恩格斯通俗地再现了出来，不过卢卡奇认为，如果"否定"只在淡化的解释下才有可能被理解，这个把本体论领域的平常问题逻辑化的尝试就是多此一举。只有在如下的本体论场合，用逻辑学的否定范畴才有可能合理：某物的"他物"生成了，这个"他物"在客观上是以彻底变革的方式过渡到某物的对象性形式或过程形式。所谓彻底的变革为对象物，卢卡奇指的是在本体论的几个存在质的区别的领域之间转变的过程。卢卡奇的本体论理论之所为命名为社会存在本体论，就是突出社会存在在一般存在中的核心地位。一般本体论泛泛地将存在作为本体论基础，世界万物统统都是一个存在，它无所不包，却又因为一团混沌而丧失了理论的解释力。万物皆同，在存在上具有共同点，这在辩证法看来，是片面的，是将统一性夸大了，忽略了差异性。但万物同样也不是皆异，差异中又有统一。如何在本体论意义上理解同一性和差异性的统一是黑格尔的辩证法给马克思主义哲学极大启发之处。按照事物中起决定性作用的规律的不同类型，对存在进行合理的划分，对思想和实践都具有重大的意义。这样一来，卢卡奇明确地把黑格尔由"无"规定的存在分为三类：无机自然界，以物理学和化学规律为存在规律；有机自然界，以生物学为存在规律；人类社会，以主客体同一的劳动目的论为存在规律。三个层次存在质的差别，这是区分的标准，这里适用的逻辑学的准则正是规定的否定，要规定存在的不同领域，就要标识出本质的差别，差别间不可通约，不能还原。卢卡奇对费尔巴哈的人类学的分析有助于理解对存在进行本体论区分的意义。一方面，费尔巴哈正确地把哲学的问题引回到人和人的关系问题，这相当于苏格拉底把哲学从自然哲学寻找本体论元素的努力带回人间。但是，马克思曾在给卢格的信中表示，费尔巴哈过多地关注了自然，过少地关注了政治。也就是说，费尔巴哈把人和人之间的关系，又还原到了自然关系中去，仿佛人和他人都在生物学领域中分享共同的生物本能：如感情、欲望、意志等非理性的特征。马克思在《关于费尔巴哈的提纲》中指出，人当然是社会存在，也就是类存在，但是这个类不是费尔巴哈式的自然的、无声的类。自然的类缘何无声？第一，无声，字面意义是没有语言，没有逻辑，没有表达。动物也有种类，但是在黑格尔的逻辑学中看来，以经验的外在的相貌等规定性来找相似处的规定是外在的反思规定。出于生物学标准归于一类的人，排除掉他们的社会属性，跟猩猩与猩猩之间的关系没什么区别。第二，无声指的是没有共同的有目的的行动，不能以类为单位进行有组织的生产和革命活动。这是人的类与其他动物的、植物的类的本质性区别。

其次，在卢卡奇的本体论中，存在的三个层次之间有明显的递进关系。卢卡奇反对黑格尔逻辑学以及过去一切传统哲学把逻辑范畴进行主观排列而形成的等级秩序，但是他并不认为存在领域各个层次间地位相当，没有区分，这是相对主义的混淆。他对存在主义的批评也集中在，这种人道主义的理论表面上视人为万物的尺度，把此在作为本体论的出发点，但是它把人的困境永恒化的做法实际上所起到的意识形态作用是把当下的资本主义社会制度永恒化，为这种制度辩护，在对时间进行循环论的阐释中，否认了历史的前进方向。卢卡奇坚持时间的不可逆性，正是要表明，历史是有进展的，是进步的，所谓进步指从简单到复杂，从低级向高级的跃迁。那么三个存在论层次必然是有高低之分的。不过，社会存在本体论的分级和黑格尔哲学的等级的区别在于，无机自然界、有机自然界、人类社会之间的区分是在以人的发展为目的的视角下，在历史发展的阶梯上，有上下之分。这里存在马克思主义和黑格尔哲学的一个奇异的颠倒。卢卡奇的排序实际上是逻辑学的先后、上下之分，而黑格尔对自然界的排斥反而是本体论的轻视。自然界作为人类、人类精神、人类社会产生的前提，提供了统一的客体方面，是社会发展中，客体主体化的矛盾的一级。有机自然界高于无机自然界的方面在于它有生命，人类社会高于有机自然界的方面在于它有主体。

再次，存在的三个层次的统一来自否定性。在黑格尔的逻辑学中，逻辑间的范畴的推导来自于否定性，逻辑学下降到自然和精神的必然性也来自于否定性。卢卡奇指出否定性是黑格尔将存在的不同领域统一起来的逻辑努力，区别于启蒙唯物主义把存在的一切规律还原为无机自然的机械因果律，也区别于康德哲学把因果律和自由律独立起来的二元论，这是黑格尔在同一与差异的辩证法中为统一的认识世界作出的贡献。卢卡奇在客观本体论意义上理解"否定"，对否定性范畴进行了马克思主义的再理解。

第一，"否定"是有主体的。卢卡奇不满意黑格尔将否定运用到一切变化中去的做法，他认为在本体论的事实的领域中，否定是由具体的主体作出的事实和价值的双重选择。总是某人或某些人根据需要在众多的可能性中进行了具体的选择，从而在肯定某些选项的同时，否定了某些选择。而不是抽象的"无"面对尚不完满的概念，从存在彼岸的抽象目的出发，转回头来对有欠缺的存在进行不断的弥补。对"否定"的本体论理解使"否定"只可能在存在着主体的社会存在中发挥作用。卢卡奇把玄而又玄的"否定"概念转译为确定的人的能动性。这是社会存在的特殊性。

第二，"否定"奠基于社会劳动。卢卡奇不认为"否定的否定"在现实辩证法中可以称得上是一个辩证法的普遍规律。因为他已经指出，存在区分为三种不同的领域，三者中起决定性作用的规律并不一致。"否定的否定"在逻辑学中可以实行，但是在三种本体论领域中都行不通。如果把一个逻辑中的理论的否定拿到现实中的某一特殊领域中使用，会产生谬论。例如，"没有七头龙"和"作为一个共产党人我否定君主制"这两个判断，在语言学分析中，从逻辑学角度来看，有着相似的否定的形式。但是，它们关涉的是非常不同的现实。在第二个判断中，"否定"事实上有特殊的含义：君主制存在着，它不应该存在，需要用一种特殊的社会能动性来设法使其成为非存在。这个特殊的例证仿佛回到了卢卡奇早年提出的无产阶级阶级意识发挥作用的层次。不过现在，卢卡奇对主体能动性的理解更加深入，他是以劳动作为实体主体化的现实途径。并且，区别于黑格尔的"精神劳动"，卢卡奇在社会存在本体论中作为基础的、奠基性范畴的劳动，指的是人与自然界的物质交换，即两个不同的本体论层次的过渡、交流而导致的人在本体论层次上的不断抬升的意义上，同马克思对现实的人的生产保持了一致。劳动是使自然界和人类社会作为不同的本体论层次得以沟通的中介。

黑格尔为了反对神学目的论，提出了逻辑的目的论，而在卢卡奇看来，二者都是神秘主义的。只有在劳动中，才存在此岸的目的论。劳动目的论需要解决这样的难题，自然的力量如此强大，人如何能够产生？人、人的精神、人类劳动、人类社会，各社会存在的范畴怎样才能不被拖入生物学规律中，甚至被拖回到物理学和化学规律中，人如何区别于动物、植物、无机物？人能否创造出独特的社会存在的领域，使这个领域成为人的自由得以实现的场域？人是可能的么？如何可能？如果没有传统目的论，不借助于神或者黑格尔逻辑上的神，人的最终的自由毫无保障。无论从宗教，还是从心理学、神经学出发来理解人的起源的问题，在卢卡奇看来都是犯了本体论的失误，把不同的本体论层次还原为更低层次来进行理解，完全忽视了其中的不可通约的质的差异。支撑社会成为特殊的本体论领域的，是物质生产劳动。劳动作为自然界和人类社会物质交换的中介，承担着把两个领域的规律结合起来的使命，是合目的性和合规律性、价值和事实的统一的唯一中介。

一方面，在劳动中必然存在目的，马克思对蜜蜂筑巢和人类建筑之间的区别的描述十分精当，人类劳动的自由自觉之处就显示在人能够超越动物本能，在精神中先描绘出一幅蓝图，根据人的需要创造出自然界并不天然具有的产物。"每一项人类的社会活动必然是选择的产物，并且以一种与它们相关的选择或决定为前提。……在这种本体论的角度上，劳动也是一切更复杂、更间接的活动的模式。因此，从选择中产生了一种以对客体的已知性质为基础的、由主体做出的，与造成了同客观世界的相互关系的能动反映相联系的对客观世界的一分为二。这个系列从有用的和无用的、有益的和有害的对立开始，通过许多社会中介，达到了比如善和恶等'最高的价值'。"①在劳动中来理解辩证法，也就是在本体论中来理解黑格尔的逻辑学表述，给黑格尔哲学插上了解密的钥匙。"对立统一"在这里实在化了。"对立"指的是：起初开始于原始人对周围石块的实践态度，这块石头合适，肯定它，也就是留下它，其他的石块不合适，否定它，也就是不理睬它。"统一"指的是：石块自然的、自在的具有许多不同的质的规定性，但是在肯定和否定的实践精神中，被集中和归结为它们对人的某一项劳动过程来说是否合适这一点上。最复杂的选择也要以同一类型的社会准备过程为前提。借助于把石块设定为适合的或者不适合的判断和选择活动，"否定"成为人类实践的重要的精神工具，成为实现劳动的目的的价值选择。

另一方面，作为有用、无用，有益、无益，乃至善和恶之间的价值选择，否定有目的性，但却不是主观的。石块合适与不合适，这一基础的本体论事实跟那些经过了多层社会中介，看起来离社会生产更加远离的审美（美不美）、道德选择（善不善）毫不相干。因为抽象地看，石块能不能用，是事实判断，行为是不是善，是价值判断，前者根据自然规律判定，后者根据自由规律判定，井水不犯河水。但是，从生产劳动出发，从有用到善之间是由一系列相互联系的链条统一起来的，都是由客观现实需要决定的，不存在决然的对立，而是辩证联系的过渡的过程。否定不是随心所欲的。劳动的目的能够达到，实体能够得以主体化，首先靠的是主体能够将实体在认识上主体化，也就是正确地认识自然规律。早年卢卡奇因为一个有争议的判断而广遭诟病——"自然是一个社会范畴"，那时候，他试图表达的意思是，对自然这个概念的理解是随着社会需要、历史发展的不同而不同的，并不是反对一般唯物主义的基本的

---

① ［匈］卢卡奇：《关于社会存在的本体论》上卷，白锡堃等译，重庆出版社1993年版，第571页。

本体论结论。自然界当然是独立自存的，不依赖社会产生与否、人有精神与否。自然界存在于人的意识之外，这是一切本体论讨论必须预设的理论前提。但早年卢卡奇确实没有将自然界和社会存在之间的物质交换视为实践的首要方面。在《本体论》中，卢卡奇重点强调认识自然规律、遵照自然规律劳动，创造人类生存和发展必要的物质财富，在此基础上达到"自然界的退却"和人的类本质的实现。"自然界"永不会消失，永恒的作为社会产生和发展的基础而存在。但是，随着劳动领域和能力的扩大，社会存在的范围不断扩大，自然界对人过去的无限的限制不断减弱，人的本质是社会性的判断日益获得证明，并且在人的本质是自由自觉的活动的基础上得以可能。劳动是使人不断地迈向作为类存在（社会存在）的目的能够实现的中介。这正是卢卡奇的社会存在本体论的基本结论。

对"否定"的来源的认定对卢卡奇本人的思想发展来说具有决定性意义。之所以学界有把卢卡奇思想定性为"黑格尔主义的马克思主义"的趋向，同卢卡奇早年思想中过分拔高黑格尔的主客体同一思想在提升无产阶级阶级意识中的作用，同时也过分拔高阶级意识在社会革命中的作用有关。不过，这一思想定位对卢卡奇这种学术生命十分长的思想家来说，也是片面的。卢卡奇对能够随时站在实践的关节点上灵活地处理现实问题的列宁哲学充满崇敬。年轻时被列宁几乎点名批评存在教条主义思维的时候，他能够从善如流，旋即辩证地理解理论和实践的关系。日后，他又总是能够为着实践的要求进行理论的创造。早年的卢卡奇因为天才般地阅读了《资本论》而提出了许多当时未被理解和重视的马克思主义哲学问题，使被实证主义有意遮蔽的马克思主义和哲学的本来关联重现，使只有辩证法才能为马克思主义带来的革命性彰显出来，使列宁在实践中自觉地实行了的理论，同时也在理论本身中得以阐发。

但是，再天才的思想家也局限于他本人所处的时代的思想环境，期待刚从新康德主义的怀抱中挣脱出来的、立志进行文艺评论工作的青年学者积极投身于劳动者艰苦卓绝的工作中去，确实不大现实。研究卢卡奇的思想发展史有独特的兴味，因为他的思想发展在关键的时刻可以说与马克思是平行的。两个人在靠近黑格尔哲学的时候都充满了痛苦，因为这之前，二人可以说都受德国古典哲学中其他人的影响：马克思着迷于康德和费希特的法学体系，并且亲近浪漫主义，而浪漫主义正是由费希特的主体哲学浇灌的；卢卡奇在一战前醉心于新康德主义二元论，在西美尔、狄尔泰、韦伯等人的影响下，孜孜不倦地试图在彼岸世界寻找人的自由。接受黑格尔哲学之后，二人又都与众不同地关注哲学与经济学的关系：马克思在1844年的手稿中就指出，黑格尔试图掩盖的自己思想的秘密诞生地是《精神现象学》，在其中黑格尔把人理解为自己的劳动的结果；卢卡奇受手稿的启发，在《青年黑格尔》中发挥了马克思对黑格尔哲学起自经济学研究的论断，将经济学研究与辩证法的关系进行了详尽的阐发，在整个黑格尔研究领域中独树一帜，把狄尔泰等人从神秘主义的方面解读黑格尔青年时期思想的非理性主义思路，引到对黑格尔哲学彻底的理性主义理解中，同时，在分析青年黑格尔通过经济学研究走向辩证法创立的道路时，重新审视了马克思主义辩证法的发展历程，使辩证法深入到自然的、历史的根源中去，从劳动中把握辩证法的真正本体论意义。

经历了几十年艰苦卓绝的理论探索，卢卡奇晚年的这部《关于社会存在的本体论》，在那些继续坚持新康德主义二元论的评论者看来，自然因为研究本体论问题而仿佛是回到了旧形而上学的水平上，落到了康德开启的认识论革命之下。但是，站在马克思主义哲学变革的立场上，近代哲学的发展失于空洞，无论是认识论转向还是后来的语言学转向，由于不加分辨彻底抛弃本体论问题，而不是用更新了的哲学视角和语言进一步回答对人类来说不可能放弃的本体论思考，并不因为在哲学发展史上，认识论是后出的，就天然地意味着它有取代本体论，甚至彻底排挤本体论的权利。卢卡奇强调，本体论问题的提出如此之早，它合理地提出的问题需要随着时代和哲学的不断发展而给予新的和深刻的解答。黑格尔哲学不是逆时代哲学而动的过时的旧哲学的代表，相反，他看到了认识论与本体论结合，并在逻辑学的形式下将二者的统一予以表达的必要性。他实现本体论、认识论和逻辑学三统一靠的是辩证法。黑格尔自觉的辩证法同赫拉克利特正确地提出了原则但是没有细节的朴素辩证法的根本区别在于，黑格尔在逻辑学中以否定性作为推动性原则，并且，否定性在本体论中是对劳动在社会历史发展中的作用的表达。在这个理解下，卢卡奇细致地分析黑格尔的逻辑化的本体论，指出它的二重性：其中，现实辩证法是用认识论转向的新成果来逻辑化地表达本体论的创造性的方面，逻辑辩证法是用逻辑学的术语和推论过程歪曲本体论现实的消极方面。马克思主义辩证法是在黑格尔现实辩证法所提出的正确的原则之上，克服黑格尔"只知道精神劳动"的错误而产生的。

三 马克思主义社会存在本体论的构建原则

　　卢卡奇在晚年下了如此大的功夫试图构建马克思主义的本体论，也就是社会存在本体论，并不是为了实现建立某种体系哲学的需要。在20世纪前夜，为了应对马克思逝世之后，在英美和德国分别兴起的新黑格尔主义和新康德主义思潮对辩证唯物主义的理论冲击，恩格斯选择的理论斗争的思路是，阐述马克思主义的诞生是如何克服了一切旧的西方哲学的传统，这个传统以黑格尔的唯心主义和费尔巴哈的旧唯物主义为代表，当时流行的形形色色的理论，都是这两种哲学的原则的某种翻版。事实自然是如此，但是，20世纪前后，欧洲思想界极其活跃，以这两种原则为基础，诞生出各种光怪陆离的哲学，在社会上形成了持久而重要的影响。马克思主义作为全新的哲学的变革，运用它阐述的新的哲学原则直接与时兴的对立理论论辩的任务，被卢卡奇扛到肩上。卢卡奇从自己思想历经的道路中回首，发现整个20世纪西方哲学两种大的流行思潮，正是马克思曾经超越的哲学的新的表现形式。新在它们自觉地以反思旧本体论为标榜，一致宣布马克思主义是在哲学上落后的、过时的本体论的独断论。同时，现代西方哲学在宣称黑格尔哲学是旧形而上学的集大成而予以摒弃的同时，将马克思主义捆绑着清理出现代哲学的范围。一方面是西方哲学界对马克思主义的轻视，另一方面却是苏联对马克思主义教条主义的歪曲，试图把马克思主义的本体论降低到自然主义的层次，丧失马克思主义哲学革命取得的关键的能动性的成果。在卢卡奇看来，恢复本体论的名誉，同时更新对本体论的理解对马克思主义在新时代重焕生机至关重要。

　　试图直接地在理论上概括马克思主义的本体论，是十分困难的。因为即便马克思诸多具体论述在最终意义上都直接是关于存在的论述，是纯粹本体论的，但是马克思本人并没有对本体论问题的专门著述。所以在策略上，卢卡奇选择了在马克思对黑格尔哲学的批判中挖掘马克思本人的本体论思想。批判性地研究黑格尔一直是卢卡奇理解马克思主义的中介，在本体论问题上，黑格尔提供了绝佳的透视点。因为黑格尔哲学是本体论、认识论和逻辑学的统一体，三者之间的统一又处处透露出矛盾，在冲突的罅隙处，正是新哲学产生的契机。早年的马克思进行黑格尔批判主要从对象性角度出发，指出黑格尔在本体论的意义上是唯心主义，突出新的唯物主义原则与唯心主义之间的尖锐对立。之后，马克思在进行政治经济学批判的时候，主动称黑格尔为老师，恩格斯也把黑格尔的体系称作"就方法和内容来说唯心主义地倒置过来的唯物主义"①，列宁则在学习《逻辑学》的时候惊奇地发现黑格尔哲学中充满了唯物主义的胚芽。② 在积极的意义上重新系统分析黑格尔的辩证法，并在此基础上理解和阐释马克思主义的辩证法，是卢卡奇的理论目标。

（一）经济优先原则

卢卡奇认为起码在《博士论文》期间，马克思还未能从黑格尔处发现本体论构建的核心范畴，因为当时马克思对黑格尔哲学的批判中尚缺乏本体论的内容。《博士论文》中，马克思主要认识到，应该把社会存在的诸种形式和关系具体化。这种倾向在《1844 年经济学哲学手稿》中得到了适当的表达。"手稿的开拓性创建特别在于，这里在哲学史上第一次使经济范畴表现为人类生活的生产和再生产的范畴，从而使在唯物主义的基础上对社会存在进行本体论的阐述成为可能。"③ 社会存在本体论，在本体论建构的过程中自觉地与两种本体论理论区别：一是唯心主义本体论；二是庸俗的唯物主义本体论。"社会存在本体论中的唯物主义转折是以一种唯物主义的自然本体论为前提的，这种转折是通过发现

---

① ［德］恩格斯：《路德维希·费尔巴哈与德国古典哲学的终结》，人民出版社 2018 年版，第 20 页。

② 参见《列宁全集》第 55 卷，人民出版社 2017 年版，第 159 页。

③ ［匈］卢卡奇：《关于社会存在的本体论》上卷，白锡堃等译，重庆出版社 1993 年版，第 641 页。

经济在社会存在中的优先地位而造成的。"①

1. 劳动是政治经济学研究的中心范畴

卢卡奇之所以说自己在《本体论》中完全摆脱了唯心主义，正是因为他对实践进行了更加深入的理解。卢卡奇在普遍性和特殊性统一的辩证基础上剖析实践。首先分析实践的普遍的形式，也就是以自然本体论为前提的劳动，接着分析在特殊的社会历史环境下进行的劳动的特殊类型，对当今时代来说，就是资本主义经济活动中的生产与再生产。劳动构成了社会存在本体论的出发点。把人类生活的生产和再生产作为中心问题，使自然问题超越了费尔巴哈的自然主义立场，获得了一种全新的本体论的说明。

首先，自然基础不可取消。围绕着劳动，自然基础作为人自身和其发展所需的条件是不可取消的，社会存在在整体上和在个别过程中都以自然界（无机自然、有机自然）的存在为基础。这是唯物主义一般本体论的必然要求。以此区别于形形色色的唯心主义，特别是颇具迷惑性的存在主义的社会存在概念，将社会存在与精神领域相联系。社会存在当然是区别于自然存在的新的存在的类型。一来社会存在在它的发生的具体的物质性过程中产生于自然，二来自然性和社会性的混合形式取代了纯粹自然的规定，使这一混合体朝向社会存在自我完善的目标不断地再生产自身。社会的成分在质和量上不断增长，造成"自然界限的退却"，但是，哪怕是最纯粹的社会范畴，也从来不可能从自然基础彻底脱离。

其次，自然基础在劳动中不断接受社会改造。自然和社会的关系是连续性和非连续性的统一。二者既有本质的区别，是非连续的，同时又有紧密的联系，并相互塑造，是连续的统一体。劳动造成双重转变，一方面劳动改造人，在改造自然的过程中，人的各方面的自然属性不断地进行社会的重组。马克思指出，即便是直接源于自然的人的感性，也是全部人类世界发展史的结果。另一方面，自然对象和力量被转化为劳动对象、劳动工具，这正是黑格尔所谓"理性的狡计"得以实现的根本动

---

① ［匈］卢卡奇：《关于社会存在的本体论》上卷，白锡堃等译，重庆出版社1993年版，第645页。

力。劳动的人利用事物的物理的、化学的、生物的性质，使它们从独立于人的外在的自然所是的东西转变为为我的、有用的、目的实现的过程。自然基础的社会化过程坚决地排除简单的庸俗唯物主义对待社会存在的态度。旧唯物主义把自然的规律直接转移到社会存在中。例如"社会达尔文主义"提出，人类社会也遵守弱肉强食的丛林法则，对此，马克思和恩格斯都曾指出，这不过是把资本主义社会的竞争挪入到自然界，又将之再移入社会领域中的意识形态斗争手段。社会存在的对象形式当然都是从自然存在产生的，但是经过了社会实践的中介，越来越明确地成为特殊的社会存在。社会存在的产生相对于自然界的原始存在来说，是一个质的飞跃。在时间中看，社会存在的产生是耗时持久的。这个飞跃是在极其漫长的时间长河中通过无数的转变形式而得以实现的，但是，并不由于变化不是短时期内急剧完成的，就能对社会存在的飞跃性事实进行否认。同时，社会存在脱胎于自然而得以确立之后，克服纯自然的存在形式和内容的限制，逐步地向着越来越社会化的趋向发展的过程也不会一蹴而就。从"自在存在"向着"自为存在"的艰辛的、长期的过程是由作为推动原则的劳动推进的，这同一个过程，既是劳动改造客观对象的过程，也是主体得以完善、丰富自身能力和享受的过程，是人逐渐地以人的社会方式存在的发展过程。

并且，卢卡奇用再生产概念使劳动概念具体化、现实化。"因为劳动作为发展了的社会存在范畴，只有在一个过程性的并且在过程中自我再生产着的社会整体中才能获得自己真正的、相应的实存。"[1] 分工是再生产的首要特征，它在本体论上重新塑造着社会存在的结构。随着再生产中的分工的出现，又出现了城乡分工、脑体分工等，最后出现了分工的最重要的形式——阶级分化。再生产使社会存在越来越成为一个整体，因为"劳动、分工等等的持续不断的再生产，使这些关系媒介变得越来越错综复杂，越来越密集、越来越包容了人的全部存在"[2]。社会存在的整个结构正是在再生产过程中形成的，"经济领域从最狭隘和最本来意

---

① ［匈］卢卡奇：《关于社会存在的本体论》下卷，白锡堃等译，重庆出版社1993年版，第140页。

② ［匈］卢卡奇：《关于社会存在的本体论》下卷，白锡堃等译，重庆出版社1993年版，第192页。

义上的生产，从社会与自然界的物质交换，发展到更具中介性和更具复杂性的形式（整个社会的社会化过程就是在这些形式中并且通过这些形式进行的），这使得观念的东西和实在的东西之间的这种关系变得愈来愈富有活力，愈来愈有辩证性"①。

从卢卡奇对劳动和再生产过程的分析中可以明显看出，同《历史与阶级意识》中对实践所进行的哲学上的解释不同的是，卢卡奇在与经济学的关系中对实践进行了具体的、历史的阐释，这使卢卡奇真正理解了历史唯物主义。结合卢卡奇此前对黑格尔青年时期思想的研究可知，此举在很大程度上得益于他对黑格尔哲学长期以来的研究与批判。

2. 社会存在是以劳动中的目的性设定开始的辩证过程

"认识社会存在本体论特性的第二个根本前提是理解实践在客观和主观方面所起的作用。"② 同一的主客体只能在劳动目的论中得到实现。在劳动中，目的本身正是主观性和客观性的统一。归根结底，劳动中的目的性因素是社会存在和自然存在的本质区别。不过，卢卡奇在《本体论》中对劳动目的论的阐述牢牢地建立在对自然基础的承认的基础上，并侧重于表明，劳动中产生和实现的目的，不是主观的愿望，而是"作为一种物质性现实的物质性改变形式保持为某种完全崭新的东西"③。在《关于费尔巴哈的提纲》中，马克思曾鲜明地指出，唯心主义以片面的方式发展了人的能动性的方面。唯物主义如何发展人的能动性，使之脱离抽象的"应当"可谓是传统哲学中无法解决的难题。唯物主义的原则是否能兼容能动性，这个古老的质料和形式的结合问题，黑格尔是以同一的主客体来解答的，卢卡奇试图用目的和劳动的关系来破解这个疑难问题。

"要想从本体论上阐明社会存在的诸多特殊范畴，阐明它们是如何从早先的存在形式中产生的，阐明它们是如何与这些形式相联系并以

① ［匈］卢卡奇：《关于社会存在的本体论》下卷，白锡堃等译，重庆出版社1993年版，第366页。
② ［匈］卢卡奇：《关于社会存在的本体论》上卷，白锡堃等译，重庆出版社1993年版，第373页。
③ ［匈］卢卡奇：《关于社会存在的本体论》上卷，白锡堃等译，重庆出版社1993年版，第643页。

哲学形式为基础的，阐明它们与这些存在形式的区别，那就非得从分析劳动开始不可。"① 劳动是使自然界和人类社会两个有本质差异的存在领域统一起来的能动的力量，是对立统一的客观辩证法存在和发挥作用的否定性力量。劳动的本体论意义在于正是劳动也只有劳动使世界的运行具有了目的，使目的论哲学得以可能。亚里士多德、黑格尔也谈目的论设定，但他们将只属于人类社会的劳动原则无条件地擅自扩大到宇宙发生发展的解释中，造成了康德所说的僭越的"辩证法"。劳动是人类社会产生的原因，却不是宇宙万物的起源，不同的存在层次的解释原则相互之间发生关系，但是不可随意替代，否则就会产生要求在解释自然的发生的理论中必须存在一个最终的有自觉的创造意识和能力的主体的要求，导致人格神或者理性神的神学假设。实际上，目的论是人类社会劳动的特殊规定，除了劳动以外没有任何的目的论存在，在人类社会发展之外也没有任何带着主观的、自觉的目的而推动发展的主体存在。"最蹩脚的建筑师从一开始就比最灵巧的蜜蜂高明的地方，是他在用蜂蜡建筑蜂房以前，已经在自己的头脑中把它建成了。"② 劳动不仅是人的专属活动，劳动还在人的形成过程中起到了最关键的作用。恩格斯对劳动在从动物到人的飞跃中所起的作用进行了详细的描述。劳动目的性是社会存在具有的独特的存在结构，按照列宁的说法，劳动不仅具有普遍性的品格，还具有直接现实性的优点。劳动是主体的能力现实化、具体化的过程，它消除了因果性和目的性的对立，使因果性转变为设定的目的论。当然，只有目的论设定并不能使自然自动地满足人的目的，要实现人心中的蓝图，需要的是能够达成目的的手段，也就是工具。黑格尔深刻地认识到："犁是比由犁所造成的、作为目的的、直接的享受更尊贵些。工具保存下来，而直接的享受则会消逝并被忘却。人以他的工具而具有支配外在自然界的威力，尽管就他的目的说来，他倒是要服从自然界的。"③ 意识对客观规律具有正确的认识是取得实现目的的手段和前提，在这个目的的要求

① ［匈］卢卡奇：《关于社会存在的本体论》下卷，白锡堃等译，重庆出版社1993年版，第1页。

② 《马克思恩格斯选集》第2卷，人民出版社2012年版，第170页。

③ ［德］黑格尔：《逻辑学》下卷，杨一之译，商务印书馆1976年版，第438页。

下，人的意识不断地认识自然并探究规律，从而得以产生和发展。随着劳动的发展，意识不再是本体论意义上的伴随现象。从本体论上说，社会存在分成了两个异质的要素，存在及存在在意识中的反映。卢卡奇认为这种二元论是必然存在于人类社会的，而且，人正是凭着这种二元论脱离了动物界的。仅从个人对自然的利用的直接实用的关系来考察劳动是不够的，只有把劳动作为人作为类而进行的社会实践的活动，作为人向人而生成的普遍的活动，才能在本体论的基础上回答社会存在的问题。不同于过去在单纯伦理学的绝对律令要求下探讨人和人关系的方式，卢卡奇对义务、价值和自由等范畴的分析都是在这些"高级"范畴如何一步步从基础的生产劳动需要中产生和发展出来的过程中进行的。

（二）总体性原则

马克思将对象性关系视为存在物之间任何一种本体论形式的原初形式。研究社会存在本体论，在方法论上，需要明确两种复合体：一是社会存在；二是对社会存在的理解。存在和思维这个近代哲学的基本问题在卢卡奇看来，在认识论视野中只能得到片面的唯心主义的理解，实证主义和存在主义的错误就在于抛弃本体论。对具有客观对象性的存在的动力和结构的认识，须以社会存在本体论为基础。

1. 社会存在的对象性

马克思本人在早期对黑格尔哲学的批判中，就指出黑格尔思辨哲学的错误集中展现在它的对象概念不过是认识论、逻辑学意义上的认识对象，而不是本体论意义上的客观存在。卢卡奇十分重视马克思在《〈政治经济学批判〉导言》中对科学的研究方法的阐述，并认为马克思在这个大纲中罕见地总结了作为社会存在的最本质的问题和进行经济学认识的方法。卢卡奇着重强调马克思的政治经济学批判不同于一般的经济学研究，它首先是在本体论意义上分析社会存在。所谓对社会存在的本体论分析强调的是马克思主义政治经济学的客观性。本体论分析同非本体论分析的差别不在于是不是运用概念、范畴、判断、推理，但凡是哲学理论研究，都需要运用逻辑的方式，而不是类比或者体悟的神秘主义。作为思维活动的产物，马克思主义的政治经济学当然也必须通过对经济领域中的诸范畴及范畴间的相互关系进行体系化的考察。跟非本体论的理论研究相区别的是，对马克思来说，科学的理论中出现的一切范畴都不是主观的思维设定，而是"存在范畴、存在规定"。范畴是存在本身具有的规定被思维所把握并以概念的形式予以表达出来的具有普遍性的理论规定性，所以既是客观的，又是具有主体形式的，是客观现实和主观能动性的统一体。对本体论认识来说，范畴的第一个规定就是具有客观对象性。"如果对象性是所有存在物的一个首要的本体论的特征，那么这里就必然包含有一个论断，即原初的存在总是一个动态的总体，是一个复合体和过程性的统一。"① 很明显，对社会存在本体论来说，对象性又是一个总体性范畴。

2. 社会存在的总体性

"经济的总体性自身的本质规定了通向它的认识的道路。"② 总体性范畴一直是卢卡奇进行辩证法研究的重要范畴。在《历史与阶级意识》中，总体性主要指的是社会发展的主动因素和被动因素这两极的统一，即主客体的统一，重点在唤醒无产阶级的主体意识，通过自觉变革既定的社会现状，开创过去、现在、未来相统一的总体的历史。在《本体论》中，卢卡奇突出的是社会存在的复合体特性。作为整体的复合体，整体的每个要素也作为各自的总体复合体，类似于黑格尔对真理的圆圈论阐释。"对存在的本体论的正确理解总是从个别的因素，过程和复合体彼此之间基本的异质性出发的，而且同时必须在每一个具体的、历史的社会总体性中理解它们的密切的和深刻的共属性的强制性。"③ 社会作为整体的复合体，也是由复合体的内部各因素组成。社会存在本体论中的辩证法正体现在各复合体内部和复合体与复合体之间的矛盾对立和统一中。

对社会存在进行政治经济学的研究来说，整个社会的经济生活作为最基本的复合的总体，其中包含矛盾的两个对立的部分，是经济学之内

① ［匈］卢卡奇：《关于社会存在的本体论》上卷，白锡堃等译，重庆出版社1993年版，第661页。

② ［匈］卢卡奇：《关于社会存在的本体论》上卷，白锡堃等译，重庆出版社1993年版，第662页。

③ ［匈］卢卡奇：《关于社会存在的本体论》上卷，白锡堃等译，重庆出版社1993年版，第697页。

和经济学之外这两种异质又相联系的因素。在现实的社会运行中，经济因素和非经济因素互相渗透。这个过程反映在范畴学说中，体现了马克思主义哲学的本体论特征。例如马克思通过把劳动取得的工资收入纳入一般价值理论，继承了古典哲学。但是，他同时意识到劳动力是特殊商品，它的使用价值本身具有成为价值源泉的特殊属性。劳动力商品的这种特殊属性必然引起经济之外的因素对价值规律实现过程的一种持续的干预。在其他商品中，价值由当时生产商品的成本决定，是纯粹经济学的事实。但是，对劳动力商品的价值规定来说，还包含着历史和道德的因素。马克思以工作日时间的规定为例，说明商品交换性质本身没有给工作日的时长这个十分具体的规定以任何确定的界限，从而也没有给个别的领域、个别的场域所能获得的剩余劳动规定任何界限。资本家出于自身目的的考虑，当然主观上愿意尽可能地延长工作时间，取得绝对剩余价值。但是，工人作为出卖劳动力一方，有权要求把工作时间限定在一定的在当时的社会环境下相对正常的量内。两种不可通约的权利之间的对立造成了二律背反。权利同权利对抗，双方权利平等是资产阶级法权规定，都是由商品交换规律承认的。这是资本主义社会承认的平等，也是资本主义社会中必然存在的对抗。在权利平等的基础上，由于立场不同而产生的对抗，胜负的结果取决于双方力量的对比。所以，在资本主义生产的历史上，工作日时间的变化不是某种经济领域内自动生成的结果，工作日对工人来说正常化的过程一直是工人在同资本家争夺规定工作日的界限的斗争中取得的积极成果。经济之外因素对经济本身来说，不是偶然因素，而是出现于价值规律正常实现过程中，出现于资本主义社会的日常生活中，由价值规律本身所支配的必然性。再如整个资本主义社会的历史的起源，也即本体论的起源，是"原始积累"。"羊吃人"的圈地运动用赤裸裸的暴力的手段将人从土地的天然联系中拔离，创造出了可以自由出卖劳动力的工人，在创造了使劳动力成为特殊商品的历史条件的同时创造出了资本主义社会。经济之外的暴力行为不只是资本主义诞生的原罪，同时伴随着资本主义发展始终。维持整个资本主义社会系统运转的绝不是经济因素的自动的自我调节的有机过程，而是以国家暴力机器和意识形态国家机器作支撑，是经济、政治、文化活动配合进行的总体性工程。

卢卡奇认为，在本体论高度上理解《资本论》的结构，就是在考察马克思的理论阐释的过程中，不断地考虑他是如何在理论上正确地表达出现实的经济发展过程：新的因素不断产生，并且，经济外的因素又不断与经济因素相互影响。这使马克思主义的政治经济学与其他的经济学有本质的区别，因为它并不是把现实放在括号中悬置起来，也不是只在理论的出发处把现实作为必须要对待和交代的背景，这两种对待现实的态度造成的理论的结果是，从某一个主观构造的原则出发，用概念的推演来构造理论体系，这是马克思在柏林大学读法律专业期间就已经抛弃了的以费希特的主观主义原则构建法学体系的抽象的方法。马克思在整个经济学阐述的过程中，按照现实经济过程本身的发展的历史，把经济外因素作为现实的成分适时地插入到理论的建构中。这是马克思的经济学的异质性因素，也是它正确的本体论的因素。在经济因素和非经济因素的对立统一中认识社会总体，使马克思主义社会存在本体论建构在逻辑和事实统一的基础上。经济领域中的强制的规律性与非经济领域中现实的历史发生过程之间发生复杂的冲突与融合，对这个过程进行认识时，一来要避免固执于抽象的"规律性"，一经发现某种特定的经济运行规则就迫不及待地不顾现实条件的差别而运用到一切社会、一切时代的解释和指导中去；二来要提防同样抽象的"一次性"，仿佛历史是新康德主义者、存在主义者声称的个别的、特殊的个例，不同的个体间毫无共同性可以借鉴。卢卡奇用社会存在中的辩证法来反驳形而上学的教条主义和经验论，对第二国际以来抽象地认识社会现实导致的宿命论和非理性主义进行了批判。

3. 本体论意义上的优先性

既然经济因素和非经济因素的对立统一是历史发展的现实过程，何以称经济学研究是马克思主义社会存在本体论的基础领域？卢卡奇认为唯心主义对不同范畴进行主观排序的行为遵循的是等级制原则，那么，马克思主义的本体论研究中，诸范畴之间难道都是并列的关系？一切因素并驾齐驱，是否陷入相对主义的诡辩论中，抓不到重点，找不住方向？卢卡奇认为，不能区别范畴之间的层次性是理性能力的缺失。马克思主义的本体论中，范畴之间也有支配和从属关系。但是，"必须把本体论上的优先地位的原则同那些纠缠着每一种唯心主义的或庸俗唯物主义的体系等级制的那些认识论的和道德的等等价值判断严格区别开来。如果我们说一个范畴相对于其他范畴具有本体论上的优先地位，那么我们所指的仅仅是：一个范畴可以离开另一个范畴存在，相反的情况就存在来说是不可能的"①。所有唯物主义的中心命题，是存在相对于意识具有本体论上优先的地位。恩格斯指出："唯心主义和唯物主义这两个用语本来没有任何别的意思，它们在这里也不是在别的意义上使用的。……如果给它们加上别的意思，就会造成怎样的混乱。"② 卢卡奇在此基础上理解本体论范畴中的优先地位：即独立存在的不依赖性。在本体论意义上说，物质决定意识这样理解：意识只有在物质发展到相当高的阶段才能产生，从有机体开始，对环境最初的物理的、化学的反应方式中产生出越来越明确的意识形式，并且只有在社会存在这个存在的层次中，才能得以完成。任何意识都必须以某种存在为前提和基础。只是在这个意义上，可以说社会存在决定社会意识。这中间不存在任何种类的价值等级制。

一切社会存在的活动中，生产和再生产活动相对于其他活动的优先地位也是如此。在历史唯物主义中有一个简单的事实，首先，人必须吃喝住穿，在这个基础上，才能从事政治、科学、艺术、宗教等；生产关系的总和是真正的基础，在这个基础上，发展出意识形态的总和。卢卡奇继续对第二国际对马克思主义进行的"经济决定论"的解读进行批判。卢卡奇将第二国际和之后的斯大林时期的马克思主义研究都称为庸俗唯物主义，认为他们僵化了对历史唯物主义中"决定"概念的理解。卢卡奇认为在马克思主义辩证法中，优先性，无论是物质对意识的优先性、社会存在对社会意识的优先性，还是生产对非生产要素的优先性，在本体论意义上都应该做经过限制的理解：能够不依赖对方而相对独立地存在。物质可以独立于意识存在，它具有优先性，但不代表物质在价值排序中比意识的地位更高、更"好"、更高级。庸俗唯物主义和唯心主义犯的相同的错误正是主观地把存在领域中客观存在的事实进行任意

① ［匈］卢卡奇：《关于社会存在的本体论》上卷，白锡堃等译，重庆出版社 1993 年版，第 664—665 页。

② ［德］恩格斯：《路德维希·费尔巴哈和德国古典哲学的终结》，人民出版社 2018 年版，第 18 页。

的价值排序。庸俗唯物主义认为物质在时间上在先，所以更加基础，是生产性的、能动性的力量，所以在价值排序中的地位更高。与之相对，唯心主义认为与物质相比，精神相对晚出，晚出的东西更高级。二者各执一端，非要争个高下，没有在统一的基础上理解社会存在总体。"如果忽视了这种根本的关系，由此产生的要么是一种片面的、因而是机械主义的和歪曲现象的简单化的因果系列，要么是一种肤浅而又没有方向的相互作用，黑格尔已经正确地批评过这种相互作用的无思想性。"① 马克思对生产的支配性地位的具体分析是在对生产、分配、交换和消费的整体经济过程中进行的。卢卡奇指出，只有在现实历史发展的真正的过程中理解范畴的层次关系，把握矛盾范畴的差异性和同一性的统一，才能摆脱对历史唯物主义的庸俗理解。

（三）历史性原则

在马克思主义社会存在本体论的所有范畴中，历史性是贯穿始终的存在规定。19世纪以来，历史成为哲学研究的中心议题之一。不同哲学流派对历史的解读可以说五花八门。总的来讲，历史主要被视为人类活动的领域，以与自然领域区分。集中在历史研究中的理论冲突为，作为有目的的人的活动，历史运动有无规律。回答没有规律的，认为历史领域是偶然性起作用的精神的不毛之地，由此产生了历史相对主义；回答历史过程中是有规律的，大多认为规律是精神力量支配的，可能是王侯将相、才子佳人交相登场的戏台，也可能是神秘精神控制的场地，产生了英雄史观、神学等各种历史哲学。不同的历史观背后又包含同一个根本的问题，如何看待时间在历史中的表现。海德格尔之所以将自己意图对一切传统形而上学进行批判的哲学主题称为"存在与时间"的关系，正是因为他看到，传统哲学在探索存在问题的时候，失落了对时间维度的把握，以至于过去研究的不过是各式各样的存在者，而不是存在本身。

卢卡奇坚持把"历史是一个不可逆的过程"视为马克思主义历史观

---

① ［匈］卢卡奇：《关于社会存在的本体论》上卷，白锡堃等译，重庆出版社1993年版，第692页。

的基本命题。这个命题在发展历史唯物主义理论上的重要性表现在：

1. 过程性：规律性和历史性统一

用逻辑演进规则把握历史，还是用直接的事实的记录来把握历史，是唯理论和经验论的对立在历史研究中的体现，由此形成了历史哲学和实证史学。在卢卡奇对"历史是一个不可逆的过程"的判断中，他试图强调的理论内容是，历史是在发展过程中形成的，具有时间性，针对的是无时间性的历史观。无时间性的历史观有两种表现方式，一是永恒历史观，无节制地将历史过程同质化，用过分理性化的统一的普遍性概念来裁剪历史事实，以便使历史与主观逻辑强行一致。马克思给俄国民粹派的回信反映出马克思尊重历史本身的运动，从运动和过程方面，而不是永恒的静止的规律方面理解历史。另一种无时间的历史观把历史事实视为散沙一片，每一个具体的历史事实都是特殊的个例，过分地强调特殊性，使人类历史成为对人的未来的选择来说毫无意义的战场。单纯的以历史事实的特殊性反对历史过程中有普遍的、必然的规律性，否定了社会历史发展的各阶段之间的联系和发展，导致历史虚无主义。卢卡奇认为只有马克思主义的社会存在本体论真正把普遍性和特殊性结合了起来。

卢卡奇对历史性的关注是一以贯之的，这是现代哲学的普遍趋势。早期他从狄尔泰等人的精神哲学中学到的是理性主义的历史观，从二元论的框架出发理解历史进程，历史是人类理性不断从非理性进展到理性的意识的觉醒的过程。转入马克思主义之后，他开始用历史唯物主义的思维方式来认识人类历史。他对历史范畴理解的变化集中表现在对实体的分析中。继亚里士多德以实体为中心范畴进行形而上学研究以来，哲学家们不断对其进行理论更新。卢卡奇早年已经跟在黑格尔之后，把实体理解为主体，试图使实体运动起来。但是，由于他理解的主体的主动性依旧是精神的主动性，相应的，他理解的实体的运动性的动力来源也是意识形态的觉醒，对实体，也就是历史的理解还有待进一步超出唯心主义的领地。到《本体论》时期，他把实体理解为运动和物质的统一。促使社会历史运动起来的根本因素是社会的物质的劳动。对历史的唯物主义的理解，关键在于认识到历史发展的推动力是物质的生产过程。超越唯理论和经验论的二律背反的第三条道路寓于社会存在本体论中。①

2. 不可逆性：历史发展有客观的方向

对卢卡奇来讲，只是抽象的承认物理时间是一维的，是不可逆的，既不必然可以解释物理世界的变化，更无法解释社会存在的不可逆的发展。时间的不可逆只是历史不可逆的必要条件。与不可逆的时间观相对的是可逆的或者停滞的时间观。主张时间可逆的历史观是浪漫主义的历史观，总将回到某种完美的过去作为历史发展的目标，这个过去可以是希腊，可以是礼崩乐坏前的周王朝，也可以是原始社会，还可以是更早的自然状态。主张时间永恒的，在卢卡奇的著作中主要指的是存在主义的历史观，把当下的状况永恒化，说成是人类的宿命。历史唯物主义主张历史是向前发展的，持的是进步的历史观，跟庸俗的唯物主义机械的进步观有本质区别。马克思主义的历史进步观同时是辩证的，其一，所谓不可逆的进步指的是人类社会历史存在向上发展的事实和继续发展到更高阶段的趋向；其二，人类社会历史的发展是以物质生产劳动为否定性力量的主体能动性和客观规律性统一的过程。

在主张进步的观点时，最核心的问题是，评论进步与否的标准是什么？对社会存在论来说，卢卡奇最大的理论贡献是抓住了历史前进中的变与不变，连续与不连续的统一的根据、最终的原则：社会朝着人成为类（社会化）的方向上不断地前进。人的社会化程度在历史发展的过程中不断地提高，这是衡量人类历史进步的标志。资本主义之所以同封建社会相比是进步的，原因是通过机器的使用、组织管理方式的更新，人同自然打交道的范围和能力大幅度提高，与此同时，人与人、人与社会交往的范围和程度也极大的扩大，人在生产和再生产的过程中不断地使"自然退却"，使人的社会性提高。资本主义为人与人以类方式生存、为人结束人类文明史前史贡献了最大程度的社会化的生产力，同时也已然成为进一步社会化的障碍。黑格尔将外化永恒化、合理化，将人在资本主义社会的萎缩视为进步必然需要付出的代价，乍一看与马克思对社会历史进步有其对个人甚至群体来说的残酷性的一面是一致的。但两种观

---

① 参见［匈］卢卡奇《关于社会存在的本体论》上卷，白锡堃等译，重庆出版社 1993 年版，第 730 页。

点根本的区别在于，马克思主义认为私有制是人类社会化的最终的阻碍而不是其完成，历史的进一步发展体现在吸收私有制的最终的社会表现——资本主义社会的一切积极的成果并扬弃私有制，走向共产主义。这一过程的实现靠的是作为总体的经济社会发展规律，是经济因素和非经济因素的统一，在历史中已经不断的社会化、普遍化了的人的作用一定会以某种特定的阶级斗争的形式发挥积极的作用。总体的人，在总体的社会历史发展过程中，推进历史向前，即向着人的社会化的完善的方向前进。

以黑格尔哲学批判为契机，以马克思主义为指导，卢卡奇在社会存在本体论的研究中，给人从哪里来——社会的起源问题，人到哪里去——社会的目的问题，依靠什么力量——发展的动力问题以辩证的、历史的、实践的解答，为社会主义理论和实践发展提供了哲学支撑。

结　语

在 20 世纪以来的西方思想家中，卢卡奇可能没有罗素、维特根斯坦、海德格尔般受众广泛，认知度高，但论及思想的丰富性、深刻性、启发性，他不输于以上任何一位大思想家，深刻地参与和塑造了现代西方哲学的面貌。在卢卡奇的著作中，不仅有对哲学史的回顾梳理，对重要思想家著作的旁征博引，还有对当代哲学、美学、文学、政治经济、社会历史等各类思潮的回应，与各种非马克思主义理论的论战。在其走向马克思主义的过程中，黑格尔哲学并不是众多思想资源中无足轻重的一个，而是起到了关键性的启发作用。卢卡奇认为，因为黑格尔哲学中存在着"历史唯物主义的萌芽"，使马克思主义得以在扬弃其哲学的基础上产生出来。遗忘或者误认这份哲学遗产，无视人类思想发展的成果，重起炉灶另开张，无论如何是对历史的辜负。卢卡奇正是从哲学思想发展的连续性和间断性的统一中把握马克思主义哲学来源，同时，研究黑格尔哲学也是卢卡奇捍卫马克思主义哲学的有效手段。

现代西方哲学史正是遗忘黑格尔哲学的历史。现代哲学借批判黑格尔哲学而生，整个过程精彩纷呈。在德国，黑格尔死后十年的时间，老年黑格尔和青年黑格尔派各执一端，分别把黑格尔的体系和方法片面地发挥到极致，而一旦打破黑格尔构造出的逻辑和本体论的整全的统一体，黑格尔哲学本身的特殊性就丧失了，黑格尔哲学也就解体了，之后，被"当做死狗"踢到一边了。东边不亮西边亮，当德国由于抛弃了黑格尔，留下的哲学真空被新康德主义填补之际，一向信奉经验主义的英美哲学界却意外地热情拥抱了黑格尔哲学，试图以理性主义弥补经验主义的直接性缺陷。好景不长，很快这股黑格尔热就被罗素等人领导的实证主义替代。此消彼长的是，此时，狄尔泰在德国又为着自己的生命哲学的考虑，把新发现的黑格尔青年时期的著作解读出了非理性主义的意味，使黑格尔在德国取得了复兴，彼时的卢卡奇正是在这个背景下进入对黑格尔哲学的矛盾的理解中的。新兴的各种非理性主义思潮一方面认为老黑格尔是机械、保守的，用理性主义压抑人性和自由；另一方面却又通过对黑格尔青年时期思想的研究，将之塑造成革命的、灵动的，反对宗教教条迫害的先进"左翼"。卢卡奇仿佛处在黑格尔哲学乍开始解体，青年黑格尔派和老年黑格尔派各执一端之时。但实际上，以非理性主义来定位黑格尔哲学，并没有使黑格尔革命化，反而是挫尽了辩证法的理论锋芒，从而再度把黑格尔塑造成一个保守主义的哲学家，让黑格尔屈从于资产阶级社会的矛盾中，扼杀其辩证法中昭示的向着未来发展的方向。

一边是歪曲，一边是遗忘。第二国际在新康德主义和实证主义的影响下，把辩证法视为马克思主义内部的"叛卖性因素"排挤出去。列宁在一战爆发后，出于深入理解辩证法以解答战争与革命的必要性和可能性问题系统学习了黑格尔的《逻辑学》，指出："不钻研和不理解黑格尔的全部逻辑学，就不能完全理解马克思的《资本论》，特别是它的第 1 章。因此，半个世纪以来，没有一个马克思主义者是理解马克思的!!"[①]但是，被黑格尔哲学启发过的，真正地理解了辩证法、理解了马克思主义、理解了革命实践的列宁，即使成功地以正确的理论为指导，开启了人类史上具有世界历史意义的社会主义实践，他试图再次复兴黑格尔的理论尝试，在俄国也遭到失败。没有辩证法的马克思主义会是如何，卢卡奇认为斯大林时期对马克思主义的僵化和歪曲就是答案。

在巨大的反黑格尔主义的浪潮中，卢卡奇敏锐地认识到，从哲学中剔除黑格尔的过程，必然同时意味着对马克思主义的拒斥，社会主义理论和实践发展中经历的诸多挫折都是明证。恢复马克思称之为老师的黑格尔的名誉，正是为着捍卫马克思主义自身的合理性。但是，重新发掘

---

① 《列宁全集》第 55 卷，人民出版社 2017 年版，第 151 页。

黑格尔哲学中的有益资源也绝不是刻意对其进行裁剪的过程，必须进行细致深入的分析，并运用马克思主义对其进行评价，将其中无数的珍宝悉数挖掘出来，又不至于陷入黑格尔体系的深渊。卢卡奇用了五十年的时间，为我们呈现了马克思主义思想的深厚哲学底蕴，正是吸收了一切西方优秀传统哲学的滋养，马克思主义才得以超越传统哲学，开启全新的哲学样态，成为创造新世界的新人们开辟社会主义道路的理论指导。

参考文献

一　中文著作

《马克思恩格斯选集》第 1 卷，人民出版社 2012 年版。

《马克思恩格斯选集》第 2 卷，人民出版社 2012 年版。

《马克思恩格斯选集》第 3 卷，人民出版社 2012 年版。

《马克思恩格斯全集》第 2 卷，人民出版社 1957 年版。

《马克思恩格斯文集》第 1 卷，人民出版社 2009 年版。

《马克思恩格斯文集》第 10 卷，人民出版社 2009 年版。

《列宁选集》第 2 卷，人民出版社 1995 年版。

《列宁全集》第 18 卷，人民出版社 2017 年版。

《列宁全集》第 22 卷，人民出版社 1990 年版。

《列宁全集》第 55 卷，人民出版社 2017 年版。

陈璋津：《科西与西方马克思主义》，森大图书有限公司 1987 年版。

《古典文艺理论译丛》第二辑，人民文学出版社 1961 年版。

《理性时代：法兰西》，山东画报出版社 2003 年版。

刘放桐：《新编现代西方哲学》，人民出版社 2000 年版。

刘小枫：《诗化哲学》，山东文艺出版社 1986 年版。

孙伯鍨：《卢卡奇与马克思》，南京大学出版社 1999 年版。

王岳川等：《东西方文化评论》第四辑，北京大学出版社 1992 年版。

徐崇温：《西方马克思主义》，天津人民出版社 1982 年版。

张康之：《总体性与乌托邦》，吉林出版集团有限责任公司 2007 年版。

张翼星：《为卢卡奇申辩》，云南人民出版社 2001 年版。

［丹］勃兰兑斯：《十九世纪文学主流》第 2 分册，刘半农译，人民文学出版社 1981 年。

［丹］克尔凯郭尔：《论反讽概念》，汤晨溪译，中国社会科学出版社 2005
　　年版。

［德］A.施密特：《马克思的自然概念》，欧力同等译，商务印书馆 1988 年
　　版。

［德］H.李凯尔特：《文化科学与自然科学》，涂纪亮译，商务印书馆 2007
　　年版。

［德］爱可曼辑录：《歌德谈话录》，朱光潜译，人民文学出版社 1978
　　年版。

［德］恩格斯：《路德维希·费尔巴哈和德国古典哲学的终结》，人民出版
　　社 2018 年版。

［德］费尔曼：《生命哲学》，李健鸣译，华夏出版社 2000 年。

［德］费希特：《论学者的使命　人的使命》，梁志学等译，商务印书馆
　　1982 年版。

［德］弗里德里希·席勒：《审美教育书简》，冯至等译，上海人民出版社
　　2003 年版。

［德］黑格尔：《法哲学原理》，范扬等译，商务印书馆 2009 年版。

［德］黑格尔：《黑格尔著作集》第 5 卷，先刚译，人民出版社 2019 年版。

［德］黑格尔：《精神现象学》上卷，贺麟等译，商务印书馆 2012 年版。

［德］黑格尔：《精神现象学》下卷，贺麟等译，商务印书馆 2010 年版。

［德］黑格尔：《逻辑学》下卷，杨一之译，商务印书馆 2020 年版。

［德］黑格尔：《美学》第 1 卷，朱光潜译，商务印书馆 1996 年版。

［德］黑格尔：《美学》第 3 卷（下），朱光潜译，商务印书馆 1996 年版。

［德］黑格尔：《小逻辑》，贺麟译，上海人民出版社 2009 年版。

［德］黑格尔：《哲学史讲演录》第 2 卷，贺麟等译，商务印书馆 2019
　　年版。

［德］黑格尔：《哲学史讲演录》第 4 卷，贺麟等译，商务印书馆 1997
　　年版。

［德］亨利希·海涅：《论德国》，薛华等译，商务印书馆 1980 年版。

［德］卡尔·施米特：《政治的浪漫派》，冯克利等译，上海人民出版社
　　2004 年版。

［德］马丁·海德格尔：《存在与时间》，陈嘉映等译，生活·读书·新知

三联书店 2006 年版。

［德］马克思：《1844 年经济学哲学手稿》，人民出版社 2000 年版。

［德］尼采：《悲剧的诞生》，周国平译，生活·读书·新知三联书店 1986 年版。

［德］施莱格尔：《浪漫派风格——施莱格尔批评文集》，李伯杰译，华夏出版社 2005 年版。

［德］施勒格尔：《雅典娜神殿断片集》，李伯杰译，生活·读书·新知三联书店 1996 年版。

［德］施路赫特：《理性化与官僚化：对韦伯之研究与诠释》，顾忠华译，广西师范大学出版社 2004 年版。

［德］西美尔：《货币哲学》，陈戎女等译，华夏出版社 2002 年版。

［德］西美尔：《金钱、性别、现代生活风格》，顾仁明译，上海学林出版社 2000 年版。

［德］谢林：《先验唯心论体系》，梁志学等译，商务印书馆 1976 年版。

［法］P. S. 拉普拉斯：《关于概率的哲学随笔》，龚光鲁等译，高等教育出版社 2013 年版。

［法］吕西安·戈德曼：《隐蔽的上帝》，蔡鸿斌译，百花文艺出版社 1998 年版。

［美］司各特·索姆斯：《20 世纪分析哲学史》第 1 卷，仲海霞等译，华夏出版社 2019 年版。

［美］特里·平卡德：《德国哲学 1760—1860：观念论的遗产》，侯振武译，中国人民大学出版社 2019 年版。

［美］威尔弗里德·塞拉斯：《经验主义与心灵哲学》，王玮译，复旦大学出版社 2017 年版。

［美］威拉德·蒯因：《从逻辑的观点看》，江天骥等译，上海译文出版社 1987 年版。

［日］初见基：《物象化》，范景武译，河北教育出版社 2001 年版。

［匈］阿格妮丝·赫勒主编：《卢卡奇再评价》，衣俊卿等译，黑龙江大学出版社 2011 年版。

［匈］卢卡奇：《关于社会存在的本体论》上、下卷，白锡堃等译，重庆出版社 1993 年版。

［匈］卢卡奇：《历史与阶级意识》，杜章智等译，商务印书馆 2009 年版。

［匈］卢卡奇：《卢卡奇早期文选》，张亮等译，南京大学出版社 2004 年版。

［匈］卢卡奇：《卢卡奇自传》，杜章智等编译，社会科学文献出版社 1986 年版。

［匈］卢卡奇：《青年黑格尔》，王玖兴等译，商务印书馆 1963 年版。

［英］J. H. 克拉潘：《1815—1914 年法国和德国的经济发展》，傅梦弼译，商务印书馆 1965 年版。

［英］K. R. 波普尔：《开放社会及其敌人》第 1 卷，陆衡等译，中国社会科学出版社 1999 年版。

［英］K. R. 波普尔：《开放社会及其敌人》第 2 卷，郑一明等译，中国社会科学出版社 1999 年版。

［英］鲍桑葵：《美学史》，张今译，广西师范大学出版社 2001 年版。

［英］彼得·马赛厄斯主编：《剑桥欧洲经济史》第 7 卷，王青法等译，经济科学出版社 2004 年版。

［英］伯特兰·罗素：《我的哲学的发展》，温锡增译，商务印书馆 1982 年版。

［英］伯特兰·罗素：《我们关于外间世界的知识》，陈启伟译，上海译文出版社 2008 年版。

［英］戴维·弗里斯比：《现代性的碎片》，卢晖临等译，商务印书馆 2001 年版。

［英］卡·波普尔：《历史主义的贫困》，何林等译，社会科学文献出版社 1987 年版。

［英］摩尔：《伦理学原理》，长河译，商务印书馆 1983 年版。

［英］以赛亚·柏林：《浪漫主义的根源》，吕梁等译，龚光鲁等译，译林出版社 2008 年版。

二　中文期刊

F. L. 伦威德：《卢卡奇的社会存在本体论和马克思的社会观》，《哲学译丛》1991 年第 5 期。

Moishe Postone：《主体与社会理论：马克思与卢卡奇论黑格尔》，《杭州师范大学学报》（社会科学版）2012 年第 5 期。

M. 布尔：《论卢卡奇》，郭官义译，《哲学译丛》1986 年第 1 期。

O. 纽拉特：《科学的世界观：维也纳小组——献给石里克》，《哲学译丛》
　　1994 年第 1 期。

韩立新：《对象化与异化是否同一——"对黑格尔的辩证法和整个哲学的
　　批判"的重新解读》，《吉林大学社会科学学报》2010 年第 1 期。

韩立新：《异化、物象化、拜物教和物化》，《马克思主义与现实》2014 年
　　第 2 期。

汤姆·洛克莫尔：《马克思主义之后的马克思——卢卡奇的重新发现》，
　　《现代哲学》2011 年第 4 期。

王南湜：《卢卡奇与马克思哲学阐释中的黑格尔主义传统》，《理论与探索》
　　2007 年第 6 期。

仰海峰：《商品拜物教：从日常生活到形而上学》，《马克思主义与现实》
　　2014 年第 2 期。

张一兵：《革命的辩证法与批判的历史唯物主义》，《理论探讨》2000 年第
　　2 期。

三　英文著作

Andrew Arato and Paul Breines, *The Young Lukács and the Origins of Western
　　Marxism*, London：Pluto Press, 1979.

Bertrand Russell, *Portraits from Memory*, London：Allen and Unwin, 1956.

David F. Good, *The Economic Rise of the Habsburg Empire：1750 - 1914*,
　　Berkeley：University of California Press, 1984.

David Mclellan, *Marxism after Marx*, London：Palgrave Macmillan, 1979.

Georg Lukács, *Soul and Form*, Translated by Anna Bostock, Cambridge,
　　Massachusetts：The MIT Press, 1974.

Georg Lukács, *Tailism and Dialectic*, Londonm, New York：Verso, 2000.

Georg Lukács, *The Young Hegel：Studies in the Relations between Dialectics and
　　Economics*, Translated by Rodney Livingstone, London：Merlin Press, 1975.

Georg Simmel, *The Philosophy of Money*, Translated by Tom Bottomore and
　　David Frisby, London：Routledge, 1990.

Immanuel Kant, *Critique of Pure Reason*, trans. and ed. Paul Guyer and Allen W. Wood. Cambridge: Cambridge University Presss, 1998.

Martin Jay, *Marxism and Totality: The Adventures of a Concept from Lukács to Habermas*, Berkeley: University of California Press, 1984.

Michael J. Thompson, *Georg Lukács Reconsidered*, London: Continuum, 2011.

Michael Lowy, *From Romanticism to Bolshevism*, Translated by Patrick Camiller and Ann Clafferty, London: NLB, 1979.

Norman Levine, *Divergent Paths: The Hegelian Foundations of Marx's Method*, Lanham: Lexington Books, 2006.

Perry Anderson, *Consideration on Western Marxism*, London: Verso Books, 1976.

四　英文期刊

Albert Salomon, "Georg Simmel Reconsidered", *International Journal of Politics, Culture, and Society*, Vol. 8, 1995.

David Kettler, "Culture and Revolution: Lukács in the Hungarian Revolution of 1918/19", *Telos*, No. 10, 1971.

Gareth S. Jones, "The Marxism of the Early Lukács: An Evaluation", *New Left Review*, Vol. 70, 1971.

George Lukács, "The Sociology of Modern Dram", Translated by Lee Baxandall, *The Tulane Drama Review*, Vol. 9, No. 4, 1965.

George Steiner, "Georg Lukács and His Devil's Pact", *The Kenyon Review*, Vol. 22, No. 1, 1960.

Georg Lukács, "Georg Simmel", *Theory, Culture & Society*, Vol. 8, 1991.

Lucien Goldmann, "The Early Writings of Georg Lukács", *Tri-quarterly*, Vol. 9, 1967.

Mike Featherstone, "Georg Simmel: An Introduction", *Theory, Culture & Society*, Vol. 8, 1991.

Siegfried Kracauer, "Georg Simmel", *Rivista di Filosofia*, Vol. 9, 1920.

György Lukác, "Aesthetic Culture", Translated by Rita Keresztesi-Treat, *The Yale Journal of Criticism*, Vol. 11, No. 2, 1998.

后　　记

　　本书根据我在攻读博士学位期间开始接触西方马克思主义时，最早也是最难得到明确答案的一个理论困惑：卢卡奇究竟将马克思主义引向了何处？作为创始人，卢卡奇在一众西方马克思主义学者中受学界关注最早。围绕着"西方马克思主义的圣经"——《历史与阶级意识》的探讨已经十分充分，但越是集中在这个单独文本的讨论上，有一个问题就越发突出：卢卡奇是不是可以被定性为"黑格尔主义的马克思主义者"？

　　说存在主义的马克思主义、弗洛伊德的马克思主义是将某种西方哲学同马克思主义进行了嫁接是容易理解的，令人困惑的是"黑格尔"与"马克思主义"连在一起是如何可以不加解释地作为一个贬义的修辞出现在马克思主义哲学研究中的。我们知道，马克思并不羞于承认黑格尔在某些方面是自己的老师。在对时代问题的认知、研究领域的切入、逻辑方法的借鉴，甚至具体观点的接受上，离开这位当时站在德国甚至世界哲学思想顶峰的巨人，马克思未必能站得如此之高，得以翻越资产阶级意识形态，创立无产阶级哲学。对马克思主义与黑格尔哲学、德国古典哲学甚至整个西方传统哲学的继承方面，我们的研究还相当不足。这造成了一谈马克思主义哲学对任何思想家或者哲学流派的批判，就必须将对方如"死狗"一般踢开。这是非历史的态度。

　　卢卡奇有一个特点，不吝于自我批判，无论是被迫的还是主动的，他的自我批判的次数和深刻程度都是少有的。基于卢卡奇数次违心的或者真诚的自我批判，较容易得知他称自己在西方马克思主义发展过程中最有地位的著作《历史与阶级意识》存在着由于未摆脱黑格尔哲学的影响而具有的唯心主义、唯意志主义倾向。事实诚然如此，还需要澄清两个问题：第一，此时存在唯心主义因素是主流还是支流，是即将被扫清的残余，还是支配着未来的原则；第二，对一个思想极其活跃和原创性极高的思想家来说，这之后发生了什么。种种问题使我产生了要将卢卡奇对黑格尔思想的研究和批判作为一个有发生、发展的过程的严肃问题来进行研究的强烈理论兴趣。直接地看，卢卡奇是不是一个黑格尔主义者，影响我们对他的大量著述的态度，其思想能否利用来合理地拓展对马克思主义的理解对整个马克思主义研究水平的提升来说都有相当的影响。并且，卢卡奇是否是一个黑格尔主义者并不是本研究的最终目的，以卢卡奇对黑格尔哲学的批判为中介加深对马克思主义的理解才是重心。

　　研究所面对的困难很多，比如对卢卡奇思想的研究主要集中于《历史与阶级意识》，中外皆如此，对其他文本的研读和阐发需要做大量的工作；由于分析哲学的强势输出，黑格尔多年来不受主流西方哲学待见，国内学术界也受到相当影响，发掘其思想对马克思主义的积极意义并不是时髦的选择。但是至成书之日我依然认为对马克思主义哲学来源的追寻不可或缺。哲学未必如黑格尔所说的直接就是哲学史，但是哲学研究必然不能离开对哲学史的深度挖掘。飞跃当然是非连续性的质变，但绝离不开连续性的量的积累。承认马克思主义哲学在思想史中有其渊源非但不是对马克思高明的贬低，恰恰说明我们坚持的思想有人类文明史支撑。理论自信建立在实事求是的基础上，不盲目自卑也不夜郎自大。诚恳地面对我们选择的思想的来路，是坚定马克思主义理论自信必须的一个环节，是我们不懈地进行理论创新的思想前提。

　　感谢国家社科基金支持，本项目获得了 2016 年的青年项目资助。在写作的过程中，得到了领导同事、亲朋好友的诸多帮助，在此一并感谢。特别感谢我硕士、博士研究生导师杨河教授对我研究方向的引导、研究兴趣的支持，我会继续深入阐释马克思主义与哲学传统的承继关系，希望能有更具学术价值的成果问世。

都　岩

2022 年 7 月 26 日于北京